理解
·
现实
·
困惑

轻度
PSYCHOLOGY

具身认知视域下大学生心理健康教育创新研究

阎婧祎　杨连生　著

中国纺织出版社有限公司

序　言

　　心理健康教育是提高大学生心理素质的主要途径，是高校人才培养体系的重要组成部分，也是高等教育管理的核心内容。我国高校心理健康教育工作经过四十余年的发展，已经积累了丰富的理论成果和实践经验，但面对当前的新形势和新问题，传统的心理健康教育模式已无法完全满足大学生成长与发展的需求，亟待创新。因此，本书立足于当前我国大学生心理健康教育的工作现状，围绕心理健康教育工作创新的主旨问题，以具身认知理论为研究视角，将身体、环境要素与大学生心理健康教育进行有机融合，构建了特色鲜明、系统科学的大学生心理健康教育具身化模式，重点阐述了大学生心理健康教育创新要解决的教育理念、内容、方式及对策等基本问题。

　　书中阐述了大学生心理健康教育的创新要求。首先，明确了大学生心理健康教育的基本内涵。在当前形势下，大学生心理健康教育需要拓展视野和边界，重视身体和环境等因素对大学生心理健康的影响，以整体观的视角理解心理健康的核心要义。其次，系统地分析了我国大学生心理健康教育的工作现状。从工作目标、管理机制与核心内容等角度出发，梳理总结出 6 种现有模式及其特点与不足，并指出我国当前大学生心理健康教育存在的主要问题和困境，进而提出了要在理念、理论和方法三个方面进行大学生心理健康教育创新的观点。

  书中分析了具身认知理论对大学生心理健康教育创新的指导意义，提出了具身化心理动力系统模型。具身认知理论不同于传统的身心二元思想，它主张身心一体，以"心—身—环境"的系统观和整体观看待个体的心理发展，成为认知心理学研究的新取向，也为大学生心理健康教育的理论研究和实践工作提供了创新启示。书中对具身认知理论进行了系统深入的探讨，并在其核心观点的基础上提出了具身化心理动力系统模型，用以指导大学生心理健康教育创新实践。此外，本书还构建了大学生心理健康教育具身化模式，以"心—身—环境"的具身系统观为视角对大学生的心理健康要素进行具身化分析，并提出了高校心理健康教育工作的创新理念、内容和方式，构建起创新性的大学生心理健康教育模式，还相应提出了心理健康教育具身化模式的实践对策，以期为我国大学生心理健康教育工作的创新发展提供有益借鉴，促进大学生的身心全面发展。

阎婧祎

2025 年 5 月于大连

目 录

第 1 章　绪论

1.1　研究背景与意义 / 2

1.2　核心概念界定 / 7

1.3　研究现状与文献综述 / 32

1.4　研究思路与研究内容 / 53

第 2 章　大学生心理健康教育的育人困境与创新要求

2.1　我国大学生心理健康教育的发展历程 / 60

2.2　我国大学生心理健康教育的现有工作模式分析 / 73

2.3　当前我国大学生心理健康教育的育人困境 / 91

2.4　当前我国大学生心理健康教育育人困境的原因分析 / 96

2.5　大学生心理健康教育的创新要求 / 102

2.6　本章小结 / 106

第 3 章　具身认知理论的核心要义与创新启示

3.1　具身认知理论的核心要义 / 108

3.2　具身化心理动力系统模型构建 / 121

3.3　具身认知理论对心理健康教育的创新启示 / 137

3.4　本章小结 / 149

第 4 章　创新模式构建——具身化要素和工作新范式

4.1　大学生心理健康的具身化要素分析 / 152

4.2　具身化大学生心理健康教育指导思想 / 189

4.3　具身化大学生心理健康教育目标 / 197

4.4　具身化大学生心理健康教育原则 / 201

4.5　具身化大学生心理健康教育内容 / 204

4.6　具身化大学生心理健康教育方式 / 211

4.7　本章小结 / 249

第 5 章　大学生心理健康教育具身化创新的实践路径

5.1　加强心理健康教育具身特性的顶层设计 / 252

5.2　构建具身化大学生心理健康教育体系 / 255

5.3　打造心理健康教育教学的具身化载体 / 258

5.4　搭建学生广泛参与的具身化实践平台 / 262

5.5　建设增强感受的具身化情境体验场所 / 265

5.6　本章小结 / 269

第 6 章　结论与展望

6.1　主要结论 / 272

6.2　未来展望 / 274

参考文献 / 275

第 1 章

绪论

1.1 研究背景与意义

1.2 核心概念界定

1.3 研究现状与文献综述

1.4 研究思路与研究内容

1.1 研究背景与意义

1.1.1 研究背景

本书以大学生心理健康教育为研究主题，基于对高等教育历史与现实问题的系统回顾和深刻考量，提出了大学生心理健康教育工作创新的论题。大学生心理健康教育是一项系统工程，当前我国大学生心理健康教育工作已初具规模，也积累了丰富的理论和实践成果，但在新时代、新背景下也呈现出诸多问题，亟待深入发展和创新。

（1）大学生的心理健康发展面临新挑战

虽然经济和科技的飞速发展使得人们的生活水平不断提高，但社会竞争的加剧也让人们面临越来越多的心理压力和负面情绪，如紧张、焦虑和抑郁等。大学生作为社会的重要组成部分，也必然承受着心理上的困扰和挑战。从个体心理发展的角度来看，大学生正处于成人早期阶段，生理发展已趋向成熟，但认知和人格建构仍不稳定，仍在发展变化中。在这一阶段，大学生开始思考生命的意义并追求自我价值，频繁的变化和对人生可能性的探索是这一时期的显著特征。然而，这些变化也会引发内在的冲突，影响大学生的心理发展和健康水平。同时，在面对学业、就业和人际关系等多重压力的情况下，大学生往往会受到焦虑、紧张、孤独、无助等负面情绪的影响。这些问题如果长期得不到有效解决，可能会导致严重的心理问题和精神疾病。据临床观察和相关调查显示，近些年，出现严重心理问题、精神疾病的大学生数量有所增加，而接受心理咨询、治疗（包括精神药物治疗）的学生比例也在逐年上升，这一趋势也将在较长的一段时间内持续存在。因此，在新形势下，大学生心理健康教育也面临着前所未有的危机和挑战。

（2）心理健康教育工作进入发展新阶段

新挑战意味着新机遇，大学生心理健康教育是培养高素质人才的必要途径。在新形势下，大学生心理健康教育也进入了新的发展阶段。我国心理健康教育工作以西方心理咨询理论经验为基础，并进行自发性的探索。相较于西方国家，我国高校在心理健康教育工作方面起步较晚，始于20世纪80年代。探索之初只是对西方心理学与心理咨询理论经验的简单模仿，发展至今已形成相对成熟、独具特色、稳步提升的工作格局与发展态势。特别是近年来，我国政府高度重视大学生心理健康发展问题，相继出台了一系列制度文件，为进一步推进高校学生心理健康教育工作提供了政策保障。例如，教育部《高等学校学生心理健康教育指导纲要》（教党〔2018〕41号）（以下简称《纲要》）和教育部等十七部门《全面加强和改进新时代学生心理健康工作专项行动计划（2023—2025年）》（教体艺〔2023〕1号）都为此项工作的进一步发展带来了新机遇。其中，《纲要》明确指出，大学生心理健康教育要"坚持育心与育德相统一，加强人文关怀和心理疏导，规范发展心理健康教育与咨询服务，更好地适应和满足学生心理健康教育服务需求，引导学生正确认识义和利、群和己、成和败、得和失，培育学生自尊自信、理性平和、积极向上的健康心态，促进学生心理健康素质与思想道德素质、科学文化素质协调发展"。这为我国高校心理健康教育指明了发展方向，也标志着我国大学生心理健康教育工作已经进入发展的新阶段，需要深入探索与新时期大学生身心发展特点深度契合的教育模式和方法，以更好地满足其心理健康发展的需求。

（3）大学生心理健康教育研究面临新转向

在国家政策的引导下，大学生心理健康教育工作迎来了蓬勃发展的变革期，成为心理学工作者和高等教育工作者的研究热点。然而，目前现有研究成果多集中于个体和群体的心理问题和精神疾病等方面，忽略了身体对个体心理发展的重要影响。这种"离身化"或"祛身化"现象也体现在心理健康教育的过程和方法中，即关注学生掌握了多少心理健康知识和技能，更强调"脖颈以上的教育"[1]，相对忽略了身体的参与性。对于大学生心理健康教育工作的长远发展来说，这种教育模式是具有局限性的。随着第二代认知科学的兴起，心理学也经历了新一轮的变革，具身认知（embodiment cognition）成为当代认知科学和心理学研究中的创新取向和热门话题，同时也助力了大学生心理健康教育的研究转向。传统认知科学建立在笛卡尔身心二元论哲学体系的基础上，认为人的大脑如同计算机，认知加工就如同计算机的程序运算过程，这一切发生在头脑之中而与身体无关。具身认知理论则认为，认知不是简单的运算，而是大脑、身体和环境三者相互作用的结果。它强调"身心一体"，身体既是认知的来源，又影响着认知过程，如同婴儿在身体与外界的互动过程中形成对自我、他人与世界的认知。因此，"认知过程根植于身体，是知觉和行动过程中身体与世界互动塑造出来的"[2]，"必须在身体与世界的交互之作用的关系情境中理解心理"[3]。大学生的心理发展也具有具身特征，大学生心理健康教育的理论研究和工作实践也需要重视身体性和环境性因素，以更好地适应当下大学生心身发展的特点，助力其成长成才。因此，具身认知理论为大学生心理健康教育研究开辟了新的思考路径。

1.1.2　研究意义

大学生的心理健康问题不仅关系到个体的成长，还涉及社会的稳定发展。因此，进行大学生心理健康教育具身化研究，探究大学生心理健康问题背后的身体和环境因素，具有重要的理论意义和实践意义。

（1）理论意义

传统教育常偏重头脑的发展，忽略身体的重要性，认为人的认知过程就像计算机的表征和运算，进而将身体视作承载头脑的"硬件"。这种观点忽略了身体的感觉和构建功能，否认了身体的价值。事实上，身体并非大脑的傀儡和简单的容器，它反映并驱动着情感，且作为认知的重要方式参与心理活动。从某种角度来说，"身体就是头脑"。例如，婴儿会在生存机制的驱动下，借助身体来探索世界。然而，成人在社会化的过程中，本能的、来自身体层面的感受力和创造力会在一定程度上被削弱。这种将头脑与身体割裂开来的二元观点导致身心失衡，使个体在身体和心理两方面遭遇健康的危机。在这样的背景下，具身认知理论成为一股新思潮，逐渐受到国内外学者的关注。心理学、哲学、生物学、人工智能、神经学及语言学等领域纷纷对具身认知理论进行跨学科的研究，取得了丰富的成果，但该理论在教育学领域中的研究与实践还较为有限。

在传统的心理健康教育理论研究中，学者更多地考虑大学生心理健康发展的认知因素，缺乏对身体与环境因素的理论考量与实践尝试。然而，具身认知理论主张"心—身—环境"的交互作用，个体的心理健康发展与身体、环境密切相关。在具身认知理论的指导下，心理健康教育理论研究工作应充分考虑大学生的身体构造、状态与情境等因素对心理的塑造与影响，并探索利用身体环境因素促进学生身心发展的新模式和新途径，实现全人发展的人才培养目标。因此，书中系统地梳理了具身认知理论，并结合大学生身心发展规律特点，分析影响大学生心理发展的具身化要素。在情绪、认知、人际及创新力发展等方面，本书深入探讨了身体、环境与心理的互动关系，并主张从身体学习与情境认知的角度来开展心理健康教育工作。这不仅在理论层面拓展了心理健康的内涵和外延，也将具身认知理论的抽象观点与大学生心理健康教育的现实问题联系起来，具有理论创新的意义。

(2)实践意义

我国政府一直高度重视大学生群体的心理健康问题，并为心理健康教育工作实践提供了政策支持和制度保障。教育部于2001年颁布的《关于加强普通高等学校大学生心理健康教育工作的意见》（教社政〔2001〕1号）明确指出了大学生心理健康教育工作的重要意义，2002年印发的《普通高等学校大学生心理健康教育工作实施纲要（试行）》教社政厅〔2002〕3号进一步强调了大学生心理发展的重要性，并指明了开展此项工作的有效措施。2016年8月，习近平总书记在全国卫生与健康大会上发表的重要讲话中强调，"要加大心理健康问题基础性研究，做好心理健康知识和心理疾病科普工作，规范发展心理治疗、心理咨询等心理健康服务"。随后，中央22部委联合下发的《关于加强心理健康服务的指导意见》（国卫疾控发〔2016〕77号）中指出，重视提升大学生的心理调适能力，保持良好的适应能力，重视自杀预防，开展心理危机干预。在一系列政策的推动之下，大学生心理健康教育的重要性愈加凸显。然而，如何充分落实政策并有效指导心理健康教育实践？这是工作的重点与难点问题。教育工作者应关注并积极推动大学生心理健康教育机制、模式和方法的科学创新，为实践提供有力的抓手，以突破当前大学生心理健康教育工作的发展瓶颈。因此，本书以大学生心理健康教育实践为切入点，旨在探讨目前大学生心理健康教育的工作现状和育人困境，为下一步的实践工作创新提供必要基础。

同时，书中以具身认知理论为分析视角，对大学生心理健康教育工作创新也具有重要的实践意义。具身认知理论指出了认知、身体和环境之间的互动关系，同时也强调了身体经验和情境体验对于知识学习和心理发展的重要性。在具体的教育实践中，通过探究身体、环境与心理之间的关系，探索大学生心理健康教育工作的创新路径，设计更具针对性和系统性的心理健康教育工作方案，并提出相应的教育实践策略，以应对现有工作中存在的"离身化"教育现象，为高素质人才培养提供新思路和新方法。

1.2 核心概念界定

为了更深入地理解和探讨高校学生心理健康教育的创新问题,需要先厘清以下与研究相关的基本概念:大学生心理健康教育、具身认知和教育创新。这些基本概念是本书的逻辑起点,通过深入研究这些概念,可以更好地探索如何将具身认知理论应用于大学生心理健康教育的创新实践中,提出更加科学、有效的教育策略和方法,促进大学生全面健康的发展。

1.2.1 大学生心理健康教育

(1) 健康的内涵

"健康"(health)是一个广泛的概念,对它的理解和定义有多样化特点。世界卫生组织(World Health Organization,WHO)于1946年首次正式提出关于健康的定义,即"健康是一种身体的、精神的和社会适应方面的完满状态,而不仅仅是没有疾病或体弱"。1986年,世界卫生组织对健康的定义进行了进一步修订,认为健康是指日常生活的资源,而不是生活的目标。健康是一个积极的概念,强调了社会和个体资源,以及身体能力。健康的概念也被扩展为四个维度,即身体、心理、社会和道德。这些维度包括了身体健康、心理健康、良好的社会适应能力和道德健康。与此同时,东方优秀传统文化一直强调健康的重要性,《周易·系辞》中说道,"天地之大德曰生,生生之谓易",表达了宇宙万物生生不息、人与自然共存的健康观。党的二十大报告指出,推进健康中国建设,把保障人民健康放在优先发展的战略位置。由此可见,健康对于个体、群体和社会发展都具有重要意义,人民健康既是国家繁荣的基本保障,也是民族昌盛的重要标志。对于健康的内涵和标准,可从以下四个方面来诠释。

第一,身体健康。俗话说"身体是革命的本钱",即行动的前提是要有良好的体魄，身体健康是个体发展的基本保障和重要底线。对于人类个体而言，身体具有物质属性，它的机能结构为人的精神与行为活动提供可能性。因此，身体健康是指生理层面的躯体、器官结构的完整性以及功能的正常性。此外，身体健康也意味着个体具有保持良好的生活习惯和维护身体健康发展的能力。

第二，心理健康。身心是一体两面，健康的心理与健康的身体同样重要。在身体健康的基础上，个体的心灵世界也需要健康发展。心理健康不只是没有精神疾病，更体现在能够动态平衡内心冲突，适应与调整生活环境，有应对挫折危机的心理复原力，以及有对情绪的基本识别与调节能力等。同时，健康的心理状态也对身体健康起到了促进作用，保证了个体在工作、爱和娱乐中实现和谐与平衡。

第三，关系健康。人类社会的发展变迁发生在群体活动中，个体如果长期离开群体生活就会增加死亡风险，降低生存概率。群体生活不但让人们获得自我认同与归属感，还会在人际互动中增进情感，创造文明。因此，关系是人类社会得以繁衍生息、可持续发展的原动力。个体的健康也体现在关系层面，能与自我和他人建立、维护与发展健康的关系是衡量一个人健康与否的重要标准。

第四，社会健康。东西方哲学都强调人类个体与社会整体的互动关系，"天地人和"的处世观更是中华民族最核心的文化思想之一，它是一种系统观，也代表着对健康的深层理解。社会是由个体和家庭单元组成的，个体的健康有助于家庭的健康，而家庭的健康又会促进社会健康发展。同时，整个社会的健康和谐也必然会影响每个社会成员的健康水平。因此，从健康的内涵来看，除了身体健康、心理健康与关系健康，社会健康也是作为健康整体概念的重要组成部分，它体现在社会成员能够自觉遵守社会规范，妥善处理个体与团体、自我与社会之间的关系。

（2）心理健康的内涵与标准

心理健康是全人健康的重要组成部分，随着历史的演进，心理健康的概念和内涵也不断发展。第二次世界大战后，面对战争带来的心理创伤和频发的精神障碍，西方心理学家开始关注心理问题和精神疾病的话题，并研究战后精神疾病的治疗方法，忽略了对个体心理积极面向的关注和理解，也阻碍了社会大众对心理健康的客观认知。现今，随着社会竞争的加剧，人们面临与日俱增的心理压力，心理健康问题更加凸显，但同时也推动了心理学的理论研究和实践应用，大学生心理健康教育也迎来了新的发展机遇。

①心理健康的内涵

"心理健康"（mental health 或 mental well-being）一词和"心理卫生"或"精神卫生"同源，原为"mental hygiene"，其中"Hygiene"是希腊神话中的健康女神。"心理健康"有多种定义，例如，《简明不列颠百科全书》将其定义为"个体心理在本身及环境条件许可范围内，所能达到的最佳功能状态，而不是指十全十美的状态"[4]。1946年，第三届国际心理卫生大会将心理健康定义为，"在身体、智能及情感上，能保持同他人的心理不相矛盾，并将个人心境发展成为最佳的状态"[5]。世界卫生组织认为，心理健康是一种幸福的状态。在这种状态下，个人意识到自己的能力，能够应对生活中的正常压力，能够富有成效地工作，并能够为其所生活的社区作出贡献。心理健康包括主观幸福感、自我效能感、自主性、个人能力、代际支持，以及智力和情感潜能的自我实现，"不仅仅是没有精神障碍"。维基百科对"心理健康"的定义是，心理健康是心理幸福感的水平或没有精神疾病的状态，是一种在情绪和行为调节功能方面令人满意的状态。此外，从积极心理学或整体论的角度来看，心理健康可以包括个人享受生活的能力，以及在生命活动和实现心理弹性的努力之间创造平衡。由此可见，文化差异、主观感受以及不同的学科领域都会影响个体对心理健康的理解。对此,学者斯考特(W. A. Scott)曾评论说,"有些心理健康的定义着重于心理健康的消极面,以症状的有无来确定心理健康;有些定义则着重于心理健康的积极面,以生活幸福感和生活有意义来定义心理健康"[6]。综合上述观点,本书从以下几个方面对"心理健康"进行诠释。

第一,心理健康是健康的重要组成部分。世界卫生组织曾说,"健康的一半是心理健康",说明了心理健康的重要性。心理健康对身体、关系和社会健康的影响也十分显著,如果一个人只有健康的身体而没有健康的心灵,那是不完整的,且无法实现关系和社会层面的健康,限制了生命质量。

第二,心理健康是一种生命状态。拥有心理健康的个体具备以下特质:稳定的自我意识和认知,适度的社交能力和情感联结,具备自我觉察和适应环境的能力,内在保持积极的动力和意志力,追求自我实现和成就感,能够信任自己并推动自我不断进步。

第三,心理健康具有动态性和相对性特征。心理健康不仅仅是指一种结果,更是一个动态变化的过程。它没有明确的概念边界,而是一种在不断调整和发展过程中达到动态平衡的连续谱系。因此,心理健康是一个相对概念,健康与不健康之间并非两极对立的关系,个体在与周围环境的交互作用中不断改变与调整,以达到对生活、环境和自我的良好适应状态。

第四,心理健康涉及与自我、他人和环境的关系。在自我方面,心理健康的个体能够接受自我的独特性,既不自卑,也不自负,能够客观理性地看待自我,保持稳定的自我认同;在与他人的关系方面,心理健康的个体需要具备健康的共情能力,能够与他人良好沟通,同时要具备发展亲密关系的能力,情感上能够保持真实的联结和健康的依恋;在与环境的关系方面,由于个体生活在自然环境与社会环境中,因此,对环境的适应能力是衡量个体心理健康和整体健康水平的重要标志,适应环境、与环境和谐共处也是人类最重要的生存法则,不容忽视。

第五，心理健康不是没有疾病或不存在心理问题。心理健康不是完美无缺的状态，而是一种生命平衡和相对完满的状态，是一个不断发展的过程。换句话说，世界上没有一个人的心理是绝对健康的，每个人都会在生命的历程中经历挑战和困难，也都会感受到心理的困惑和烦恼。心理健康的概念所强调的不是没有疾病或不存在心理问题，而是个体能够在现实的生活环境中保持积极的生命力和蓬勃的发展动力，以在动态的变化中不断适应和调整，达到和谐平衡。

②心理健康的标准

随着现代医学的发展，身体健康可以通过多种科学手段来检测和诊断，例如心率、血压、血脂等指标。但相比之下，心理健康更为复杂，很难进行客观的评判。因此，心理学家们开始思考和研发用于评估心理健康的方法和工具。

在心理健康的概念方面，标准的制定尤为重要。国内外的学者们对心理健康的标准进行了充分探讨，提出了许多具有启发性的观点。在1946年的第三届国际心理卫生大会上，心理健康的标准被提出。这个标准是指人们身体、智力与情绪方面和谐，能够适应环境，人际关系中彼此谦让，有幸福感，以及在工作和职业中能够充分发挥自己的能力，过着有效率的生活。美国心理学家、人本主义心理学的创始人亚伯拉罕·马斯洛（Abraham Maslow）认为，心理学不能仅局限于研究精神障碍患者的精神分析，也不能像行为主义一样把人视为动物。相反，心理学应该从人的发展角度看待人类的希望。也就是说，心理学应该更加关注正常人的健康发展，而不仅仅是研究精神障碍和问题。马斯洛对心理健康的标准作出了如下描述。一是充分的安全感。具有自尊心，对自我与个人的成就具备"有价值"之感。二是充分了解自己，并能够恰当地评价自己的能力。不过分炫耀自己，也不过分苛责自己，具有适度的自我批评。三是生活的理想和目标切合实际。个人从事的事多为实际的和可能完成的工作。四是与现实环境保持接触。

有自知之明，具有适度的自发性与感应性，不为环境所奴役，没有过度幻想，能够容忍生活中挫折的打击。五是能保持人格的完整与和谐。个人价值观能视社会标准的不同而改变，对自己的工作能集中注意力。六是具有从经验中学习的能力。能适应环境的需要而改变自己。七是能保持良好的人际关系。与他人的和谐及交往中具有利己及利他成分。八是能适度的表达、宣泄与控制情绪。九是在不违背社会规则的前提下，能适当地满足个人的基本需求，并具有满足此需要的能力。十是在不违背团体的要求下，能做有限度的个性发挥。重视团体的需要，接受团体的传统，能控制为团体所不容的个人欲望与动机。有个人独立的意见，有判断是非、善恶的能力，对人不阿谀奉承，也不过分追求社会赞许[7]。以上十条标准被认为是心理健康的经典标准，这些标准反映了个体心理健康状态是在与自我、环境、社会的互动中形成的，并且涉及多个方面，例如自我认知、人格结构、人际沟通、情绪管理以及环境协调和适应等。通过实践这些标准，人们可以提高心理健康水平，更好地适应生活中的挑战和压力。

我国的心理学家也提出了心理健康标准的观点，其中以黄希庭教授提出的心理健康六项标准为代表，这六项标准分别为：第一，对客观世界和自身的认识清楚和正确；第二，对自己有信心和自尊心；第三，对自己的情感和行为有充分的控制能力；第四，能够建立稳定的人际关系；第五，对环境有适应能力和创造能力；第六，能够有意义地生活并具有自我实现的追求[8]。这是对马斯洛提出的十大标准的简化和概括，具有开放性和发展观的视角，从社会规范、个性发展和心理常态等方面对心理健康作出了界定。

心理健康的标准受社会文化与背景的影响和制约，个体的心理健康是在与环境的相互作用中形成和发展的，没有社会环境的支持，心理健康也就无从谈起。结合国内外学者观点，本书对心理健康的标准从以下几方面进行归纳和诠释。第一，与自我的关系。一个心理健康的人能够相对稳定地认同自我，看到自身独特的价值，并对自己感到满意。他们不会因他人的评价而动摇对自己的信心，也能在挫折时看到自己可利用的资源。他们既不妄自菲薄，也不会傲慢自大，能够自信坚定、客观理性地评估自己的能力，并能够适应生活中的适度挑战。此外，他们能够不断总结人生历程中的经验，从而更深刻地理解自己，并激发自己的动力与潜能，尽其所能地实现自我价值。第二，与他人的关系。在接纳自我的基础上，心理健康的人也会善待他人，积极参与社交。在与人交往的过程中，能够看到别人的优点，不恶意评判或苛责他人，也能够理解自己与他人的差异，尊重彼此的边界，并在冲突出现时能够健康地沟通，处理冲突的同时不损害关系。此外，心理健康的人还对他人有同理心，能够给予他人支持和陪伴，并在必要时提供帮助。在社交情境中，他们不会刻意隔离自己，可以享受亲密，也可以自在独处，与他人的关系真诚友善，并能积极地建立良好的人际关系。第三，与环境的关系。他们具备较好的适应能力和思维的灵活性，不会僵化固执，能够适度地探索和利用环境中的资源，并能快速地融入其中。他们还保持对环境变化的开放性，敬畏自然，尊重社会环境的道德约束和法规限制，在能力所及的范围内为社会环境作出个体贡献并承担社会责任。总之，心理健康的人有能力保持并发展与自我、他人和环境的联结，获得意义感。

（3）大学生心理健康的标准

心理健康是大学生成长成才的重要基础，"大学生心理健康"指的是大学生个体的心理机能状态，同时也涵盖大学生群体的整体健康状况。虽然心理健康的内涵和标准也适用于大学生，但大学生心理健康在内涵上具有发展阶段的特殊性。大学生的年龄一般在18~25岁，发展心理学家将其称为"新兴成年阶段"。在这一阶段中，大学生具有其身心发展特点，且与社会其他青年群体存在差异。同时，大学生心理健康的标准是随着时代变迁、社会发展以及总体健康水平的变化而不断调整的。因此，在确定大学生心理健康理论标准的过程中，我们应该秉承开放的姿态，与变化的需求相适应。

美国社会心理学家赫威斯特（Robert J. Havighurst）提出了个体在青年期需要完成的十项心理任务，分别是：第一，能在日常生活中与同龄人建立和谐的人际关系，这种关系包括同性朋友和异性朋友；第二，在行为上能够扮演适当的性别角色，个体不但乐于接纳自己的性别角色，还能恰当地表现出属于自己年龄的男性或女性的行为特征；第三，接纳自己的身体和容貌，不过分炫耀自己的优点，也不过分掩饰自己的缺点，而是能够按照自己的身体条件发挥其最大的潜能；第四，情感表达渐趋成熟独立，凡事不再依赖父母或其他成人的支持与保护；第五，有经济独立的信心，即使在金钱上还不能自给自足，在生活中尚不能自食其力，自己也有信心和意愿不依靠别人；第六，能够选择适合自己能力和兴趣的职业，而且肯努力奋发，为取得该种职业而准备；第七，认真考虑选择婚姻对象，并开始准备成家过独立的家庭生活；第八，在知识、技能、观念等各方面，都能达到作为一个公民所需要的标准；第九，乐于参与社会活动，也能在社会活动中对自己的行为负责任；第十，在个人的行为导向上，能建立起自己的价值道德标准[9]。这些标准可以作为评估个体心理健康和成熟的指标，并且可以指导青年期个体发展所需的心理能力。

20世纪90年代，美国心理学家亚瑟·齐克林（Arthur W. Chickering）修正了"七向量大学生发展理论"（Seven Vectors of Student Development）。该理论将大学生的心理发展划分为七个方面，包括发展能力感、情绪管理、独立自主性、身份的确认、成熟的人际关系、发展目的以及整合发展，每个方面的目标都是大学生心理健康的标准。其中，第一个向量是能力感，包括智力、体能和人际社交能力，三者协调发展是获得能力感的标志；第二个向量是情绪管理，从青春期到成年期的发展过程中，大学生需要学习管理情绪;第三个向量是发展独立自主性,在此阶段无论从实际生活层面,还是心理情感层面,个体都能够发展出与原生家庭的边界,能够自我照顾并创造自我独立感;第四个向量是确定身份,大学阶段是寻找自我身份的重要时期,经历混沌与迷茫开始提出"我是谁"的问题;第五向量是发展成熟的人际关系,大学生开始理解人际关系的必要性,并在关系中相互依存、互利互惠;第六个向量是发展目的感,大学阶段要求个体能够确定未来的生活目标和规划职业生涯,并为这些目标的实现作出积极的准备;第七个向量是整合发展,这意味着个体趋向成熟,能够容忍和接纳多元和不确定。齐克林认为,这些向量和任务的实现不是一蹴而就的,需要大学生在体验中不断积累经验、发展能力[10]。因此,大学生作为青年人中的特殊人群,正处于人生发展的重要阶段,他们的心理任务和健康标准也必然具有独特性。综合上述观点,本书从以下几个方面诠释大学生心理健康的标准。

第一,身体发展和心理发展同步。健康的个体应是身心同步发展的,如果身体发育成熟,而心理还停留在早期阶段,那么这种成长是假性的。在大学校园里,我们可以看到一部分学生似乎缺乏成年人的责任感、相对成熟的思维以及自我负责的意识,他们表现出像孩子一样自我中心,盲从,依赖或指责别人,通过剥削他人来满足自己的需求,缺乏给予和奉献精神,难以在团队中与他人换位思考,在生活和情感上也难以自我照顾。因此,这些大学生很难达到心理成熟或心理健康的标准。

第二,智力发展和非智力发展同步。智力因素包括记忆、思维、观察力、注意力及想象力等,是认知能力的总和。在人的发展过程中,智力因素扮演着非常重要的角色。教育的主要目的和内容是智育,即通过教育的具体方法手段提高受教育者的智力水平,促进其认知能力的发展。在教育过程中,智育的效果和个体智力水平一般体现在学业成就方面。然而,在关注智力因素的同时,人们往往忽略了非智力因素的重要性。非智力因素包括个体的性格、情绪、动机、价值观和意志品质等方面，这些因素对于个体的发展更为重要。非智力因素也被理解为"情商"（emotional quotient，EQ），即情感智慧或情绪智力。情商的倡导者美国哈佛大学教授丹尼尔·戈尔曼（Daniel Goleman）表示，情商是影响一个人生活成功与否的关键，它包括自我认知、自我管理与自我激励的能力，以及识别他人情绪和处理人际关系的能力[11]。因此，非智力因素是衡量个体心理健康水平的关键，"高分低能"的大学生是发展失调的。只有智力因素与非智力因素均衡发展，才是相对健康的状态。

第三，个体发展和外在环境相协调。个体的成长与发展始终离不开环境的影响，从胎儿期开始，个体就通过特定方式与母体环境相连，获取成长所需的营养。婴儿出生是一个环境改变的过程，需要逐渐地适应。在成长过程中，个体需要不断应对来自自然物理环境、家庭环境、学校教育、人际环境和社会文化环境的挑战。同时，人也受到环境的保护，脱离了环境，个体的发展就会受到阻碍。对于大学生来说，进入大学校园后，角色身份和客观环境都发生了变化，能否成功适应和转化成为每个大学生都面临的问题。在此过程中，需要大学生及时调整心态，协调主观世界和客观世界，逐渐认同"大学生"的新角色、新身份，更好地适应和融入新的生活环境、学习环境和人际环境，完成角色转变。因此，"是否适应环境"也成为评估大学生心理是否健康的重要标准。

（4）大学生心理健康教育的内涵

每个人都是自己心理健康的第一责任人，拥有健康良好的心理状态是重要的生命主题。大学生是国家未来的建设者和接班人，也是社会发展的后备力量，其心理健康状况关系到国家和社会的发展。因此，积极推动大学生心理健康教育的发展，是我国心理卫生领域和高等教育领域的重要任务。

①心理健康教育的概念

随着20世纪美国的医学模式从"生物—社会"医学模式向"生物—心理—社会"医学模式转化，心理健康教育开始被纳入全民健康的范畴。西方国家没有"心理健康教育"这一说法，而是通过知识科普、心理咨询和危机援助等社会心理服务体系来促进国民心理健康，更强调"服务"而非"教育"。我国心理健康教育的概念也由心理咨询演变而来，20世纪80年代，国内高校开始探索以心理咨询的方式来帮助有心理健康困扰的大学生，从而形成了心理健康教育的雏形。在初期的探索中，心理健康教育被简化为心理咨询工作。随着工作的深入，我国心理学工作者开始探索用综合性的教育方式来提升大学生的心理健康水平。1994年，中共中央下发的《关于进一步加强和改进学校德育工作的若干意见》（教政〔1994〕3号）指出，"要积极开展青春期卫生教育，通过多种方式对不同年龄层次的学生进行心理健康教育和指导，帮助学生提高心理素质，健全人格，增强承受挫折、适应环境的能力"，首次提出"心理健康教育"这一说法，意味着心理健康教育已不再局限于心理咨询，开始不断增添新内容完善工作体系。

就教育体系而言，心理健康教育是思想政治教育的重要组成部分，其字面意义清晰地表达了方法、内容和性质，明确了教育目标和主要任务。因此，心理健康教育是指运用心理学、教育学等相关学科方法，根据个体心理发展规律，改善其心理健康水平、提高其心理素质和能力、促进个体全面发展的一种教育活动。从狭义上讲，心理健康教育主要指以心理咨询为主要方法，以心理问题的疏导和心理疾病的预防与干预为主要目标，是一种旨在提高和改善个体心理水平的服务。然而，这样的界定往往限制了心理健康教育的育人功能。从广义上来讲，心理健康教育是以提升心理素质、健全人格为主要目标的教育形式。它采用多种有效手段，通过德、智、体、美、劳的"五育"形式来塑造心理品质，提升审美情趣、强健体能体魄，为全人发展的目标服务。本书中的"心理健康教育"为广义的概念，广义的概念扩展了心理健康教育的内涵及外延，以更好地探索心理健康教育工作的新方向。

②大学生心理健康教育的内涵

大学生心理健康教育是一种以大学生为教育对象的教育活动，通过运用心理学、教育学等相关学科的方法，根据大学生群体的生理、心理发展特点，提高其心理素质和心理健康水平，促进其全面发展。中共教育部党组印发的《高等学校学生心理健康教育指导纲要》（教党〔2018〕41号）明确指出，"心理健康教育是提高大学生心理素质、促进其身心健康和谐发展的教育，是高校人才培养体系的重要组成部分，也是高校思想政治工作的重要内容"。因此，本书从教育对象、教育内容、教育方法和教育目标等多个方面来全面阐释大学生心理健康教育的内涵。

第一，教育对象。大学生心理健康教育的对象是正在接受大学阶段高等教育的年轻人群，包括专科、本科和研究生层次。这个群体处于成年早期阶段，精力充沛，智力发展水平较高，思维灵活，创造力强，对生活积极向上。大学生面临着与同龄人相似的生命议题，如发展亲密关系，同时也面临着特殊的角色身份、生活环境及任务挑战。根据发展心理学家华纳·沙因（K.Warner Schaie）的观点，青年人在这个时期正处于"实现阶段"（achieving stage），即运用智力与知识实现有关职业、家庭和为社会做贡献的长期目标[12]。因此，大学生心理健康教育需要了解并尊重大学生群体的特殊性，理解其身心发展规律和特点，因材施教，以满足这一阶段的心理发展需求。

第二，教育内容。心理健康教育要根据教育对象的特点来规划教育内容，就大学生群体而言，其教育内容要符合其身心发展的规律，满足其成长成才的需求。在我国，大学生心理健康教育的理论和实践体系不断完善，教育内容紧密围绕教育目标设置，主要包括自我认知、健全人格、情绪管理、压力调节、人际沟通与亲密关系等，且趋于统一化。然而，大学生心理健康教育的内容并非一成不变。随着科技社会的快速发展和人们生活方式的改变，与心理健康相关的新问题也不断涌现，如网络游戏成瘾、手机依赖、焦虑抑郁等。因此，大学生心理健康教育的内容也需要不断调整和扩充，以适应时代的挑战并满足大学生心理发展的需求。

第三，教育途径。当前，我国高校学生心理健康教育工作已日趋成熟和完善，形成了一套具有中国特色和时代特点的教育体系。从最初的仅仅是以心理咨询为主的工作模式，逐步发展为涵盖心理咨询、教学培训、心理测评、危机干预和科普活动"五位一体"的新模式，形成了"预防与干预相结合"的多元化新格局。同时，大学生心理健康教育也不断拓展工作思路，创新教育途径。目前，国内许多高校都在借助虚拟现实（virtual reality，VR）和人工智能（AI）的科技手段来研发情境性心理行为训练专业设备，创新教育途径，以提高心理健康教育的实践成效。

第四，教育任务。大学生心理健康教育的概念也体现了它的主要教育任务，即提升大学生的心理健康水平，为成长成才服务。教育部发布的《关于加强普通高等学校大学生心理健康教育工作的意见》（教社政〔2001〕1号）中明确指出，"高等学校大学生心理健康教育工作的主要任务是：根据大学生的心理特点，有针对性地讲授心理健康知识，开展辅导或咨询活动，帮助大学生树立心理健康意识，优化心理品质，增强心理调适能力和社会生活的适应能力，预防和缓解心理问题。帮助他们处理好环境适应、自我管理、学习成才、人际交往、交友恋爱、求职择业、人格发展和情绪调节等方面的困惑，提高健康水平，促进德智体美等全面发展"。教育部、卫生部、共青团中央《关于进一步加强和改进大学生心理健康教育的意见》（教社政〔2005〕1号）中再次强调心理健康教育工作要"提高心理调节能力，培养良好心理品质，促进大学生思想道德素质、科学文化素质和身心健康素质协调发展"。在全人发展的目标指导下，大学生心理健康教育要实现多元功能，兼顾疾病和危机预防，侧重心理素质提高，全面保障大学生的心理健康发展。

此外，关于大学生心理健康教育，在不同国家和地区有不同的术语和实践。例如，在欧美国家的高校中，更常使用"心理咨询"（counseling）这一术语，并设立心理咨询中心，为校内师生提供个体咨询、危机干预、心理健康知识普及等服务。部分高校还设立学生心理健康委员会，负责协调规划和推进相关工作，为学生营造更加健康的校园生活环境。在我国台湾地区，比起"心理健康教育"和"心理咨询"，更为普遍的说法是"心理咨商"或"心理辅导"。高校几乎都设有心理咨商中心，为在校师生提供个体咨商、团体辅导、危机干预等服务，同时也为少数群体提供支持性资源。因此，在全世界范围内，尽管高校学生心理健康教育的术语不一致，但其工作实质和内容都是相似的，都为维护大学生的心理健康，促进人格完善。

1.2.2　具身认知

德国艺术家约瑟夫·博伊斯（Joseph Beuys）曾说："我用我的膝盖思考。"这句话看似不合逻辑，但揭示了认知的本质。2010年2月2日，美国《纽约时报》刊载了一篇题为《抽象思维？身体对它们的直接作用》的文章，其中写道："这一极为热门的研究领域被称为具身认知，其基本观念指的是大脑和心智并不是组成我们自身的两个独立部分……我们怎样加工信息并非仅仅同心智有关，而是同整个身体紧密联系着……"[2]具身认知作为一个认知心理学的新思潮逐渐被了解。

（1）**具身与具身化**

具身或具身化（embodiment），又可表述为"涉身""寓身"或"身体化"，是具身认知理论的核心概念。这一概念强调身体的构造、经验和活动，认为身体是人类认知和心智活动的基础。在具身化的概念中，"具"是具有、具体之意，"身"不仅指躯体，还包括身体所处的环境和世界。此外，

"身"还有另一层含义,即亲自、亲身之意。相对于将身心视为二元独立存在的"离身"(disembodiment)的概念,具身化强调身体与心智的密切联系,认为认知和心智活动依赖于身体经验和感知运动的能力,同时也受到环境、文化和社会情境的影响。瓦雷拉(F. J. Varela)、汤普森(E. Thompson)和罗施(E. Rosch)等学者对具身化进行了进一步的阐释,"使用具身这个词,我们意在突出两点:第一,认知依赖于体验的种类,这些体验来自具有各种感知运动的身体;第二,这些个体的感知运动能力自身内含(embedded)一个更广泛的生物、心理和文化情境中。使用行为这个词,我们意在再度强调感知与运动(motor)过程、知觉与行动本质上在活生生的(lived)认知中是不可分离的。"[13]

实际上,人类是以身体为基础存在于世界上的,因此,一切有身体参与的活动都是具身的。婴儿从身体出发来认识自己和探索世界,人类所有的感知觉也均是基于身体的体验。我们对自己、对他人和对世界的态度、认知都是通过身体的感官经验形成的。抽象思维的形成也离不开身体的支持,所谓抽象概念的概括性与象征性也必然基于身体的特征。正如莱考夫(G. Lakoff)与约翰逊(M. Johnson)所指出,心智在本质上是基于身体的,人类的抽象思维并不是凭借抽象符号而进行的信息加工[88]。此外,更为明显的具身化现象体现在人类的语言形成上,例如,温度、方位、距离、大小等,无不暗含身体的隐喻(metaphor)。人们对世界的理解是通过隐喻来实现的,身体和感官经验对我们理解和构建隐喻至关重要。抽象思维不是凭借符号或逻辑运算进行的,而是通过身体、感官和情感体验建立的。因此,从人类历史发展角度来看,人类的文明是一个通过身、心与环境的相互作用来改变和创造的图景,其本质是具身化的。具身化的活动也衍生出承载人类发展的文明成果,如劳动、体育和艺术等。

具身观的出现为我们提供了理解自我、他人和世界的新思路,开拓了新视角。它有两个渊源,其一是以皮亚杰(Jean Piaget)、维果茨基(Lev

Vygotsky）以及格式塔流派为代表的心理学观点；其二主要是以杜威（John Dewey）、胡塞尔（Edmund Husserl）、海德格尔（Martin Heidegger）、梅洛-庞蒂（Merlau-Ponty）为代表的哲学思想。随着研究的深入，具身化与多学科相结合，为哲学、认知神经科学、人工智能和心理学等多学科领域指出了发展的新方向，引入了"心—身—环境"的系统观与全局视角，以更全面的方式理解和探索研究主体，拓展了认知视野。

（2）具身认知

受笛卡尔二元论的影响，西方形成一种普遍性的身心观，即人的思想、心智、认知要高于身体。承载思想、心智和认知的头脑被认为是理性、神圣的存在，而身体则被看作是受着原始欲望和情感驱使的、卑微的存在，身体和心灵是分开的。现代西方社会仍存在"灵魂不死"之说，即认为人的灵魂是不死的、永恒的、纯净的，是人的真正本质，而身体只是暂时的容器和居所，人们甚至希望借助生物医学与科技手段将人类的"灵魂"长久保存。随着认知心理学的发展，人们基于信息加工理论和表征假设，认为认知过程是计算或符号运算过程，其本质是计算，这种计算发生于大脑而与身体无关，身体只是容器和载体。因此，认知只是发生在头脑之中的高级功能，与人的身体构造、身体感觉运动无直接关联。这种经典的身心二元观点长期主导着西方学术界，具身认知理论的出现，使其局限性浮现出来并逐渐开始瓦解。

因此，具身认知指的是认知的身体化，即认知是被身体与环境的互动塑造出来的，与离身认知相对。具身认知不再认为我们的认知、思维的过程等同于计算机加工运算的过程，认知不仅仅是抽象符号的加工，人类的身体运动、身体构造以及所处环境都会对个体的认知、思维以及包括心理健康产生深远的影响。我们的身体塑造着我们的思维、态度和情感，认知的过程不能脱离身体而独立存在。具身认知还强调，人的头脑嵌入身体中，身体嵌入环境中。因此，我们的所思所想永远不会脱离我们的身体感觉和所处的环境。

对于具身认知的概念，心理学家威尔逊（M. Wilson）在《具身认知的六个观点》中将其概括为六个方面。一是认知根植于环境，人们的认知过程不是孤立的，而是与他们所处的环境密切相关。认知是通过人与环境的互动而产生的，环境中的信息和刺激对于认知过程至关重要。二是认知活动受时间压力的作用，认知过程中存在时间限制，人们需要在有限的时间内对信息进行处理和作出决策。因此，认知过程必须快速且高效。三是人会利用环境因素来降低认知的负担，会利用身体和环境的特征来降低认知负荷。例如，使用外部工具或记忆辅助工具等可以帮助我们更有效地完成认知任务。四是环境是认知系统的必要组成部分，认知过程中环境不仅是信息来源，而且环境对于认知系统的构成和运行也是至关重要的。环境可以提供支持认知过程所需的外部资源。五是认知的目的是行动，认知过程的目的是行动。认知过程中获取的信息和知识是为了使人们作出决策、行动和应对环境。六是离线认知（offline cognition）以身体为基础，认知过程不仅在行动时发生，而且在行动之外也存在。离线认知是建立在身体经验基础上的，包括认知和感知等过程[3]。

依据上述定义，我们可以从以下几个方面来深入理解具身认知的概念。

第一，认知是身体的认知。传统的认知科学认为，认知是抽离于身体而独立存在的。20世纪70年代，认知科学产生，认知理论由信息加工理论（information processing theory）发展到联结主义范式（connectionist paradigm），最后发展到具身认知范式。信息加工理论认为认知是一种信息加工活动，即信息符号的表征（characterization）和计算（computation）。在这种理论背景下，认知犹如空中楼阁，不需要有机体和环境的参与，这种观点显然符合笛卡尔二元论的思想。随后出现的联结主义范式反对将认知看作是心灵的内在加工，拒绝将人脑比作计算机，认为认知必须依赖大脑的生理基础来实现，但依然是对信息的表征和计算。总体来看，以上两种理论虽然有鲜明的观点，但都将认知的本质视作"计算"，认为它是"离身"的，只发生在头脑之中。约翰·奥尼尔（John O'Neil）曾说，"往昔的先辈们可以通过自己的身体来思考宇宙，并通过宇宙来思考自己的身体，彼此构成一种浑然一体、比例得当的宇宙模型。而今天，他们却不得不思考种种系统和结构，全不见身体化的主体。就像机器人在科幻小说里的系统中执行工作，文学系统也在做着艺术家们的事情[14]"。但是，具身认知理论的出现和发展让我们意识到，人类抽象思维的形成离不开身体的参与。研究表明，思维使用我们大脑（运动皮层）的一部分的回路，这部分同时也负责产生身体运动。可以说，认知和思维本身就是通过身体动作来实现的，人类的大脑通过身体感官系统来感知和理解世界。因此，认知和身体是密不可分的，它们彼此依存。人类的存在不应该忽略身体的作用和贡献，因为认知就是身体的认知，身体也是认知的一部分。此外，身体的体验不仅会影响人的思维、态度和情感，而且对认知的形成具有塑造作用。例如，在婴幼儿的成长过程中，"三翻六坐七滚八爬"等阶段性发展的身体动作都是成长的一个重要里程碑。婴幼儿通过这些身体动作开始逐渐形成对自己身体和对世界的认知，离开了身体动作，婴幼儿的认知发展也会受到抑制。具身认知的概念强调了认知和身体的嵌入式关系，身体和认知是相辅相成的。因此，认知和身体不是简单的先后顺序关系，而是彼此交织的互动过程。

第二，身体结构影响着认知的发展。换句话说，不同的身体构造塑造着不同的认知。从解剖学角度来看，我们感知到的世界是由我们身体结构所决定的。例如，人类视觉的深度知觉（depth perception）取决于头部的转动、身体的运动和双眼的位置。因此，身体的物理属性决定着感知觉的形成和思维的发展。在语言层面，我们的情绪、情感体验也通过身体结构和感官体验得以表达。吉布森（James J. Gibson）认为，人们对身体的感受和活动体验可以为语言提供基础性的内容[15]。莱考夫和约翰逊也认为抽象思维是具有隐喻性质，最根本的隐喻源自我们所熟悉的身体。正如鱼儿会游泳，鸟儿会飞翔，每个物种都有其独特的生理构造。人不是蝙蝠，就永远也无法理解蝙蝠作为蝙蝠的感受[16]。人类独特的身体结构决定了我们独特的表达方式和情感体验，身体的解剖学结构、性质、感觉和方位在影响认知的形成和发展方面起着重要的作用。身体不仅为认知提供了内容，而且人类抽象思维概念的形成也是以身体为原型的。例如，直立行走使人以身体为中心发展出了"上下左右前后"的不同面向，这种体验和抽象概念的形成常常通过语言清晰地表达出来。"前"常常包含着积极正面的态度，如"前进""进步""进取""进展""进一步""前途""前景""向前看""前瞻性"以及"一往无前"等。这些表达方式的积极性和我们的身体结构密切相关，即人的眼睛最容易看到前方的东西，这种视力范围和视觉局限性也使我们不自觉地认为，眼前的事物是可知、可获得和可掌控的。在无意识层面，我们也将"前"这个方位词知觉为积极的、安全的、稳定的和正面的。反之，我们会赋予"后"的方位一些消极的意义，如"后退""退步""后悔""落后""后知后觉"以及"拖后腿"等。根据具身认知的理论，之所以我们会形成这样的认知态度，是因为人体特殊的身体构造让身体后面的环境和物体不易被观察，也意味着背后的世界是不安全的、不可控的、容易被攻击的。类似的表达还有"男左女右"。也许我们觉得它只是个约定俗成的规则，但实质上却透露出封建社会男尊女卑的旧有思想。其背后的原因在于大多数人都是右利手，那么在身体感受上，处于我们身体右侧的对象就更容易触及，同时也意味着更好被控制。因此，"男左女右"的站位也意味着处于男性身体右侧的女性地位更低，更容易被掌控。反过来，处于左侧的男性地位则更高。在我们的语言中，与"上""下""高""低"有关的词语常常被用来凸显地位的差异和心理感受，例如，"高高在上""位高权重""高瞻远瞩""高屋建瓴""上善若水""眼高手低""高不成低不就"等，这些表达方式反映了我们与身体有关的认知过程。总之，从具身化的角度看，我们的身体无时无刻不在参与认知活动，帮助我们去理解、形成和塑造一些抽象的概念。这些概念隐喻受我们人类特殊的身体构造决定，也都会塑造着我们的思维方式。可以说，认知基于身体，我们所看到、听到和想到的一切都受到我们身体的影响。

第三，认知由身体与环境的互动方式决定。20世纪60年代，第一代认知科学建立在"计算机隐喻"的基础之上。这种观点认为，人类的认知过程就像计算机一样处理信息，接受来自外界的符号信息，经过中央处理器（CPU）加工编排后输出结果。它把人体比作计算机，大脑就像是计算机的核心系统，主要处理如推理、记忆、运算等高级任务，而身体如计算机的硬件装置，只具有物理属性。这种观点与西方哲学史上"二元论"的传统思想相符，即认为人类的精神和肉体可以完全分开来看。这种传统的认知方式将身体视为精神的容器，认为身体对认知的形成没有任何意义，形成了"离身的"认知方式。但是，20世纪80年代兴起的具身认知思潮重新连接了大脑、身体和环境三者，认为认知是由身体与环境相互作用的结果，它们之间是层层嵌套的，即认知嵌入身体，身体嵌入环境，三者形成了动态的统一体。因此，人类在世界上的每一个举动都会影响认知的类型和性质。哲学家们认为，人们解决问题的方式为"起点—障碍—目标"，也就是"问题解决模式"（problem-solving model），即先确定问题是什么，然后去除影响问题解决的障碍，最后解决问题以达到目标。这个逻辑过程与婴幼儿爬行越过障碍到达目标的动作非常相似，在某种程度上印证了思维模式源于动作模式的理论。此外，具身认知理论认为，我们的认知受到所处环境的影响，认知与环境的互动以身体为中介。心理学家们发现，环境的冷热、软硬、洁净程度以及光线明暗、物理距离等外在因素都会使身体产生不同的感受，如清洁水平与道德感相关，接触物体的温度能够影响人际关系的友好程度。再比如，人类立体视觉（stereoscopic vision）的形成源于双眼的位置关系。我们的眼睛为何有如此构造？这是身体与外部世界的互动关系的结果。从生存的角度来看，这种知觉特点是我们的祖先在狩猎活动中逐渐发展起来的。因此，我们的认知并不仅仅局限于大脑内部的活动，也不仅仅限于身体内部的活动，而是扩展到了外部的世界中。例如，在学习知识的过程中，仅仅依靠思维层面的活动会限制我们记忆的牢固程度、理解深度和思维灵活度。因此，中国有句老话"好记性不如烂笔头"就强调了借助环境要素和资源才能事半功倍。借助纸笔等工具，认知能力得到更好的延展。在这方面，英国哲学家与认知科学家安迪·克拉克（Andy Clark）进行了有趣而深入的研究。克拉克提出了"延展认知"或"扩展认知"（extended cognition）的概念，认为个体的生活体验会塑造其对真实世界的期待和希望，当人的大脑无法单独完成某些认知任务时，意识就会延展，外部工具可以成为大脑认知的延伸。在日常生活中，人们无法与外界隔绝，而是需要借助语言或其他工具将外界信息整合到内在自我中。从这个角度来说，每个人都可以被看作"半机械人"（cyborg）。然而，人们常常忽视了这些"外部设备"的重要作用，实际上它们也是思维的重要组成部分。因此，认知不是藏匿在大脑和皮肤之间，而是根植于身体和外部环境之中。人们与环境的互动方式会影响和塑造认知的发展，这种影响甚至有时决定着认知的发展方向。

第四，身体是"活生生的身体"。具身认知与离身认知相对，它反对身心二元论，主张"身心一体"的观点，强调身体在认知中的作用。在具身认知中，"身体"不是单纯的物理属性，而是活生生的、"在世存在"的身体，与心灵相辅相成，是认知的基础。它不只是单纯的物质承载体，而是具有自发性和创造性的存在。有些具身认知理论主张者称，我们不是"拥有"一个身体，我们"就是"我们的身体。人们以"体认"的方式认识自我、他人和世界。身体不是"死物"，而是积极地、主动地、活生生地参与人的身心整体活动。俗话说，"读万卷书不如行万里路"。在具身的活动中，身体感受来自环境、他人和自身的感知觉信息，并创造着新的体验和认知。

在具身思想中，身体不再只是认知发生的场所，反映心智过程，而是影响整个心智过程。作为认知系统的重要组成部分，身体对认知加工具有构成性作用。我们所知觉到的客观世界只是身体和环境作用的结果，而整个建构的过程更具主观性和主体性，需要身体的参与。具身认知倡导的"体认"或"体知"中的"体"不仅是人的身体，也是包含了环境的身体，它将认知与身体、环境视为一个大系统。

综上所述，具身认知认为，认知不仅仅存在于大脑之内，人的身体结构、感觉、运动体验以及身体活动的方式等都决定着认知的形成与发展，影响着我们对世界的看法。从具身认知的概念出发，我们可以认为认知实质上是在身体与环境的互动与体验中被塑造出来的。如今，具身认知的理论蓬勃发展，为认知科学、心理学、人工智能等学科带来了新的启示。在心理健康教育的工作中，这一概念也将提供一种新范式，让身体与环境融入教育系统中。

1.2.3 教育创新

随着社会发展和科技进步，"教育创新"（educational innovation）成为现代教育发展的必然趋势，也将持续推动教育体系的变革。教育创新没有一个固定的标准或权威性的定义，因为这个概念在不同的领域和不同的学者中有着不同的解释和理解。联合国教科文组织（United Nations Educational, Scientific and Cultural Organization, UNESCO）在2015年世界教育论坛上提出，教育创新是指改变教育方法、机构、内容或资源，以提高学习效果、增加教育的可及性和质量，同时满足社会和经济的需求；我国学者周国平、董韶华等认为，教育创新是指在教育实践中，利用人类社会文化科技发展的成果，对传统的教育方法、教育手段和教育环境进行改革和创新；刘琦、潘树洪认为，教育创新是指利用新技术、新方法、新理念和新制度，改变教育的方式、内容和管理，以满足人类对知识、技能和价值观的需求，促进个人和社会的发展和进步；程文斌、胡祖荫认为，教育创新是指通过科技、社会和文化等多方面的创新，改变传统的教育方式和模式，培养具有 21 世纪素质和能力的人才，推动社会经济和文化的发展和进步。以上这些定义和概念源自一些国际组织和教育学者的研究与实践经验，是对教育创新的不同方面进行了综合、系统的阐释。

教育创新有诸多定义，大多数的观点都认为它是一种改变和创新传统教育方法和实践的过程。其中，相对被广泛接受的、较为准确的定义是：教育创新是指在教育领域中，通过引入新的理念、方法、技术和策略，以满足不断变化的学习需求和社会发展要求，从而实现教育目标、提高教育质量的一种思维和行为方式，其核心目标是提高学生的学习成果和能力，以适应不断变化的社会和经济环境，为未来的职业发展做好准备。此外，这个定义也将教育创新视为一种推动教育公平、维护其可持续发展的重要手段。因此，教育创新是对传统教育模式的改革和创新，其关键是创造性地应对教育领域中的机遇和挑战，同时将不同的思想、知识和技能融合在一起，为教育带来更多的可能性。

学者们对教育创新也持有不同的观点，所罗门·阿希（Solomon Asch）认为，教育创新应该是一个持续不断的过程，要不断地探索、试验和改进新的教育方法和技术；杜威认为，教育应该是与学生有机地联系在一起的学习过程，要注重学生的个性、兴趣和需要，以及他们在现实生活中的经验；杰罗姆·布鲁纳（Jerome Bruner）提出了"发现学习"（discovery learning）的概念，即通过学生自己发现问题和解决问题的方式进行学习，这种学习方式能够培养学生的创造性和思维能力；托马斯·库恩（Thomas Kuhn）认为，教育创新需要建立在科学和知识的基础上，同时也需要关注社会和文化的因素；维果茨基强调了教育与社会文化环境的密切关系，认为教育创新应该以社会文化环境的需求和要求为基础；埃里克·霍弗（Eric

Hoffer）认为，教育创新需要注重学生的个性和自由，同时也需要关注社会的发展和进步；埃里克·弗洛姆（Erich Fromm）认为，教育创新应该致力于培养人的创造性和人性化的发展，同时也需要关注个体和社会的关系。

基于以上学者观点，本书提出教育创新的重点议题，包括以下三个方面。

一是理论创新，即提出学术或科学领域中的新理论或新模型，它是教育创新的基础和核心。只有在理论创新的基础上，教育创新才能有持续的发展动力。理论创新可以推动教育变革，让教育更加适应时代的需求和社会的变化。教育理论创新需要不断地研究和探索，结合当今社会发展和教育实际，挖掘出更适应时代需求的教育理念和教育模式，使其具有前瞻性、开创性和可操作性，能够真正引导和支持学生在知识、思维、技能、素质及价值观等方面的全面发展。更重要的是，理论创新要与实践相结合，使新理论能够落地，并应用到实际教育工作中，用实践来检验理论的正确性和可行性，不断地进行调整和改进，从而形成一套完整的教育创新理论体系。因此，教育创新的理论创新是教育创新的必经之路，只有不断地进行理论创新，才能不断地推动教育的变革和进步，让教育更好地服务于学生和社会。

二是理念创新，即提出社会或文化领域中的新思想、新观念或新价值观，它是推动教育创新的关键。当前社会快速发展，教育的任务也在不断地发生变化，传统的教育理念和教育模式已经难以满足学生的需求和社会的需要。因此，教育创新需要建立在新的教育理念之上，以满足时代的需要。教育创新的新理念，应该是以学生为中心的，让学生在教与学的过程中扮演更为积极的角色。传统教育通常以教师为中心，教师在教学中拥有主导权，而学生则处于从属地位，仅作为教育的对象。这种模式已经不能适应现代社会和学生的成长需求。因此，教育创新需要以学生为中心，建立全新的教育理念，使学生成为学习主体，掌握教育的主动权。此外，教育理念创新还体现在教育的开放性上,能够与社会发展同步,不断地吸收新知识和新思想。这就要求教育体系更加开放,能够接纳和融合不同的教育思想和文化,推动教育的多元化发展。教育的开放性首先体现在知识学习的开放性上,使学生在学习过程中接触到更多的学科知识和信息,不仅限于教材提供的内容或老师讲授的内容。这种开放性可以通过多样化的教学资源、多元化的学科知识等实现。其次,教育的开放性体现在学习方式的开放性上,让学生能够以不同的方式学习,如项目学习、实践性学习、跨学科学习等方式,不局限于传统的课堂教学或书本学习。再次,教育的开放性体现在学习资源的开放性上,让学生可以获取到丰富多样的学习资源,如开放式在线课程(MOOC)、数字图书馆、在线学习社区,以及AI驱动的智能学习工具(如自适应学习平台、AI导师、智能题库系统)等,不局限于传统的教材、讲义等。最后,教育的开放性体现在教育管理的开放性上。学校教育要与社会互动,如与企业合作、与社区合作、与其他学校合作等,吸纳社会资源,提高教育教学水平和服务质量。

三是方法创新,即在教育领域中,运用新的教育教学技术、策略、手段、工具等,提高教育质量和学生学习效果。传统的教育往往以认知教育方法为主,教师通常是知识的传授者,学生则成为被动的接受者。这种教育方法往往会导致学生缺乏学习的主动性和积极性,降低学习兴趣和效果等。因此,教育方法亟待创新,多样、灵活的教育方法能够更好地满足学生的学习与成长需求,促进学生的全面发展。教育方法创新可以通过不同的方式实现,其中重要的是将新科技融入教育过程中。例如,引入网络在线教育、虚拟现实、人工智能等新的教育教学技术,提高学生的学习兴趣和参与度,使学生更容易理解和掌握知识。此外,个性化教育和合作教育也是教育方法创新的重要举措。传统的教育模式往往没有充分考虑到每个学生的个性和差异,将所有学生都视为相同的。这种做法忽视了学生个体的特点,也忽略了教育过程中学生之间的互动影响。因此,我们在鼓励学生合作的同时，也要尊重每个个体的差异性，以满足学生多样化的需求和发展需求，推进个性化教育和合作教育的实践和探索。通过实施这些创新教育方法，我们可以激发学生的学习兴趣和参与度，切实提高学生的学习效果和综合素养水平。

综上所述，教育创新是当前教育领域的热点话题，涉及多个方面的理论和实践问题。它是教育发展的重要方向之一，需要持续关注和研究，以便不断推动教育创新的发展和实践。

1.3　研究现状与文献综述

近年来，大学生心理健康问题成为高等教育领域关注的热点问题，也受到社会各界的广泛关注。在推进大学生心理健康教育工作实践的过程中，我们需要解决许多现实问题。例如，如何有针对性地改善学生心理健康状况？如何提高学生良好的心理素质，使其更健康地成长？如何促进我国大学生心理健康教育工作的特色化发展？等等。要回答这些问题，需要教育者从理论研究层面提出分析和假设，并在实际工作中探讨应对方案。多年来，国内外相关领域的学者积极探索，形成了推动大学生心理健康教育工作的理论与实践成果。在现有经验的基础上，本书将以具身认知理论框架为基础，对大学生心理健康教育工作进行解读和重构。因此，我们首先需要对研究现状进行梳理，以为下一阶段的探索奠定基础。

1.3.1　大学生心理健康现状研究

当前，大学生心理健康问题备受关注，许多学者对这一主题进行了深入探讨，这一主题因此成为高等教育领域的研究重点与热点问题，相关研究也呈逐年上升趋势。研究角度有总体性研究和分类研究两种，具体情况如下。

（1）心理健康总体研究

在中国期刊网以"大学生心理健康"为主题词进行检索，发现从1991年至2023年共发表学术论文12726篇。其中，1991年至2000年间发表论文306篇，2001年至2010年间发表论文4890篇，2011年至2022年间发表论文7468篇。由此可见，近十年间发表的学术论文已远远超过前20年的总量，大学生心理健康越来越受到重视。

对于我国大学生心理健康的总体情况，辛自强等人根据90项症状清单（SCL-90）测评结果判断，从1986年至2010年间，大学生的心理健康水平在逐渐提高[17]。张云生对1496河南大学生进行心理健康调查，发现河南大学生心理健康水平低于全国常模，心理障碍检出率为20.72%[18]。王婷等人指出，近年来，中国大学生心理健康问题不断加剧。许多大学生面临着学业、就业、人际、家庭等多方压力，导致焦虑、抑郁等心理问题，这些心理问题甚至会引发自杀等极端事件。大学生心理健康问题已成为高校育人工作中的常见问题，其中，约有17%的大学生存在不同程度的心理障碍和心理异常表现，这不仅影响学生的心理健康，也威胁校园和社会的安全稳定[19]。受新冠疫情的影响，大学生的心理健康问题也备受学者关注。林斐等人为研究新冠疫情常态化防控期大学生适应障碍和抑郁对心理健康的影响，选取了20515名福建省大学生，使用国际适应性障碍量表（IADQ）、症状自评量表（SCL-90）以及汉密尔顿抑郁量表（HAMD）进行调查研究。研究结果表明，新冠疫情常态化防控期大学生总体心理健康状况良好，但部分学生的心理健康问题不容忽视[20]。闫春梅等人研究发现，新冠疫情局部暴发期间，校园采取封闭式管理和集中隔离的医学观察方式，这段时间内大学生的抑郁和焦虑状况检出率较高[21]。在心理健康问题中，睡眠问题、抑郁、自我伤害在大学生中较为突出，2010~2020年大学生焦虑、抑郁、睡眠问题和自杀未遂的检出率显著上升，自我伤害的检出率显著下降[22]。除此之外，大学生心理健康问题还表现在缺乏学习动力、人际适应不良、恋爱困扰、就业心理困惑等方面[23]。在成因分析和相关影响因素研究方面，有学者认为，大学生面临的心理压力来自家庭、学校和社会三个方面。在家庭方面，父母的期望值过高和经济困难是影响大学生心理健康的主要原因；在学校方面，不适应集体生活、学习方式方法的改变以及由于背景差异带来的人际冲突使大学生感到困扰；在社会方面，主要压力来自竞争和信息矛盾引发的认知困扰[23]。

当前心理健康现状研究多以测评的方式，但使用的测评工具多为国外引进的量表，因此，为了更好地了解我国大学生心理健康状况，国内学者开始对心理健康量表进行本土化开发，以提高信度和效度。郑日昌等人编制了"大学生心理健康量表"，制定了全国大学生常模，并进行了信效度检验[24]；钱铭怡等人编制了"大学生社交焦虑量表"，该量表为22个条目的SAI量表，获得了中国大学生常模，有良好的信效度[25]；方晓义等人编制了"中国大学生心理健康筛查量表"，该量表经过信效度检验，符合心理测量学要求，可作为中国大学生心理健康筛查的测量工具[26]。关于我国大学生心理测量工具的本土化研究为心理健康教育工作的深入开展提供了科学依据。

（2）心理健康分类研究

基于大学生心理健康的总体状况，学者们对大学生群体进行了细致的分类研究，并从以下几个角度进行讨论。

一是根据出生年代的不同，对"90后""95后"及"00后"进行研究。这种分类阐释了在信息科技、社会家庭环境等因素的共同作用下，新时代大学生在情感、认知、行为等方面呈现出的鲜明群体性特点。例如，"90后"

行为上渴望独立但依赖心理强、抗挫能力差、情感强烈、外显张扬，但深度不够，思维上前卫超前、"世故圆滑"，思想和价值观更加趋于功利性，且以自我为中心[27]。二是从学生性别角度，相比男大学生，女大学生更容易成为研究的重点，因为她们可能会面临"重男轻女"偏见，社会竞争中的性别歧视，与男性的生理差异等问题，这些因素都对女大学生的心理健康产生了影响。女大学生具有独特的心理特点，一方面要面对社会竞争的压力，另一方面要应对女性身份的认同困难，因此她们所面临的问题也更多。有学者使用大学生人格问卷进行测量，其研究发现，有近五分之二的受测女大学生存在心理健康问题，而这些问题与她们出生地（农村或城市）、独生子女情况以及父母的文化程度等因素都显著相关[28]。此外，女大学生心理健康问题主要表现为人际社交敏感、焦虑、恐怖、敌对等情绪障碍[29]。三是从年级阶段角度，对不同年级的大学生进行探讨。学者们发现不同年级大学生的心理健康状况存在差异，且低年级大学生的问题多于高年级的状况[30]。因此，大学一年级新生的适应问题成为研究者关注的重点。四是从院校和专业性质角度进行研究。院校主要包括公安院校、军事院校、艺术类院校、师范类院校、民族院校、民办院校、高职院校及独立学院，专业主要包括理工科大学生、体育专业大学生、医科大学生等。比较分析发现，与文科和理工科专业相比，医科学生的心理健康问题更加突出[31]，军事院校大学生的心理问题也尤其值得重视[32]。五是从生源地域角度，探讨农村大学生、少数民族大学生的心理健康特点与现状。丁武和郭执玺选取了2000年至2015年间关于65894名农村大学生心理健康的49篇研究报告，发现16年间农村大学生心理健康状况总体稳定，但与城市大学生相比，农村大学生在负性情绪困扰和人际交往方面呈现出的问题更多[33]。在对少数民族大学生的研究中发现，其心理健康状况不容乐观，总体水平明显低于全国青年常模，且具有显著性差异[34]。我国西部大学生的心理健康情况较差，睡眠问题和自杀意念的检出率偏高，东北和中部地区大学生心理健康情况较好[22]。六是从家庭特点角度，探讨了贫困大学生、独生子女大学生、离异家庭大学生以及有留守经历大学生的心理现状。研究结果表明，大学生的家庭成长经历对其心理健康影响显著，特别是贫困家庭大学生。研究发现，贫困大学生存在心理问题的比例比其他学生高出20%[35]。而且，经济困难是贯穿大学四年的最大压力源，其中，大二、大三压力最重[32]。不过，也有学者提出，贫困生与非贫困生心理健康水平基本一致，但在人际敏感、抑郁和焦虑等方面呈现显著差异[36]。七是从行为问题角度，对学业不良大学生、网络成瘾大学生以及违纪大学生等内在成因进行分析，其中网络成瘾成为研究的热点问题。研究发现，网络成瘾大学生在强迫、人际关系障碍、敌对、精神病性以及睡眠、饮食方面因子得分要显著高于非成瘾大学生[37]。此外，网络成瘾大学生在社会支持、生活满意度、交往焦虑、自我和谐、抑郁以及自尊等方面相较于非成瘾大学生都存在差异，而且负面心理因素多，积极的心理因素少[38]。八是从身体健康角度，主要对残障大学生心理健康进行探讨。残障大学生虽然在大学生群体中人数较少，但作为弱势群体，其心理问题较为突出。研究发现，残障大学生的心理特点主要表现为自卑、逆反、偏激、冷漠、顽强和焦虑[39]。同时，社会支持对残疾大学生的心理健康水平具有显著影响，有效利用的社会支持越多，其心理健康状况就越好[40]。

1.3.2　大学生心理健康教育发展研究

我国源远流长的文化传统中蕴含着博大精深的身心健康思想，这对中华民族文明的传承与发展产生着深远的影响。20世纪80年代初，随着改革开放的深入推进和我国高等教育体制的改革，大学生心理健康教育开始起步。几十年来，从摸索尝试到强化发展，大学生心理健康教育经历了相对集中快速的发展过程。一批批心理健康教育工作者在学习和实践中，不断探索具有中国特色的心理健康教育发展路径。在理论研究方面,虽然西方心理健康、心理咨询的理论发展早于我国近百年,但我国心理健康教育研究厚积薄发,不断夯实理论基础,并在学习中超越和创新,在理论研究方面取得了较为丰硕的成果。关于大学生心理健康教育发展的研究情况介绍如下。

(1) 大学生心理健康教育现状研究

针对新时期大学生所呈现的日益复杂的心理问题,心理健康教育工作提供了一整套系统化的解决方案。从20世纪80年代初开始,我国高校心理健康教育工作者不畏困难,踏实学习和实践,构建起符合我国国情的心理健康教育特色工作体系,取得了显著成效。相比社会其他领域的心理健康服务,大学生心理健康教育工作更为专业、系统,对于增强大学生心理健康意识,提高大学生心理健康水平,改善心理健康状况,应对心理健康风险和预防校园危机事件都具有非常积极的作用。同时,相关学者也在实践中不断总结反思,以理论研究为先,积极探索中国式大学生心理健康教育新思路。现有研究主要分析了机构建设、师资队伍、理论方法以及工作成效等方面的问题,并主要集中于对整体工作现状和重点问题的分析,以及对工作发展策略的探讨。具体内容如下。

一是师资队伍建设问题。师资队伍建设主要呈现出机构设置、人员构成和角色定位不够清晰的情况。在我国高校中,心理健康教育机构的设置方式多种多样。据统计,84%的高校挂靠或隶属于学校学工管理部门,11%挂靠院系,另有5%挂靠思政教研室[41]。大部分心理健康教育机构挂靠行政管理部门,这导致行政和专业责权不够清晰。同时,由于缺乏独立的人财物管理调拨权力,整体工作定位容易向管理偏斜,出现心理服务行政化倾向[42]。在人员方面,由于国家整体专业人才培养的数量有限,再加上高校心理健康教育工作的特殊性,我国高校心理健康教育机构普遍存在着专业人员短缺的问题。虽然大部分高校已经初步建立"专兼结合"的师资队伍，但仍存在专职人员少、职责分工不清、工作超负荷以及专业水平低等问题。针对这些问题，有学者提出依托相关专业来配置大学生心理健康教育的师资，同时由学工部或团委在配置专职教师的同时从相关学院中招募兼职教师[43]。此外，大学生心理健康教育工作具有较强的专业性，但从目前情况来看，全国高校心理健康教育工作人员的专业背景构成复杂多样，具有心理学专业背景的人员占比不到一半，且工作期间参与专业学习培训的经历有限，督导制度尚不健全，专业胜任力还有待提高。

二是工作内容体系问题。目前，我国高校心理健康教育工作主要涵盖心理咨询、课程教学、心理测评、心理危机干预、知识科普宣传教育活动等内容。然而，有学者指出，我国大学生心理健康教育还存在着缺乏科学性、系统性和针对性的问题[44]。其中，心理咨询是高校心理中心的基础性工作，对大学生心理与精神疾病的识别、一般心理问题的应对，以及促进大学生人格健康发展具有积极的意义。目前，高校心理咨询工作主要以面谈为主，同时也包括热线咨询、书信咨询和网络咨询等形式。有学者调查发现，41.2%的高校开设了咨询热线，例如北京师范大学雪绒花热线；35.3%的高校接受书信咨询；23.5%的高校借助网络工具开展在线咨询[41]。虽然高校心理咨询服务的总体满意度较高，但仍有需要改进的问题。例如，随着学生需求的快速提高，加之咨询师人手不足，心理咨询服务越来越难以满足学生的需求，一些高校已经出现排队等号的现象。在心理咨询过程中，许多工作者只能做好支持引导的表层工作，对于解决大学生深层次心理问题，其咨询能力还需要进一步提高[45]。此外，国内许多学者对心理健康教育教学课程进行了研究探讨。大学生心理健康教育课程是科普宣传的主渠道和主阵地，受到各高校的广泛重视。尽管各高校的建设程度不一，但基本上都已经开设了相关课程，教育部也制定了相关标准以规范课程建设。有学者调查研究显示，随着课程建设的开展，大学生心理健康教育课程在课程价值、教学内容、教师态度等方面取得了新进展。但是，在教学效果和教学方法方面，课程的教学满意度与期望值之间存在较大差距，说明还需要进一步加强和改进。同时，随着网络化教学改革的不断发展，网络视频教学具有不受时空局限，便于知识的传播与共享的优点[46]。因此，优化教育教学形式与方法成为大学生心理健康教育课程建设的当务之急。除以上内容，有学者围绕大学生心理健康教育的其他子内容、子课题展开讨论，极大丰富了大学生心理健康教育的理论内容，也为实践工作提供了多元化的意见和建议。研究者们将理论与实践相结合，推进了大学生心理健康教育工作的深度发展。

（2）大学生心理健康教育方法研究

我国大学生心理健康教育工作发展至今已四十余年，经过不断地摸索积累，西学中用，探索出了丰富的心理健康教育方法。这些方法渗透进大学生心理健康教育工作的方方面面，从心理咨询、课程教学、心理危机干预到心理健康宣传教育活动，推动了教育目标的实现，多元拓展了教育形式和载体。随着教育学和心理学理论的发展，大学生心理健康教育方法也在不断创新。除了传统的教育手段方法，一些高校和心理健康教育研究者还从不同理论角度出发，将理论与实际工作相结合，探索应对的新思路和新机制。例如，音乐治疗、沙盘治疗、绘画疗法等融入大学生心理健康教育活动中。这些新方法不仅有效地促进了大学生的心理健康发展，而且拓展了教育手段的多样性。

同时，一些学者从新的理论角度对大学生心理健康教育工作进行研究，如积极心理学、社会工作理论、混沌理论以及生态系统理论，为跨学科视角下的心理健康教育工作注入新的生命力。在人本主义思潮的影响下，西方心理学开始关注个体的积极资源，积极心理学成为心理学、教育学领域的研究新热点。它关注人性中的积极品质、美德和潜能等积极方面，促进个体主观幸福感的提升，改变了心理学以往的研究方向。积极心理学在我国也受到了学界的关注，涌现出一批践行者。学者彭凯平推动了我国积极心理学的理论研究发展进程，其团队关注积极情绪对个体心理健康的影响，并认为心理学应更多地关注敬畏并培养敬畏之心，告诉人们应对生命、自然常怀敬畏之心[47]。学者孟万金以积极心理学为理论基础，创立了一种以积极发展为取向的心理健康教育理论与实践体系，包含对象、内容、原则、特点、任务、功能、途径、方法、成效与评价，并提出积极心理健康教育的概念[48]。在此体系之上，有学者研究创建了宏观认知教育的心理健康教育新方法，它结合了积极心理学的理念，并融合了道家思想和建构主义思想，旨在实现重建积极认知的教育目标[49]。研究发现，积极心理学以人为本的人性观和重视个体潜能发展的教育观为大学生心理健康教育提供了新的方法，也为其指明了多元化的发展方向。教育者应当重视学生积极心理品质的培养，营造一个自由、乐观、健康、抱持的教育教学氛围，使大学生能够获得积极的心理体验[50]。

在学习西方心理学理论思想和技术方法的同时，我国学者也开始深入研究东西方文化和社会环境差异带来的影响，着力于将心理咨询与健康教育方法本土化。20世纪80年代末，中国学者开始发展本土心理学，他们的声音逐渐在国际心理学研究领域中得到关注，发表的论文也逐渐增多，促进了东西方心理学思想的交流和对话。20世纪90年代初，我国台湾地区心理学家黄光国教授发起了"华人本土心理学研究追求卓越计划"，推动了心理学本土化的理论研究[51]。由于社会文化和民族心理存在差异，一些西方化的心理咨询与教育方法在心理健康教育工作中可能会遇到"水土不服"的情况。这种差异主要体现在工作指导思想上，西方文化通常认为人可以发挥潜能适应和征服自然、创造和改变世界；而东方文化则认为个人的能力有限，需要依靠集体的力量。心理咨询的流派和方法也是由特定的社会背景和文化孕育的，不同的社会文化赋予心理咨询不同的思想理论基础，并决定其有效性。例如,维多利亚时代后期诞生的精神分析理论中带有浓厚的社会历史文化色彩,与当今中国国情存在巨大的差异性,一些观点难以与现代中国人的心理状况贴合。因此,越来越多的人呼吁将心理学本土化,以适应中国国情和文化特点。在心理咨询和心理健康教育本土化方面,有学者指出重要的前提是要认清中国古代心理学思想对国人心理特征的影响,包括身心观、人际观和权威观等[52]。其中,有学者对中国人的人际观作出了精辟的诠释。杨中芳提出中国人解决"大我"和"小我"之间冲突最根本、最普遍的途径是"牺牲小我,完成大我",也就是"人人为我,我为人人"的人际交往模式[53],与西方世界的人际关系模式存在明显差异。马建新提出,儒家思想中包含着丰富的心理学思想,其应对思想中包含"亲挫思维""天命思维""责任思维"和"学习思维",可以将其应用到实践工作中,有效提高大学生心理健康教育的效果[54]。张方华认为,可以将我国传统茶文化思想融入大学生心理健康教育工作,以帮助大学生改善心理健康状况[55]。因此,心理健康教育本土化虽任重道远,但势在必行。

1.3.3 具身认知理论对大学生心理健康教育的影响研究

具身认知理论的兴起改变了传统心理学以计算机模拟为主的符号加工模式,将身体和环境纳入认知形成发展过程中,掀起了"后认知主义"的新变革。具身认知的理论视角新颖独特,对传统认知理论形成了挑战,成为当代认知科学、心理学、教育学等学科领域中的热门话题。虽然具身认知的理论兴起于西方,但国内学者也开始关注这一问题,我国台湾地区学者积极研究身体智能(body intelligence)和身体思维(body thinking)等与具身认知相关的主题。据知网检索的文献资料显示,最早关于"具身认知"的文献研究出现在2006年。截至目前,共有5739篇以"具身认知"为主题的文献,其中发表的学术论文有3926篇。虽然研究数量有限,但据统计数据显示，以"具身认知"为主题的研究呈逐年上升趋势。国内学者对具身认知的研究热情不断提高，相关成果日益增多。学界对具身认知的理解逐渐深入，研究内容主要集中在基本的概念界定、思想渊源、核心内容以及发展应用等方面。

（1）具身认知理论的概念观点研究

自 20 世纪 80 年代中期以来，随着第二代认知科学的兴起，"具身认知""具身心智""具身化"等概念在西方世界引起学术界的广泛关注，逐渐形成了认知心理学的第二大思潮。语言学家莱考夫和哲学家约翰逊认为，传统认知科学，也就是第一代认知科学已经消亡，取而代之的是第二代认知科学，或具身心智的认知科学。有学者评论说，"具身认知正在横扫我们这个星球……"。具身认知理论的出现为人类对自身的研究和科学科技的发展都提供了崭新思路和创造性视角，同时也吸引了其他领域学者的关注。其中，"具身认知的本质是什么？"是一个首先被提出的问题，由此，学者们对具身认知的概念本身进行了相对深入的探讨。

具身认知，也被译作"涉身认知"和"寓身认知"。"具身"一词本身也正是它的含义所在。国外学者对此进行了探讨和界定，瓦雷拉、汤普森和罗施在他们的著作中阐明了对具身的理解。所谓具身性，简言之是指人是具有肉身（flesh）的生物体，意识和智能、情绪和价值以及维持生命的生理活动都是在这个生物基础上实现的。当然，广义的具身性还必须涉及主体间性，也就是人们与外界环境的相互作用与影响。他们还提道："使用具身这个词，我们意在突出两点：第一，认知依赖于体验的种类，这些体验来自具有各种感知运动的身体；第二，这些个体的感知运动能力自身内含在一个更广泛的生物、心理和文化情境中。使用行为这个词，我们意在再度强调感知与运动过程、知觉与行动本质上在活生生的认知中是不可分离的[56]"。发展心理学家艾思特·西伦（Esther Thelen）对具身认知概念进行了简明的阐释："当我们说认知是具身的,其含义是指认知源于身体与世界的互动。以这种观点来看,认知依赖于一个有着特定知觉和运动系统的身体的经验。"[57]劳伦斯·夏皮罗(Lawrence Shapiro)在其《具身认知》一书中全面地介绍了具身认知运动,并批判性地论述了具身认知的一些基本观点。其中,基于对文献的搜集整理,夏皮罗提出了具身性的三个主题,分别是概念化(conceptualization)、替代(replacement)和构成(constitution)。心理学家玛格丽特·威尔逊(Margaret Wilson)认为,具身认知的概念包含以下六个主题,分别是:认知根植于环境;认知活动有着时间的压力,即认知是身体在即时压力下与环境的互动;我们利用环境减轻认知的负担;环境是认知系统的组成部分;认知是为了行动;离线认知是以身体为基础的[3]。由此可见,对具身认知概念的理解融合了其基本观点,即认知是身体的认知。这种观点无疑颠覆了第一代认知科学的长久影响,主张我们的意识、智能、情绪等心理活动都是基于身体的基础而实现的。

当具身认知的概念传入我国后,迅速得到了学者们的关注。国内学者从概念出发,经过分析和整合,提出了对具身认知的理解。国内学者对具身认知概念的研究也直观地体现在其多元的译法上。基于体验哲学的思想,学者们将英文"embodied"和"embodiment"翻译为"体现化""体认""体验""化身""寓身""涉身""具身""缘身性""体身化""肉身化"等。学者冯晓虎对诸多译名进行了评述,他根据莱柯夫身体形塑的思想提出"embodied"和"embodiment"的要义是身体为精神提供了一个框架,身体"塑造"了精神。因此,需将其译为"体塑"和"体塑化"。与之相对应的"disembodied"和"disembodiment"则需被译为"体离"和"体离化"[58]。然而,这些不同的译名也导致了对该概念理解的细微差异。学者李恒威对具身的理解是,人的心智不是无形质的思维形式,心智本质上是具身的生物神经现象,是神经系统整体活动的显现(appearance),机体的认知能力是在身体—脑活动的基础上实现的。学者葛鲁嘉提出，可以从三个方面理解具身认知，即认知的身体性、情境性和生成性。其中，"身体性"是指认知过程依赖于身体、身体活动和体验；"情境性"则指认知可由大脑延展至身体，再由身体延展至身体所在的环境；"生成性"即强调认知与经验性身体及行动的即时共生关系[59]。孟伟认为，与经典认知研究相比，涉身认知的核心概念观点是，认知主体从物理装置与生物大脑扩展为包含大脑在内的活的身体，不管是知觉还是抽象思维等认知活动，都是深深根植于身体活动之中的[60]。叶浩生使用具身认知的译法并对其概念进行了分析总结。他认为，具身认知的中心含义是指身体在认知过程中发挥着关键作用，认知是通过身体的体验及其活动方式而形成的，并对"认知是具身的"这一内涵从三个方面进行诠释：一是认知过程进行的方式和步骤是被身体的物理属性所决定；二是认知的内容也是身体提供的；三是认知是具身的，身体是嵌入环境的[61]。虽然学者们对具身认知的理解有广义和狭义、强具身和弱具身之分，但对认知中的身体主体性和嵌入性都具有一致性的意见和看法。

（2）具身认知理论的思想渊源研究

具身认知理论的出现改变了传统认知理论中那种局限于头脑之中的观念，将认知活动与身体联系在一起，对人类自我探究的科学进程产生了革命性的影响。虽然具身思想发端于西方，但其深深扎根于东方文化思想体系之中。因此，学者们对具身认知理论渊源的探究包括东西方两个世界。

西方世界具身思想的理论背景要追根溯源到古希腊时期，苏格拉底（Socrates）、柏拉图（Plato）将知识视为抽象和天赋，与肉体无关，肉体智慧玷污灵魂而让人忘记真正的知识[62]。17世纪，笛卡尔身心二元论形成了根深蒂固的影响，但也激发出更多的质疑和反思，人是否真如笛卡尔所言"我思故我在"？对此，哲学家海德格尔提出"在世存在"（being-in-theworld)的理念,它以整体观来看待人类个体的存在,是具身认知中身体与环境交互作用的基础。在哲学领域中,梅洛-庞蒂的身体现象学将认知过程向身体回归,主张认知世界要以身体为中介,身体具有认知的主体性。梅洛-庞蒂的理论也成为具身认知理论的直接思想来源,使得西方哲学开始发生身体转向。对此,已有众多学者从理论哲学的角度进行研究,成果颇丰。此外,维特根斯坦(Ludwig Wittgenstein)反对思维只发生在大脑,认为认知是与整个身体密切相关的,"人的身体是灵魂最好的画像",离开身体的心灵或认知是不存在的[63]。

同样,在心理学方面,具身认知也有着理论发端的深厚土壤。20世纪初,美国机能主义心理学家威廉·詹姆斯(William James)和杜威便提出了心智的具身性,认为人的思维、记忆、情绪等都是顺应自然环境变化而产生的,人的身体知觉和运动功能也是进化和选择的结果。在心理学中,让·皮亚杰(Jean Piaget)的发生认识论也蕴含着具身思想,其认知发展阶段理论重视身体感知运动对认知形成的重要影响。除此之外,维果茨基的心理社会文化理论和詹姆斯·吉布森(James Jerome Gibson)的知觉生态理论等也为具身认知的发展提供了理论前提。吉布森曾说:"每一知觉系统都以一种适当的方式定向自己以便采集环境信息,并依靠全身的这个一般定向系统。头的运动、耳的运动、手的运动、鼻和嘴的运动以及眼的运动是直觉系统不可或缺的一部分……它们充当探索在声音、机械接触、化学接触以及光中可得到的信息。"这些研究观点无疑对具身认知理论的发展起到了重要作用。

国内一批具身认知的先行者如叶浩生、李其维、费多益、李恒威等对西方具身认知的理论根源作出了介绍和概述,同时也思考和探究具身认知的东方思想起源。中国的古老文化中孕育的身心哲学与具身思想有着千丝万缕的联系,其身心一体观和系统观指导着中华民族千百年来的进步和发展,因此,二者有着理论的相关性和实践相容性。在东西思想的交融过程中,研究者们从各个角度切入以准确剖析二者之间的关联。对此，有学者提出了中肯的研究建议，认为结合中华优秀传统文化视角来进行具身认知研究时，需先使用具身的视角剖析中国哲学与文化对人的影响[64]。张学智分析论述了中国哲学中身心关系的几种形态，他认为，中国思想发源时就有整体性、统一性、注重现象而不注重构成的特点，中国古代思想一开始就把二者设想成体用合一的、神秘相应的、以意带气的、混沌不分的，倾向于现象地、一元地而不是截然两分地论说身与心[65]。可以说中国哲学中天然地孕育了具身认知的思想，身心一体密不可分。我国的道家文化就是这一哲学的鲜明体现，《庄子》中"庖丁解牛"的寓言故事揭示了具身思想对教育的启示，庖丁解牛的技艺高超之处也正如杨儒斌先生所说，"技艺之知最大的特色是这种知不仅存在于大脑，它更具化于全身，尤其具化于手。引导解牛行为的主体，绝不是理智，而是全身"[66]。这种体知思想可以应用于教育学，引导教育回归到实践性的课堂中来。除了道家文化中的体知思想，儒家经典哲学也彰显了身心一体的具身化思维。黎晓丹和叶浩生对儒道两家思想中的身心观和具身思想进行了归纳和论述，认为中国古老思想中的身体主体性和宏大系统的宇宙观与具身认知相契合，甚至在某些方面先于且高于具身思想。从理论与实践的整合程度上来说，中国古代的身体认知观比西方具身认知观更为成熟与体系化[67]。

（3）具身认知理论的发展应用研究

具身认知从20世纪80年代发展至今，研究领域不断细化，包含越来越多的分支，如具身学习、具身道德、具身记忆、具身情绪、具身审美、具身语言、具身消费等。有学者评论说，在认知科学领域，具身认知研究处于从理论到实证、实证回到理论的螺旋式成长阶段[68]。虽然大部分西方学者认同具身观的基本主张，即认知是具有具身性和情境性的活动，但却仍存在诸多争议，如有些学者所评述，"具身认知的影响越来越大，但是如果把它描述为一个有着严格定义和统一的理论,那就大错特错了。具身认知来自许多领域,因此在基本问题上,它仍然经受着内部分裂的痛苦"。威尔逊(Edward O. Wilson)和高隆卡(Sabrina Golonka)提出,具身研究不能沿袭传统认知研究的老路,仅仅把身体影响认知的因素加入思考范围,而是要有一种研究模式的根本改变。遗憾的是,由于对"具身性"缺乏明确的定义,导致概念出现了歧义和混淆,甚至在不同研究主张之间还存在着相互冲突、相互矛盾之处,使得这一理论的进一步发展受到诸多限制。但不可否认的是,具身认知在认知科学、哲学、心理学等诸多领域中扮演着越来越重要的角色,身体转向的趋势已成为可见的现实。虽然具身认知理论起源于哲学,但它已将其研究范围拓展到心理学、生物学、神经科学、计算机科学、人工智能科学、认知人类学、语言学、教育学、临床治疗以及艺术等多个领域,并与生活实践紧密结合。

具身认知的一项重要应用研究领域是认知语言学。任琳等阐述了作为身体动作一部分的手势具有具身模拟(embodied simulation)和隐喻的作用,并促进了语言理解和学习。许先文认为,语言天生地具有体验性,这是在人类对外部世界的体验认知过程中形成的,根源于人的感官对于外部世界的体验[69]。他还将具身认知和语言认知结合在一起,提出并阐释一种新的语言认知研究范式,即语言具身认知(embodied language cognition,ELC)[70],为具身认知理论的应用与认知语言学的扩展都提供了新思路。此外,随着研究领域的扩展和研究内容的深入,具身认知不再是曲高和寡的理论,而是与生活实际紧密相连。心理学家西恩·贝洛克(Sian Beilock)在《具身认知:身体如何影响思维和行为》一书中用通俗的语言将具身认知的学术研究转化为大众可理解的生活现实,如身体运动有益创造力,自然环境促进思维,以及身体语言有助于理解和交流等,为具身认知的普及化作出了有益的尝试。

具身认知的蓬勃发展也促使教育领域发生重大变革,利用具身思想来指导教育实践也成为具身研究领域中的重要课题。在教学改革方面，马晓羽和葛鲁嘉基于具身认知理论，提出课堂教学变革的四个基本方面：告别教学离身性，引入教学具身性，实现课堂教学观的整体转向；将师生的"身体"作为重要教学媒介，促进教育主体"身体"教育价值的实现；营建教育主体双向互动氛围，实现课堂教学"对话"价值的提升；整合与优化课堂教学环境，努力形成不同环境之间的教育合力功能[71]。同样，对于未来课堂教学的设计，王靖等人基于具身认知的视角，从理论基础与设计实践的贯一性、学习内容的情境性、学习环境的无意识性、教学目标的生成性、教学过程的动态性以及学习活动的体验性的六个角度来探讨，对教育教学的变革提出了具身化的设想。还有学者将具身认知和现代教学技术相结合，提出了改进教学的有趣设想，如在动态视频中加入手势或动作、创建3D虚拟环境、使用体感交互技术等[72]。具身认知理论也被运用到对学习的研究中，王美倩和郑旭东对学习环境的具身化进行了探讨，总结出以下四点具身学习环境的构建原则：一是尽可能多地"吞噬"学习者的各种不同知觉体验；二是设计并运用与所学知识概念相符的动作；三是让学习者在直接体验某一现象基础上进行深度学习；四是充分利用各种代理实现学习者知识理解的具身化[73]。

在大学生心理健康教育与具身认知理论的结合方面，也有部分学者进行了初步的探索和尝试，但研究数量比较有限。现有的研究以心理健康教育的内容、方式、方法和机制等方面为主线，将具身认知理论融入其中，分析了具身认知理论的贡献和应用。在对策研究方面，胡晓娜从分析了当前大学生情绪管理存在的问题，即忽视情绪智力的培养，实践环节薄弱以及缺乏情境互动，并提出了引入"情绪体验"的教育内容、开展身体参与的情绪教育实践的具身化对策[74]；周利提出了以身为径的心理健康教育实践对策，扩展学生的动作库，增强身体感受，以舞动治疗、EMDR（眼动脱敏与再加工）治疗、神经反馈治疗等的实践方法提升大学生心理健康水平[75]；兰美云提出，通过树立具身认知教育理念，引入具身认知教育内容，营造具身认知教育环境等主要对策，可以有效提升我国大学生心理资本[76]；李喜梅基于具身认知理论，提出了大学生心理健康教育评价体系的构建，细化了评价内容、指标体系和权重，并提出了相应的策略，包括坚持学生主体、树立全员参与意识以及创设教育情境[77]。

在心理健康教育内容方法研究方面，李瑾等人探讨了具身认知在心理咨询的应用，主要表现在大学生心理咨询室的布置、隐喻治疗、正念疗法、心理剧疗法等具身化疗法方面[78]；具身认知理论与大学生心理健康教育相融合也是研究的重点，徐文明基于具身认知理论进行心理健康课设计的研究，提出了心理健康教育课程的设计要点和主要步骤，包括教学准备阶段、知识表征阶段、教学设计环节和教学评价环节[79]；王小凤以具身认知理论为视角，分析了心理健康教育实践课程体系的具身化特点，构建了校内"4+X"和校外"2+X"课程内容体系，提出了以"体、悟、行"为评价指标、"3+2"为多元方式的课程评价体系和以 VR 的具身学习环境为平台的课程保障体系[80]；在利用虚拟现实技术方面，梁巧房认为，具身认知理论为 VR 教育游戏提供了设计原则和理论支撑，它打破时空界限，突出了大学生的主体性。作为一种辅助手段，VR 可与传统的治疗方式结合使用，从而提高大学生心理健康教育的科学性和专业性[81]。

1.3.4 研究述评

（1）研究进展

当前，大学生心理健康教育研究已经积累了丰富的成果，论文著作众多。心理健康教育工作者在前人的基础上不断拓展研究视域，积极创新，丰富了心理健康教育研究体系。目前，研究成果主要集中在以下几个方面。

一是对大学生心理健康总体现状的规律性研究。研究者们通常采用心理健康量表和人格量表等方法，对一定量的大学生被试进行调查，以了解大学生心理健康方面存在的基本问题。二是对大学生心理健康教育工作的模式的研究。学者们结合不同理论和学科视角提出了多元化的模式建构思路，通过归纳梳理，从学科角度可以总结出现有模式研究的四大分类，即医学模式、教育学模式、心理学模式和社会学模式。其中，心理健康教育模式研究也从散乱到整合，从经验化到理论化的方向转变。三是大学生心理健康教育工作方法研究。此类研究主要以方法创新为目标，结合心理学、教育学和信息化教育技术，融合不同学科领域的方法，探索更适合我国大学生的工作方法。

为了促进大学生心理健康的发展，大学生心理健康教育的研究内容也越发细致深入，研究者们围绕着促进大学生心理健康发展的目标，转向对大学生心理健康教育子问题的探索。经过几十年的研究和积累，大学生心理健康教育理论成果不断积累，为未来工作的推进和发展奠定了扎实的理论基础。近年来，随着社会快速发展和科技日新月异，大学生心理健康教育的新问题也不断涌现，越来越多的大学生陷入心理困扰的漩涡之中，这必然需要心理健康教育提供系统的支持和引导。为此，研究者需要从新的视角来看待和理解当前问题，寻找创新的解决方法。除此之外，理论研究应该为实践工作服务，落脚于解决实际问题。从目前的研究成果来看，许多大学生心理健康教育的理论研究者缺乏实践工作经验，对工作中亟待解决的问题缺少洞察。因此，他们提出的改革性建议针对性和可行性不强，如纸上谈兵。要解决这个问题，需要加强理论研究者和实践工作者之间的交流与合作，以便更好地理解实际问题，并提出解决问题的可行性建议。

（2）研究趋势

大学生心理健康教育研究要遵循新时代下社会文化的发展趋势，并更加紧密地结合当代大学生群体的心理特点和服务需求。基于研究现状，本书认为大学生心理健康教育研究呈现出以下几种发展趋势。

第一，心理健康教育与其他相关学科相融合。由于心理健康问题受到心理、社会、生物等多因素的影响，仅仅从心理学的视角来研究大学生心理健康教育还不够全面。因此，大学生心理健康教育的研究也应与相关学科密切结合，以多元化的视角理解大学生的心理问题，并从宏观和微观的不同角度探索解决方案。

第二，心理健康教育与社会时代发展相契合。当前，信息科技和人工智能技术迅猛发展，未来社会的教育必然受到挑战和冲击，大学生心理健康教育工作也必然受到影响。教育者不能守旧固执，一味沿用传统的教育方法，而应该开放心态，接受变革与发展，心理健康教育要用现代的科技成果引领工作的改革和创新。因此，大学生心理健康教育的研究必须与时俱进，思考新科技对未来心理健康教育工作的显著影响，推动教育改革和创新。

第三，心理健康教育与学生心理需求相结合。当代大学生成长的社会环境、教育环境和家庭环境都发生着巨大的转变，群体的心理特点和问题困扰也大不相同。同时，大学生对心理咨询的接纳度和认可度不断提高，心理服务的需求也不断增加。心理健康教育研究工作不能脱离实际，而是要密切关注大学生的心理需求，探索身心发展规律，为教育实践提供新思路和新举措。

（3）研究不足

综合国内外对大学生心理健康教育工作的现有研究发现，目前大学生心理健康教育的工作模式与方法途径较为局限，理念较为传统，对影响大学生心理健康发展的身体性因素探索不足，忽略了学生的身心完整性与身心健康的统一性。具体体现在以下三方面。

第一，对大学生身心发展规律研究不足。发展（development）可以被定义为从受精卵形成到死亡，个体身体内所发生的系统的、连续的变化过程[82]。人的发展过程可以从生理的发展、认知的发展以及社会心理的发展三个方面进行探讨。对于大学生而言，他们正处于成人早期阶段，生理发展趋向成熟，认知与社会心理发展也呈现出急剧变化的状态，频繁的改变、对人生可能性的探索是这个阶段最显著的特征，而这些变化和冲突都会影响到大学生群体的心理发展与健康水平。同时，对于个体而言，发展一定是身心一体的，离开身体的发展，心理的发展就无从谈起，反之亦然。然而，无论是在哲学、心理学还是教育学的领域，身体的功能都容易被忽略。在西方文化思想中，身体常被视为灵魂和思想的容器和载体，"身"与"心"是分离且对立的，笛卡尔的身心二元论在这样的思想框架下形成与发展，并长久占据主导地位。大学生正处于人生发展的重要阶段，他们面临着身心两方面的挑战和发展任务，心理健康教育必须整合影响学生发展的众多要素，不能割裂地谈其发展，只有秉承"身心一体"的观点来开展心理健康教育活动，才能真正促进学生的全人发展。因此，大学生心理健康教育研究要从整体观的视角出发，形成全人发展的心理健康教育理念。

第二，对大学教育环境的影响研究不足。当代大学生的身心全面发展需要更加全面、多元和人本的教育方法，传统的教育方法已无法满足需求。在这一教育目标的实现中，教育环境的创设是一种创新思路和有效手段，符合全人发展理念。根据心理学理论观点，个体所处的环境与情境也会影响人们的思考、推理等能力。教育要基于环境，环境因素对个体认知、心理状态的影响不仅仅是因果性的，更是构成性的。个体的发展需要身心同步，同时也需要接受和反馈环境中的信息。环境对大学生认知、心理发展起到了重要作用，这一点已经被脑科学研究证明。相关研究表明，自然环境对个体心理的影响超越了一般的美学意义，有助于提高免疫系统功能和心理健康水平。例如，校园中的绿地可以提升大学生的记忆力和专注力，使其身心平衡松弛。大学生的心理发展不能独立于环境，而是嵌入在环境中的，离开了环境，发展便无从谈起。然而，目前学者在教育环境问题上研究的力度、深度和广度都十分有限。

第三，对大学生身体学习的研究不足。传统的学习观和教育观重视语言学习和视觉学习，认为认知过程是对符号的抽象加工过程，认知的本质是"计算"，只发生在大脑之中，是运行在大脑"硬件"上的软件程序[83]。这样的教育理念虽然没有完全否定身体的作用，但只是把身体当作认知发生和发展的生理基础。事实上，在身体与环境的互动中，身体的结构、感觉运动系统和活动方式决定和构建了认知风格，生成了人们对世界的看法和互动方式。身体经验是知识建构的重要来源，身体也是学习和获取知识经验的重要渠道。然而，当前大学生心理健康教育研究偏重"头脑"部分的工作，以理论知识科普为工作重点，以课程、讲座、报告等形式向大学生传播心理健康知识，强化心理健康意识。在理论研究方面也是如此，并未将身体学习作为主要研究内容。

1.4 研究思路与研究内容

1.4.1 研究思路

近年来，随着社会经济的发展和人民生活水平的提高，大学生心理健康问题日益凸显。尤其是在疫情期间，大学生面临着更多的挑战和压力，心理健康问题变得更加突出。因此，开展大学生心理健康教育已成为高校教育管理工作的重要组成部分，也是提升大学生心理健康水平的重要途径。然而，现有的大学生心理健康教育存在着一些问题。例如，教育内容单一、教育方式单调、教育效果有限等。如果不能有效解决大学生所面临的心理健康问题，便难以满足当代大学生的个性化的发展需求。因此，如何创新大学生心理健康教育，提高教育效果，已成为高等教育亟待解决的问题。本书基于当前的时代背景和大学生心理发展的独特需求，利用具身认知理论对大学生心理健康教育工作进行创新性的探索，旨在探究具身认知理论在心理育人中的应用，提出具身化的创新实践对策，以期为大学生心理健康教育的发展提供新的思路和方法。具体研究思路如下：

本书以"发现问题、分析问题、解决问题"为逻辑主线，聚焦当前大学生心理健康教育工作的实际问题和发展局限，并以具身认知的新理论为指导，来求解大学生心理健康教育的创新路径。书中将研究的科学问题明确为"基于具身认知理论对大学生心理健康教育进行创新"，并对当前大学生心理健康教育的育人困境和成因进行详尽分析，发现目前大学生心理健康教育在教育观、模式和方法上均存在局限性，如重视认知教育，轻视身体和环境因素对大学生心理健康的影响。这在一定程度上阻碍了大学生心理健康教育工作的进一步发展，也影响了高等教育人才培养目标的实现。因此，大学生心理健康教育亟待创新。

突破心理健康教育工作瓶颈的重点在于，找到契合当下学生身心发展需要的科学依据和有效方法。对此，具身认知给予了理论支持和重要启示，提供了大学生心理健康教育工作的新视角和新思路。该理论认为，人的认知与身体、环境密切相关，且为有机的整体。同时，身体具有主体性，身体的姿势、动作及与环境之间的互动会影响和塑造个体的心理状态。本书在对这一理论进行系统介绍的基础上，进一步提出了具身化心理动力系统模型，并以该模型为核心对大学生心理健康教育工作进行创新探索，发展出大学生心理健康教育具身化工作模式，以更系统科学的理论为依据解决传统心理健康教育难以解决的现实问题，并给出可供参照的教育实践对策。

1.4.2 研究内容

本书以研究的科学问题为导向,从当前大学生心理健康教育的现实问题出发,强调了心理健康教育创新的必要性,重点分析了具身认知理论对大学生心理健康教育的创新启示,创建了心理健康教育具身化的理论与实践新模式,并提出现实对策,使心理健康教育可以更有效地支持学生的心理健康和全人发展。具体内容包含以下几部分。

第一,具身认知理论模型与基本观点。为了给当前大学生心理健康教育的工作创新提供理论视角,本书重点研究了具身认知的基本原理。具身认知理论是认知心理学的一个重要分支,强调认知活动与身体感受之间的密切关系,认为人类的认知过程不仅涉及大脑的信息处理,还与身体的感受、动作以及和环境的互动有着紧密的关联。本书对具身认知理论中的核心观点进行系统分析,聚焦认知、身体与环境的互动关系,即认知过程不是仅由大脑内部的信息处理决定,更要考虑身体感知和环境交互的因素,身体感知、动作及和环境的交互体验能够影响和塑造大脑中的神经元网络,从而影响认知过程。本书以此建立具身化心理动力系统模型,从而更好地理解认知、情感、行为与身体、环境之间的互动关系,为后续研究提供重要的理论基础和研究框架。

第二,大学生心理健康教育的育人困境与创新要求。在我国,大学生心理健康教育已经有了四十余年的发展历程,并取得了显著的成效。然而,为了进一步促进心理健康教育的创新发展,必须清楚地了解大学生心理健康教育的主要工作模式。同时,我们需要认识到,在现有的教育模式下,仍然存在一些问题和挑战。具体来说,现有的教育模式在教育观、教育模式以及教育方法等方面均存在一些局限性,这使心理健康教育难以满足当代大学生身心成长的个性化需求。因此,如何提高大学生心理健康教育的效果,促进大学生全面发展,已成为当前高等教育中迫切要解决的问题。为此，我们需要进行心理健康教育工作创新，以突破困境，提高育人成效。基于对具身认知理论的深入研究发现，具身认知理论对心理健康的维护、高等教育的管理以及心理健康教育工作创新都有着重要的启示作用。具身认知理论提醒教育者关注学生的身体认知，通过身体与环境的具身化互动来促进心理健康发展。同时，具身认知理论也需要教育者更加注重大学生个性化需求的满足，采用具身化的教育方法和模式，以确保心理健康教育的有效性。

第三，大学生心理健康教育具身化模式。为了满足当代大学生身心成长的个性化需求，大学生心理健康教育必须不断创新。教育者需要充分利用先进的理论和方法，以确保教育的有效性和学生的全面发展。具身认知理论为我们提供了一种新的角度，能够更好地解释大学生心理健康发展的机制，帮助教育者更好地开展工作。具身认知理论认为，身体是我们感知和理解世界的基础，我们的思维和情感都来源于身体的感受和体验。身体和环境方面的因素都会对大学生的心理发展产生影响。例如，身体上的疲劳和不适可能会导致学习和情绪上的问题，而良好的环境条件和社会支持则能够促进学生的健康成长和发展。因此，我们可以通过具身化的大学生心理健康教育创新模式来提高教育效果。具身化的教育模式基于全局化、系统化以及身心一体的教育理念，将心理咨询、课程教学和教育活动融入大学生心理健康教育中。具身化的心理健康教育模式注重学生的主动参与，通过身体体验、感知、创造等方式，让学生深入感受并理解自己的身体行为，从而更好地应对心理困扰，提高心理健康水平。总之，具身认知理论对大学生心理健康教育的创新发展具有重要的启示作用。我们需要充分运用这一理论，不断探索适合当代大学生的具身化教育模式，促进大学生的心理健康和全面发展。

第四，大学生心理健康教育具身化创新实践路径。任何一种理论模式都要经得起实践的检验，书中基于大学生心理健康的具身化模式，进一步研究其实践路径,从五方面来推进大学生心理健康教育具身化创新。首先,加强心理健康教育具身特性的顶层设计。在制订和实施心理健康教育计划时,应充分考虑大学生具身化特点和需求,以确保教育内容和形式符合大学生的认知和情感特征,促进学生心理健康的发展和提高。其次,构建具身化心理健康教育体系。从理论、实践和评价三方面来确保教育体系的科学性、完善性和可行性。体系需涵盖具身化元素,例如身体性、情境化、体验化等,通过创造具身化的学习环境和氛围,让学生在体验中学习,提高学生的兴趣和参与度,更好地促进学生心理健康发展。再次,打造心理健康教育教学的具身化载体。教学过程中应利用各种具身化工具和载体,例如情景模拟、行为训练、身体动作等,将抽象的心理概念和知识转化为具体的情境和真实的感受,增强学生的理解和记忆,并提高学生的情感参与。此外,搭建学生广泛参与的具身化实践平台。学生参与是具身化教育的重要特征之一,为了促进学生的积极参与和体验,应建立各种具身化实践平台,让学生在教育活动中获得具身化的学习和体验。最后,建设具身化情境体验场所。提供具身化的环境,例如户外运动场地、自然娱乐场地、园艺休闲场地等,让学生体验和感受环境对身心健康的影响。总之,大学生心理健康教育具身化创新实践对策需要全方位、多层次的推进和落实,既要从教育内容和方法出发,又要从实践平台和场所建设入手,建立具体、可操作的方案和计划,以提高大学生的心理健康水平,实现高等教育人才培养目标。

第 2 章

大学生心理健康教育的育人困境与创新要求

2.1 我国大学生心理健康教育的发展历程

2.2 我国大学生心理健康教育的现有工作模式分析

2.3 当前我国大学生心理健康教育的育人困境

2.4 当前我国大学生心理健康教育育人困境的原因分析

2.5 大学生心理健康教育的创新要求

2.6 本章小结

我国高校学生心理健康教育工作经历四十余年的发展，取得了阶段性的成效，也逐渐发展出区域性、多样化的工作模式。然而，随着社会发展，大学生心理健康教育的问题和困境也逐渐显露，这提出了教育创新的迫切要求，本书将对此加以探讨。

2.1　我国大学生心理健康教育的发展历程

任何事物的发展都需要经历一定的阶段，心理健康教育本质上属于舶来品，其与中国本土文化的融合需要一个逐步深入的过程。我国高校学生心理健康教育的发展始于20世纪70年代末，至今已有四十余年的历史。在发展阶段的划分上，有不同的说法，综合归纳为以下两种（表2-1）：

表2-1　我国高校心理健康教育发展阶段观点

三阶段论			四阶段论		
阶段	时期	特点	阶段	时期	特点
准备阶段	20世纪80年代中期至80年代末期	"三无"条件，引进介绍，个别尝试，自发探索	萌芽阶段	20世纪80年代中期至1990年	小范围、自发的和松散的探索
起步阶段	20世纪90年代初期至90年代末期	初具条件，边学边干，初具规模，政府指导	起步阶段	1991年至2000年	行业协会，开展专业活动
发展阶段	21世纪初期至今	条件良好，体系建立，遍地开花，政府主导	发展阶段	2001年至2010年	政府重视，多项指导性文件出台
—	—	—	专业化起步阶段	2011年至今	设立机构建设标准和示范中心，专业化、职业化和规范化发展

除此之外，还有一些学者对我国高校心理健康教育工作的发展阶段有不同的看法。例如，"重新起步期、制度化期和普及期"和"起步期、探索期和普及期"的阶段说等。虽然这些说法有所不同，但内容大同小异。总体而言，这些学者都认为我国高校心理健康教育工作的发展呈现出"从舶来品向本土化转变"的规律和趋势。在这些观点的基础上，结合工作实际，本文系统地梳理总结出我国高校心理健康教育工作的发展阶段，具体划分如下。

2.1.1 酝酿准备阶段（1978年至1990年）

20世纪六七十年代，心理学在中国的发展几近停滞。随着高考制度的恢复和改革开放政策的逐步推行，中国社会发生了历史性变革。1981年，党的十一届六中全会明确指出，我国社会主要矛盾是人民日益增长的物质文化需要与落后的社会生产之间的矛盾，并提出要"努力提高教育科学文化在现代化建设中的地位和作用"的要求。于是，大量西方社会文化思想成果和著作被引入，西方世界的价值观也随之传入。思想活跃、接受程度高的青年人如饥似渴地学习和接受多元的外来文化，同时也开始面对多样的物质选择，产生一系列心理冲突和困惑。

面对新形势，高校开始积极思考应对新问题的方法。国内一些教育研究者不断尝试与摸索，总结出三种主要的应对思路：一是用哲学理论去探究人生意义的命题。这种尝试是有益的，可以引导大学生深入思考，但过于偏向学理性的教育，容易忽略情感因素，使理解停留在意识表层，难以深化。二是主张从学生角度出发，以共情式的引导反馈来帮助大学生建立人生希望感和意义感。这种感性和理性相结合的方式确实发挥了积极的作用，引领大学生探索自我，发展自我认同。三是将西方心理学思想融入思想政治教育中，以思想引领的方式来帮助大学生树立人生观和价值观。这是具有中国特色的创新举措，也体现了国家和政府对大学生教育培养的开放性和科学性态度。一些高校也开始拓展工作思路，进行有益的尝试。例如，上海交通大学于1985年9月率先成立了"益友心理咨询中心"，为大学生提供心理咨询服务，这是我国高校心理健康教育的最初形式，填补了我国高等教育领域的空白，也标志着我国高校心理健康教育工作的起步。

心理健康教育作为一种全新的教育形式，肩负着助人的使命和育人的责任，以及维护校园安全稳定的必然职责。有序开展心理健康教育工作不仅可以帮助大学生正确认知自我和社会，以健康的心态应对社会变化，也可以帮助大学生提升心理健康水平，学习和掌握必要的方法来调节情绪，处理心理冲突。随后，一批高校心理咨询中心陆续建立起来，比如华中师范大学在1985年9月成立了心理咨询保健所，浙江大学在1987年创办了心理咨询中心，清华大学在1988年成立了学生心理发展指导中心，北京师范大学在1989年成立了学生心理咨询与服务中心等。直至20世纪80年代末，全国有近30所高等院校成立了心理咨询机构，开始有组织地开展大学生心理咨询服务，这也进一步夯实了心理健康教育工作的发展基础。

虽然全国已有部分高校率先开展了心理健康教育工作，但在这一阶段的工作条件尚显不足，存在诸多困境。例如，缺少专门的工作场所，有些学校将此项工作设于校医院门诊，有些则设立在宿舍区或学生处办公区，缺少统一、稳定且专业的设置。同时，心理咨询工作也没有专业人员负责，而是由思政教师、心理学专业教师、校医院医生或其他人员兼任。这些人员缺乏咨询理论和实践经验的支撑，而是摸索着开展工作。在这一阶段，心理咨询、心理健康教育对大多数老师和学生而言，都是相对陌生的概念。因此，对于心理咨询这样的新鲜事物，很多人都抱着试试看的想法，工作方式非常单一，从对国外心理咨询的简单模仿开始，逐步积累经验和探索规律。随着工作的开展，大家对高校学生心理健康教育工作有了初步的认识。在个别尝试的过程中，心理工作者也自发性地探索了一些符合我国国情的工作方式，从单一心理咨询扩展到多样化的工作内容。例如，浙江大学独立开设了心理卫生课程，科普心理知识；部分高校尝试使用心理量表来开展心理测评，了解大学生的心理问题。这些都是心理健康教育工作发展初期的有益尝试。

此外，心理学理论研究和学科专业的建设为高校心理健康教育工作的开展提供了支持。1978年，北京大学心理系成立，成为新中国第一个独立的心理学系。在建设现代化的迫切要求之下，一批高校陆续恢复开设心理学专业，如浙江大学、北京师范大学、华东师范大学及华南师范大学等。在这个百废待兴的特殊时期，为国家培养出一批优秀的心理学专业人才。同时，国内也涌现出一批心理学专家学者，如北京大学第六医院的钟友彬、北京医学院的许又新、中国科学院的李心天、北京医科大学的郭念锋、北京大学医学部的胡佩诚等。他们为中国心理学研究、心理咨询的发展以及高校学生心理健康教育工作的开展作出了积极、重要的贡献，是心理学界的开拓者。

在这一阶段，虽然高校学生心理健康教育工作已经取得了初步成效，大量的西方著作和教材被翻译，美国心理学中的主流思想理论与研究方法被广泛传播。但我们也必须承认，当时我国的心理健康教育工作仍然像一个蹒跚学步的孩童，还只是在介绍和引进西方知识，处于预备阶段。同时，高校心理健康教育工作也仅在仿效西方做法，缺乏专业的工作方法和人才队伍，工作的自发性尝试也往往因专业水平不足、条件资源不够等原因而陷入困境。高校的心理咨询工作也主要是进行谈心谈话，咨询师更像是"知心大姐"，而非专业人员。因此，加强队伍建设、提高工作的专业性已成为高校心理健康教育工作的迫切要求。

2.1.2 自主探索阶段（1991年至2000年）

经过十多年的发展，人们对心理学和心理咨询有了初步的了解。一些高校通过多年的积累，已经具备了进一步开展心理健康教育工作的初步条件。与此同时，大学生的心理健康问题也引起了社会的关注。党和国家对此高度重视，将心理健康教育纳入人才素质培养的系统工程中，明确提出了工作要求，并颁布有关制度文件以指导其有效开展。1994年，中共中央印发的《中共中央关于进一步加强和改进学校德育工作的若干意见》中明确指出，"在科学技术迅速发展，社会主义市场经济体制逐步建立的情况下，如何指导学生在观念、知识、能力、心理素质方面尽快适应新的要求是学校德育工作需要研究和解决的新课题……通过多种方式对不同年龄层次的学生进行心理健康教育和指导，帮助学生提高心理素质，健全人格，增强承受挫折、适应环境的能力"。1995年11月，国家教委正式印发《中国普通高等学校德育大纲（试行）》，其中把"具有良好的道德品质和健康的心理素质……具备良好的个性心理品质和自尊、自爱、自律、自强的优良品格，具有较强的心理调适能力"作为高校德育工作的目标。1999年6月，全国第三次教育工作会议提出的《中共中央、国务院关于深化教育改革全面推进素质教育的决定》中进一步指出，"以培养学生创新精神和实践能力为重点，造就有理想、有道德、有文化、有纪律的德智体美等全面发展的社会主义事业建设者和接班人……针对新形势下青少年成长的特点，加强学生的心理健康教育，培养学生坚韧不拔的意志、艰苦奋斗的精神，增强社会适应的能力"。在党和国家的政策引领下，高校学生心理健康教育工作在人才素质培养中的主体地位得到认可，各级各地积极落实政策，有计划地开展相关工作。

在政策的推动下，全国高校学生心理健康教育工作迈上了新台阶。各省市教育主管部门积极落实文件精神，从机构建设、工作经费、队伍建设和专业培训等方面给予指导和支持。由国家和省市教育行政部门牵头，各地积极开展专业培训。例如，北京、上海、武汉、大连等地举办了多期心理咨询专题培训班。1994年5月，国家教委司政司在江西师范大学首次举办高校心理咨询师培训班，将这支队伍的专业培养正式纳入规范的培训体系中，提高了心理健康教育工作者的专业水平，为高校心理机构培养了一批懂心理咨询、热爱心理工作的专业人员。同时，高校心理健康教育的发展也离不开行业协会的推动。1990年11月，大学生心理咨询专业委员会（以下简称"大专委"）成立，标志着我国高校心理健康教育工作进入新的阶段。大专委在北京、大连、武汉、南京等多地组织开展学术活动，推动了我国高校心理咨询工作的纵深发展。1999年，中国心理学会临床与咨询心理学专业委员会成立，积极开展相关工作，促进了我国心理咨询行业专业、有序和健康的发展。

在这一阶段，更多高校设立了心理咨询机构，明确了机构归属，建立了专门的师资队伍。一些心理健康教育工作者通过边学习边实践的方式积累了一定的工作经验，成效初步显现。工作内容从单一的心理咨询扩展到更加综合性的心理健康教育层面，包括心理咨询、心理健康知识科普宣传活动、心理健康课程教学以及理论研究等方面。工作内容的多样性提高了心理健康教育的效果，心理健康教育工作体系也逐渐变得更加清晰。心理健康也越来越被政府、社会和高校重视，心理科普宣传活动成为心理健康教育的新方式。例如，1992年世界精神病协会将每年的10月10日定为"世界心理健康日"，倡导大众关注精神健康，高校也纷纷开展精神卫生的科普活动。2000年，北京师范大学心理系与其他十多所高校联合倡议，将每年的5月25日定为"北京大学生心理健康日"。"5·25"的谐音是"我爱我"，使大学生从意识层面认识到心理健康的重要性。

在课程教学方面，许多高校开设了心理健康教育的选修课程，受到了学生的广泛欢迎。同时，一批心理健康教育专家积极开展教学研究，总结成果，出版了课程相关的教材和专著。例如，1997年，清华大学樊富珉教授编写并出版了《大学生心理健康与发展》；2000年，西南师范大学黄希庭教授出版了《大学生心理健康与咨询》。十年间，全国大学生心理健康教育教材的出版数量大幅度提高，比上个十年的数量增加了20倍，出版物的质量水平也稳步提升。在此期间，林崇德、郑日昌等国内著名心理学家也在教材理论和实践水平的提高上作出了积极的贡献。

在心理咨询的理论研究和实践技能方面，十年间也取得了巨大的进展。其中，心理学专业培训体系和高校心理咨询人员培养机制建设方面尤为突出。1997年，"中德高级心理治疗师连续培训项目"（以下简称"中德班"）在中国创立，该项目为我国培养出一批心理咨询与治疗领域高水平的专业人员，首批学员如今已成为国内心理咨询与治疗方面的领军人物。随后，中德班在中国多所大学举办专业培训，内容涉及精神分析疗法、认知行为疗法、系统性家庭治疗、催眠治疗、格式塔心理治疗等。中德班的成功经验在全国范围内得到推广，逐步建立了一套符合国情的心理咨询师培训体系，培养了一批高素质的心理咨询人员。这些措施不仅提升了心理咨询服务的质量，也让临床心理学在中国得以发展壮大。

在此阶段，各高校也积极探索心理咨询师资队伍建设的方法途径。1993年10月，上海高校心理咨询协会在同济大学成立，参与起草了上海市高校心理健康教育有关文件，完善了本地高校心理健康教育工作的制度化建设，邀请国内外、港澳台专家进行学术交流和业务培训，提升了队伍的专业水平，在推动上海和周边地区高校心理健康教育和心理咨询工作方面发挥了积极作用。同期，浙江省高校开始推动心理咨询师的督导制度，制定《浙江省高校心理咨询员督导制条例》，促进咨询师的专业胜任力的提升，进而规范化地开展心理咨询工作。到了20世纪末，互联网的出现和迅猛发展使得大学生的学习和生活发生了巨大改变。随之，高校心理健康教育工作也开始进行网络化探索，建立专门网站并进行心理健康知识科普。1999年，北京航空航天大学牵头建立了全国大学生心理咨询网站，开创了网络心理咨询与科普的新方式，为高校学生心理健康教育工作提供了多元化的工作思路。网络心理咨询的匿名性和便利性满足了一部分有心理困惑却又有隐私顾虑学生的需要，搭建起立体化的心理危机防护网，保障了大学生的身心健康和生命安全。

2.1.3 飞跃发展阶段（2001年至2010年）

21世纪初期，中国社会的变化日新月异，进入到全面建成小康社会阶段，物质生活水平大幅度提高，并提出了全民经济发展的新目标。与此同时，社会竞争的加剧也导致人们更加关注心理健康问题，大众对社会心理服务的需求有所提高。2002年，党的十六大在北京召开，会议明确提出，要把包含心理健康素质在内的全民健康素质的提升作为全面建成小康社会的目标之一，把心理健康和心理素质上升到国家发展的高度。作为社会主义接班人和全面建成小康社会的主力军，大学生的心理健康问题尤为重要，它关系到社会的发展和民族的未来。因此，大学生心理健康教育成为高素质人才培养的重要途径。

在这一阶段，国家高度重视，投入更大的力量来指导和规范高校学生心理健康教育工作的开展。从2001年到2010年的十年间，国家陆续出台了一系列政策性文件。例如，2001年，教育部颁发了《关于加强普通高等学校大学生心理健康教育工作的意见》（教社政〔2001〕1号）；2005年，教育部、卫生部和团中央联合下发了《关于进一步加强和改进大学生心理健康教育的意见》（教社政〔2005〕1号），内容涉及总体工作纲领、工作的重要性、具体内容、方法原则和队伍建设等；2004年中共中央、国务院发布的《关于进一步加强和改进大学生思想政治教育的意见》（中发〔2004〕16号）中更是明确提出："要重视心理健康教育，根据大学生的身心发展特点和教育规律，注重培养大学生良好的心理品质和自尊、自爱、自律、自强的优良品格，增强大学生克服困难、经受考验、承受挫折的能力。要制定大学生心理健康教育计划，确定相应的教育内容、教育方法。要建立健全心理健康教育和咨询的专门机构，配备足够数量的专兼职心理健康教育教师，积极开展大学生心理健康教育和心理咨询辅导，引导大学生健康成长。"除了政策引导，政府还加大力度提供资源来促进高校心理健康教育工作的专业化发展。2005 年 9 月，由 25 名心理学专家组成的教育部普通高等学校学生心理健康教育专家指导委员会正式成立，在心理健康教育的政策制度、理论研究、标准制定以及方法创新等方面发挥了重要的作用，促进了高校心理健康教育工作的全面推进。

经过前二十年的积淀与发展，我国高校心理健康教育工作条件已基本具备，并进入了快速发展阶段。至 2006 年年底，全国有 92% 的高校都已设立专门的心理健康教育机构或部门，也配备了一定数量的专职或兼职的心理咨询人员，心理咨询服务和其他心理健康教育内容的广度和深度被进一步拓展。在此过程中，专业服务水平显著提高，为高校学生提供更加全面和优质的心理健康服务。同时期，国家也积极推进心理咨询的专业化和职业化发展。人力资源和社会保障部于 2001 年正式推出《心理咨询师国家职业标准（试行）》，次年开始推行国家心理咨询师资格认证考试。这一举措掀起了全民学习心理学的热潮，报考人数逐年大幅度增长。据相关统计，从 2006 年至 2010 年的五年间，共有 47 万人参加咨询师认证考试，截至 2009 年年底，获得职业资格证的人数已近 16 万。这推动了心理咨询行业的发展，专业人员数量快速增加，大众对心理健康的关注度也有所提高。然而，也引发了一些行业乱象。例如，一部分持证者不遵守咨询伦理，损害了来访者的利益。对于心理咨询"缺乏统一管理、水平良莠不齐"的现象，一些学会组织开始建立行业监管机制，以加强对心理咨询师的管理和监督，维护行业的规范化和专业化。

在 2004 年至 2006 年期间，中国心理学会临床与咨询心理学专业委员会积极筹备、筹建"临床与咨询心理学专业机构与专业人员注册系统"（以下简称"注册系统"）。期间，他们积极开展专业活动，并在北京、杭州等多地召开工作会议，设计并起草了《注册标准》和《伦理守则》两项重要文件，并推选产生了首批注册督导师 109 名。经过坚持不懈的努力，注册系统于 2007 年 2 月正式成立，注册系统的成立推动了我国心理咨询专业队伍建设，首批审核通过了注册心理师 100 人。注册系统制定了《中国心理学会临床心理学与咨询心理学专业机构和专业人员注册标准》（第一版）和《中国心理学会临床与咨询心理学工作伦理守则》（第一版）两项重要文件，进一步完善了我国心理咨询与治疗行业的管理体制，规范了专业人员的从业行为。同时，这也为我国高校心理咨询工作的专业化发展提供了专业支持和技术保障。全国多所高校心理咨询机构，如北京大学、清华大学、北京理工大学、华中师范大学、南京大学等高校被授权为注册系统的实习机构，为全国更多高校培养和输送专业人员。

这一阶段，我国高校学生心理健康教育工作面临着严峻挑战，同时也遭遇了重大转折。全国发生多起大学生心理危机事件，其中，2004 年云南大学马加爵事件造成了极其恶劣的影响，也引发了全社会对大学生心理健康问题的关注。为了避免这样的悲剧再次发生，国家开始加大心理健康教育的工作力度，并以危机为契机加强校园心理危机干预工作。高校逐步健全大学生心理健康教育工作体系，并将心理危机干预作为重中之重。全国高校基本建立了心理危机干预方案，成立了危机干预领导小组，设立学生心理委员（或称"朋辈辅导员"），以加强学生心理健康的动态监督和专业培训，提升学工队伍对学生心理危机和精神疾病的识别能力，从而做到危机"早发现、早干预"。同时，高校将危机干预工作关口前移，积极开展心理健康知识的科普宣传。在确立"北京大学生心理文化节"的基础上，2004 年中共团中央学校部、全国学联共同决定将 5 月 25 日定为"全国大学生心理健康节"，提醒大学生珍惜生命，关爱自己、他人和社会，全国高校积极响应。

此外，高校不仅在宣传教育方面作出了积极的努力，还在心理健康教育的理论研究方面进行了深入探索。例如，北京师范大学林崇德教授在

2007年到2010年期间，带领团队承担了教育部思政司重大项目"心理健康教育体系的研究"；郑日昌教授在2002年到2005年期间支持了教育部重点课题"大学生心理健康测评系统研究"；北京大学钱铭怡教授在2004年到2006年期间发表了多篇关于大学生社交焦虑和家庭养育的研究论文，出版了多部与心理咨询理论技术相关的专著。全国各高校积极开展心理健康教育课程建设，推出精品课程和教材，由自发性的零散行为转向有组织、有计划的行为。各省各地各校也积极举办教学研究和评比活动，树立品牌课程，创新教学方法，提升课程影响力。例如，2006年，清华大学樊富珉教授主讲的"大学生心理健康"课程被评为清华大学精品课程。

十年间，我国高校学生心理健康教育工作地位稳步提升，工作内容和方式也越来越被大学生认可，心理健康的概念深入人心，心理健康教育工作的效果与成果显著。

2.1.4　相对稳定阶段（2011年至今）

党的十九大报告中指出，中国特色社会主义进入新时代，我国社会主要矛盾已经转化为人民日益增长的美好生活需要和不平衡、不充分的发展之间的矛盾。与此同时，心理健康已成为社会发展到这个阶段必然要面对的重要议题，不容忽视。2016年12月，国家22部门联合印发了《关于加强心理健康服务的指导意见》（国卫疾控发〔2016〕77号），内容包括充分认识加强心理健康服务的重要意义、总体要求、大力发展各类心理健康服务、加强重点人群心理健康服务、建立健全心理健康服务体系、加强心理健康人才队伍建设、加强组织领导和工作保障等7部分。这是我国历史上首次将全民心理健康提高到国家战略的高度，也标志着中国心理学发展进入了最好的时期。

经过三十年的积累和沉淀，我国高校学生心理健康教育工作已经形成了较为成熟的教育模式和相对完善的教育体系，进入了相对稳定阶段。在这一阶段，国家大力推进大学生的心理健康教育工作，在巩固基础的同时鼓励开拓创新。为此，教育部制定了心理健康机构的建设标准，要求开设心理健康必修课，并在部分高校设立全国心理健康教育示范中心，推进了心理健康教育工作的专业化、职业化和规范化发展。2011年，教育部印发的《普通高等学校学生心理健康教育工作基本建设标准（试行）》（教思政厅〔2011〕1号）中明确指出高校应将大学生心理健康教育纳入学校人才培养体系，并从心理健康教育工作的机制体制建设、人才队伍建设、教学体系建设、活动体系建设、心理咨询服务体系建设、心理危机预防与干预体系建设和工作条件建设七个方面明确规定了建设发展标准，给予大学生心理健康教育工作具体可行的指导。同年，为了更好地发挥课堂教学在大学生心理健康教育工作中的主阵地和主渠道作用，教育部颁布了《普通高等学校学生心理健康教育课程教学基本要求》（教思政厅〔2011〕5号）。该文件从课程性质与教学目标、主要教学内容、课程设置与教材使用、教学模式与教学方法、教学管理与条件支持、组织实践与教学评估等六大方面作出了具体清晰的要求，并将"大学生心理健康教育"课程定为公共必修课程。这一决定明确了心理健康课程在学校教学体系中的重要地位，也确保了学生在大学期间接受过相对系统的心理健康知识科普。2018年，为了进一步规范此项工作的开展，中共教育部党组印发了《高等学校学生心理健康教育指导纲要》（教党〔2018〕41号），各级各地政府、高校积极落实，心理健康教育工作在全国范围内蓬勃发展。近年来，国家对心理健康教育工作提出了更高的要求，2023年，教育部等十七部门关于印发《全面加强和改进新时代学生心理健康工作专项行动计划（2023—2025年）》（教体艺〔2023〕1号），进一步明确心理健康教育工作目标和主要任务。

在过去的十年中，我国高校学生心理健康教育工作已经进入了一个新的历史阶段，取得了很多成绩，但同时也面临着新的挑战。学生的心理问题呈现出多样化、复杂化的趋势，由心理问题引发的危机事件频繁发生，校园的安全稳定也受到影响。国家政府、全社会以及高校教育管理者越来越重视大学生心理健康问题，加大了对心理健康教育工作体系建设的投入，使其充分发挥育人功能，为学生成长成才服务。各地方高校心理学工作者也不断研究探索，为新时期大学生心理健康问题寻找解决之道。北京、上海、江苏、浙江、湖北、广东等省份充分发挥院校专业优势，集结行业资源，建立区域性的高校心理健康教育合作机制，相互支持，共同应对新形势、新问题。例如，2016年，浙江省建立了高校心理咨询工作联盟，联盟的主要工作目标是立足于浙江省高校心理咨询工作实际，着力提升心理咨询实务工作水平，规范高校心理咨询、心理测量和危机干预工作，促进专业交流，从而提升队伍的胜任力，共同推动全省高校心理咨询工作健康发展。此外，行业协会也不断加强心理咨询从业者的伦理意识，中国心理学会临床与咨询心理学专业委员会发布了《中国心理学会临床与咨询心理学工作伦理守则》（第二版），这一文件成为专业发展的里程碑。

总的来说，经过四十余年的发展，我国高校学生心理健康教育已经形成了一个相对成熟稳定的工作体系，将育心与育德相结合，将教育培养和咨询干预相结合，将发展和预防相结合，取得了显著的成效。特别是近十余年，大学生对心理咨询的接受度逐年提高，病耻感减弱，越来越认同心理健康是成长成才的必要基础。然而，随着时代的发展和大学生群体的变化，新问题和新挑战也不断出现，单纯采用西方心理学的方法已经难以解决这些复杂问题。因此，我们必须在借鉴西方哲学和心理学的理论技术的基础上，结合中华优秀传统文化，探索出一条符合我国国情的心理健康教育本土化之路。

2.2 我国大学生心理健康教育的现有工作模式分析

基于我国高校学生心理健康教育工作的发展历程,本书进一步归纳梳理,总结出当前存在的6种主要工作模式(表2-2),并详细分析其特点、优势与局限性,为工作创新提供实践依据。

表2-2 目前我国高校心理健康教育工作主要模式类型

序号	模式类型	模式特点	工作优势	局限性
1	服务型	以心理咨询类服务为主要工作内容	强化专业服务,切实解决学生心理困扰	工作方法单一,育人职能和服务范围受限
2	思政型	以育人为目标,将思政与心理健康教育相结合	突出我国高校育人特色,凸显育人成效	思想政治教育与心理健康教育较难有机融合
3	管理型	突出学生管理职能与行政主导性	能够整合资源,有效应对学生心理危机事件	行政化倾向,专业化工作服从于行政管理
4	科普型	以课程教学为主要渠道	有框架、有依托,覆盖面广,有助于提升师资队伍的教学水平	偏重教学,心理健康教育的服务职能被淡化
5	研究型	以专业人才培养和学术研究为重点	有利于专业发展和成果积累	职能单一,难以满足大学生的心理服务需求
6	综合型	"五位一体",系统均衡发展	工作内容全面系统,有效发挥心理健康教育功能	工作全面但精深化发展不够

2.2.1 咨询为主的"服务型"模式

我国大学生心理健康教育工作起步于心理咨询，发展至今，一部分高校仍然将心理咨询服务作为主体工作内容，形成以咨询为主的"服务型"模式（图2-1），具体情况如下。

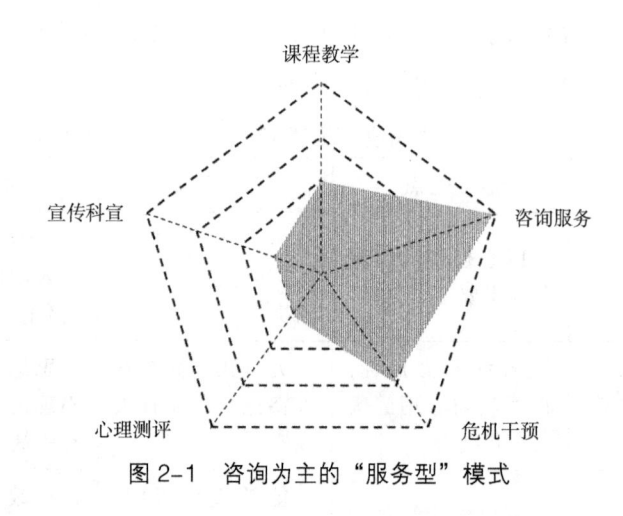

图 2-1 咨询为主的"服务型"模式

（1）模式概况

心理咨询是指在良好的咨询关系基础上，经过专业训练的临床与咨询专业人员运用咨询心理学理论和技术，帮助有心理困扰的求助者，以消除或缓解其心理困扰，促进其心理健康与自我发展[84]。在高校心理咨询工作中，服务对象为有心理困扰的在校大学生（包括本科生、硕士和博士研究生），并侧重于发展性咨询。心理咨询是从西方引入的一种专业工作方式，在我国高校心理健康教育的发展历程中一直是基础性工作，发挥着重要的作用。发展至今，心理咨询在当前大学生心理健康教育工作中仍处于核心地位，大多数高校会将其作为主要工作内容开展。其中，由于职责定位、管理归属以及人员规模等方面的原因，一些高校的心理健康教育机构将心理咨询作为主要工作内容，为大学生提供专业服务，这种工作模式可以归类为以咨询为主的"服务型"模式。

心理咨询突出了大学生心理健康教育中的服务性质与职能，是工作专业性的集中体现。从形式上划分，心理咨询可分为个体咨询和团体咨询。个体咨询是一对一的服务方式，通过会谈的形式开展。团体咨询则是一对多，其类型和工作目标更为复杂多样，高校中多以发展性团体和人际类团体为主。随着社会发展和科技进步，高校学生心理咨询的形式也不断演化，从单一的线下个体、团体咨询扩展到多样化的咨询类型和方式，如书信咨询、微信咨询、热线电话咨询，以及网络视频咨询等。在保障专业性的基础上，为学生提供了更加及时便利、可灵活选择的心理咨询服务。

心理咨询是一项专业的服务，其设置主要涉及时间和场地两个方面。个体咨询的时长通常为 50 分钟左右，而咨询频率会因咨询的理论流派和来访学生的问题复杂程度而有所不同，大多数学生心理咨询通常是一周一次。近年来，大学生对心理咨询的需求普遍增加，导致咨询服务供不应求。为了平衡咨询资源，扩大服务覆盖面，许多高校制定了相应的咨询次数限制，如每学期免费提供 6~8 次咨询。这种方式有效减少或避免了咨询资源被占用和浪费的情况，同时也增强了来访学生的咨询动机。在场地设置方面，心理咨询需要专门的场地来保障工作顺利开展，特别强调保密性。目前，全国各高校心理中心的场地规模条件各不相同，有的规模较大、咨询室数量充足，有的则仅有一两个房间供心理咨询使用。此外，心理咨询工作具有专门的工作流程。随着工作发展，高校心理咨询流程逐渐规范、专业、清晰，从预约到咨询，再到咨询后反馈，工作流程不断细致深入。部分高校对此进行进一步细化，在预约部分中增加了预检环节。这种预检通常不同于正式的咨询，通常只需 20~30 分钟，主要目的是收集来访学生信息，做出初步评估，以便匹配合适的咨询师。这种做法对于咨询量大的高校更为适用，但需要有足够的师资力量支持。

此外，在当前的高校学生心理咨询工作中，存在一个明显的变化，即学生心理问题的复杂程度提高。来访学生不再只是一般性或发展性问题，而是会涉及来自社会、家庭和人际关系方面的深层困扰和创伤，个案中涉及人格障碍水平的学生数量也有所增加。这就要求心理咨询师的专业素养进一步提高，能够对来访学生的问题进行准确评估并及时转介就医。因此，在以心理咨询为主的服务型心理健康教育模式中，加强心理咨询师队伍的建设是一项重要任务。

然而，由于历史原因，我国开设临床心理咨询与治疗专业的院校和机构有限，心理咨询专业人才短缺。在这样的背景下，许多高校的咨询师队伍仍然不够健全，心理咨询工作难以有效展开。为了应对这一问题，越来越多的高校意识到师资队伍建设的重要性，开始积极引进人才，招聘咨询师，增加人员数量。除此之外，还要注重提高咨询师的专业胜任力，开展案例督导与专业能力培训工作，以提高心理咨询的服务水平。除了地方高校，教育部和地方高校教育主管部门也积极落实文件政策精神，强化高校心理咨询服务的专业性，组织开展系统的心理咨询业务培训。行业协会也大力推进心理咨询师的专业化和职业化工作。例如，近年来，注册系统迅速发展，高校心理健康教育工作者成为主要力量。注册系统除了每年召开学术会议，集结国内外心理咨询与治疗行业专家为我国心理咨询专业人员开展培训和督导活动，同时也促进了学术与实践的融合，推进了心理咨询的专业化发展。注册系统下设的实习机构多为高校心理中心，为我国心理咨询专业人才的培养作出了积极的贡献。同时，中国心理卫生协会大学生心理咨询专业委员会更是为全国高校心理咨询工作提供了有力的专业支持和保障。

（2）模式优势与局限

心理咨询在我国高校系统中繁荣发展，如今取得了丰硕的理论研究与实践成果，也为大学生心理健康发展提供了专业支持。以咨询为主的服务模式专注于为学生提供心理咨询服务及相关心理自助资源，帮助学生主动学习和自我成长。通过支持性的服务，促进大学生人格完善和心智成熟。多年来，此种模式的心理健康教育在学生中获得了较高的认可，具有明显的优势，体现在以下几个方面：一是如果以心理咨询工作为主，工作职责更为清晰，较少受到行政工作和其他工作任务的影响，能促进心理咨询的专业化发展；二是心理咨询可以更有针对性地改善大学生来访者的心理困扰，提升其心理发展水平，促进人格完善和整合，相较于其他心理健康教育工作方法，显效更为明显；三是心理咨询是专业的助人方法，以其为主要工作内容的咨询师能够在长时间且大量的个案中积累经验，提升专业水平，发展为专家型人才，这有助于学校心理师资队伍整体水平的提升。

同时，以心理咨询为主的工作模式也有其局限性，主要体现在以下四个方面：一是工作内容较为单一，心理咨询只是助人的手段，但高校还具有育人的职能，心理咨询中这部分职能往往被弱化，甚至被忽略；二是心理咨询的工作焦点问题，虽然主要处理大学生的发展性问题，但在具体工作过程中往往倾向于聚焦局部问题，从而忽略了对大学生的积极心理教育和引导；三是大学生心理健康教育的对象是全体大学生，而心理咨询的服务受众数量有限，难以实现全覆盖；四是心理咨询作为单一的工作方法和手段，无法满足广大学生群体对心理健康服务多样化的需求，也无法完全解决学生的心理困扰和心理危机。更重要的是，心理咨询为主的服务型模式忽略了身体、环境因素对大学生心理健康的影响，只聚焦于心理问题和困扰，并从认知角度求解，而未从身心合一的角度来促进大学生的全人发展。

2.2.2 育人为主的"思政型"模式

我国大学生心理健康教育工作是思想政治教育的重要组成部分，发挥着心理育人的重要功能，一部分高校的心理健康教育工作以"思政型"为主要模式（图2-2），具体情况如下。

图 2-2　育人为主的"思政型"模式

（1）模式概况

国无德不兴，人无德不立。我国高等教育的鲜明特色之一就是强化思想政治教育的育人作用，使大学生成为社会主义国家的合格建设者和接班人。这需要将思想政治教育融入教育教学、人才培养的全过程，并与时俱进提升思想政治教育的鲜活性和影响力，使其真正入脑入心，为广大青年学生树立社会主义核心价值观与健全人格助力。为了实现这一目标，需要将思想政治教育贯穿教育教学和人才培养全过程，并不断更新思想政治教育的内容和方法。心理健康教育作为思想政治教育的重要组成部分，可以充分发挥育人育心的优势，为思政工作提供有力支持。中共中央、国务院《关于进一步加强和改进大学生思想政治教育的意见》（中发〔2004〕16号）中明确提出，"开展深入细致的思想政治工作和心理健康教育……要重视心理健康教育，根据大学生的身心发展特点和教育规律，注重培养大学生良好的心理品质和自尊、自爱、自律、自强的优良品格，增强大学生克服困难、经受考验、承受挫折的能力"。基于不同高校的隶属性质、学科倾向以及人才培养重点，国内的高校在心理健康教育方面呈现出多样性。其中一些高校将思想政治教育融入心理健康教育工作，可被归类为以育人为主要目标的"思政型"模式。

这种类型的心理健康教育侧重于教育引导，将学生工作干部视为心理健康教育的主要力量，通过开展谈心谈话和知识科普活动来提升学生的思想政治觉悟，帮助他们应对心理上的挫折和困扰。这种工作模式符合我国高校的特色，并取得了一定的育人成效。从基本概念上讲，心理健康教育是基于心理学的理论方法，依据大学生的心理特点，通过辅导或咨询活动、开设心理学课程、宣传心理健康常识以及进行心理测评和危机干预等方式，来帮助大学生树立心理健康意识，提升积极的心理品质，增强其心理调适能力和社会适应力，预防和缓解心理问题。而思想政治教育则是指教育者运用政治观点、社会道德规范和思想体系对受教育者进行有组织的、有方法的影响，以改变其思想和行为，从而达到培养社会所需人才的目标。由此看来，二者之间既有区别，又有联系。思想政治教育和心理健康教育虽然基于不同的学科理论和工作方法，但是它们在培养社会主义合格建设者和可靠接班人的目标上是一致的，这引起了许多学者的关注和思考。有些学者认为，我国高校的心理健康教育应该在思想政治教育的框架下开展，思想政治教育的范围涵盖了心理健康教育。其他学者则持不同观点，认为两者之间没有从属关系，彼此是平行渗透、优势互补的，共同作用于受教育者，实现育人目标。2005年，教育部、卫生部、共青团中央《关于进一步加强和改进大学生心理健康教育的意见》(教社政〔2005〕1号)中明确指出，"要把心理健康教育融入思想政治教育之中，开展深入细致的思想教育活动，做到'一把钥匙开一把锁'，化解矛盾，润物无声"。

（2）模式优势与局限

思政型的心理健康教育模式无疑是将二者紧密结合，并突出思想政治教育的育人特色，强化思想引领，立德树人，培养大学生内在的理想信念，树立社会主义核心价值观。相比仅以心理学为学科基础的心理健康教育模式，这种模式更具学科融合性，使心理健康教育的内涵和价值被深入挖掘，教育功能得以拓展。然而，这种模式存在育人优势的同时也有其限制。有些高校不清楚思想政治教育与心理健康教育的深层关联，二者的结合只是浮于表面，这不免会造成"两层皮"的现象。还有些高校将思想政治教育等同于心理健康教育，对学生的问题属于心理健康范畴还是思想政治意识范畴不加区分，用思想政治教育替代心理健康教育。这种片面的理解夸大了思想政治教育的功能，否认了心理健康教育的专业性。例如，有人认为，有心理疾病或精神障碍的学生是思想上有问题，通过思想教育引导就可以改善，并以谈心谈话代替专业的心理咨询，以至于一些学生的心理问题被忽略，心理疾病被否认。因此，高校需要纠正观念，重视心理健康教育的专业性，提供专业的心理咨询服务，以帮助学生解决实际问题。此外，思政型模式注重思想引导和认知调整，而对身体和环境的育人要素利用不够，使心理健康教育方式方法的多样性受到局限。

就目前情况而言，思想政治教育与心理健康教育真正实现有机结合还存在一定的困难，但这种模式也彰显了新时代我国高校心理健康教育工作的典型特点，具有很大的发展优势。因此，高校学生心理健康教育工作不能脱离思想政治教育的框架，应该加强思政型心理健康教育的深入推广与实践。在这一过程中，需要拓展育人要素，重视身体和环境对大学生心理发展的积极影响，尝试新方法，将二者真正有机地结合在一起，以促进大学生的全面成长和健康发展。

2.2.3　行政主导的"管理型"模式

多年来，随着我国大学生心理健康教育的发展，一部分高校形成了由行政主导的"管理型"模式（图2-3），具体情况如下。

图 2-3 行政主导的"管理型"模式

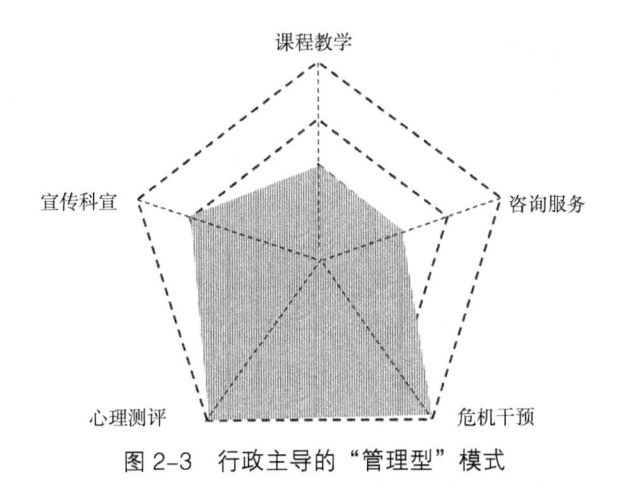

（1）模式概况

全国高校心理健康教育机构定位和隶属关系各有不同，其中大多数隶属或挂靠于学生管理部门，设置为有行政级别的处室或科室。这种将心理健康教育与学生教育管理相结合的管理模式，符合我国国情，具有鲜明特色。它不仅体现了心理服务的职能，还凸显了心理健康教育工作的主导性和学生管理职能。

在这种模式下，心理健康教育偏重心理测评和危机干预等工作内容。根据学校行政管理的指令要求，心理健康教育机构需定期对全校学生的心理健康情况进行重点摸排，查找危机隐患，以防止校园心理危机事件的发生。该模式注重高校学工队伍的专业化建设，组织专题培训活动，普及大学生心理疾病识别与危机干预的专业知识，以有效应对学生心理危机事件。同时，行政主导的管理型模式强调对各学院系心理健康教育工作的指导和监督，形成"学校—学院"的两级管理制度，许多高校在学院层面设立心理健康教育二级工作站，加大力度，增强辐射，使大学生心理健康教育工作真正深入到学生层面。此外，在该模式下，心理健康教育机构须接受上级部门更直接、全面的管理和考核。除了开展专业工作，还要完成相关行政任务，并与其他行政管理部门协调联动。心理健康教育机构还需定期向学校管理部门汇报工作成效及建言献策，以改进学生教育管理工作的方式、方法，提升学生管理工作的成效。

（2）模式优势与局限

当前，在我国高校心理健康教育工作中，以行政主导的管理型模式具有明显的优势。这种模式体现在以下几个方面。第一，它保障了大学生心理健康教育功能的多元化发展。大学生心理健康教育不仅包含咨询服务，还包括学生工作的育人职能。因此，心理中心的专职教师需要同时承担多重角色，包括咨询师、教师，以及学生工作干部等。正因为其性质特点，心理健康教育工作脱离了单一属性和职能，呈现多样化的发展趋势。第二，管理型模式的心理健康教育工作视角更加宏观，打破了以心理咨询为主的工作局限，将学生的综合素质培养融入心理健康教育，拓展了其工作范畴。第三，该模式具有行政管理的性质，可以更好地调动和整合学生工作队伍的资源和力量，将心理健康教育工作渗透到整个学工体系，全方位地帮助学生成长和成才。心理健康是一个全局性的工作，不能单兵作战。例如，面对有现实困难的学生，心理咨询的帮助十分有限，需要调动资源来帮助学生解决眼前的现实困扰和实际问题。正如《关于进一步加强和改进大学生心理健康教育的意见》（教社政〔2005〕1号）中所提出的，要"采取切实措施，帮助大学生缓解来自经济、就业、学习和生活等方面的压力，帮助他们培养良好的心理素质"。在这一点上，学工系统可以提供更全面、更有效的支持。第四，更易调动学工队伍应对学生心理危机事件。心理危机会对学生本人的生命安全带来严重威胁，同时也影响到校园的安全稳定。当有学生心理危机事件发生时，高校需要以专业化、全局化的方式来应对，团队协作，各司其职。其中，心理中心发挥其专业引领的作用，并充分调动学工系统，集中力量化解危机，有行政力度的管理型心理健康教育模式能够充分发挥组织优势。因此，与学工管理相结合，心理健康教育的功能得到进一步拓展。第五，行政主导的管理型模式在心理健康教育工作中有利于规范化和标准化。高校作为培养人才的重要场所，需要有一套统一的心理健康教育管理制度和规范化的工作流程，以确保教育的有效性和质量。这种管理型模式可以通过规范化的流程和标准化的服务来实现，从而提高工作的专业性和可操作性。

然而，以管理为导向的心理健康教育也不可避免地存在着行政化的现象。许多高校的心理健康教育机构往往隶属于学生工作部，具有行政级别。除了开展专业工作外，日常还需要处理烦琐的行政事务。这种行政管理下的工作模式不免会使专业工作处于从属地位，不利于心理健康教育工作的深入开展。同时，行政化也体现在师资队伍管理和建设方面，由于承担琐碎繁杂的行政性工作，人员的专业化发展受到制约。这种管理型模式也导致心理健康教育的专业性被轻视，心理健康教育机构的职能被削弱，只强调其预防和干预学生心理危机的作用。此外，这种工作模式也存在"重管理、轻教育"的问题，大学生心理健康教育的工作视野受到局限，以危机预防和疾病干预为主，对学生的身心潜能发展重视不足，对身体环境的育人资源的利用不够，心理健康教育的多元化功能难以充分发挥。

总之，以行政主导的管理型模式在我国高校心理健康教育工作中虽具有诸多优势，但也存在问题和局限。在工作中，教育工作者应当充分发挥管理职能的同时，整合多样化的教育资源，实现心理健康教育工作的全面发展和规范化。同时，也应该不断改进和创新工作模式，适应不断变化的社会和学生需求，为学生的成长和发展提供更加有效的支持和帮助。

2.2.4 教学主导的"科普型"模式

心理健康教育的重要职能就是知识科普，因此，我国大学生心理健康教育在发展中也形成了由教学主导的"科普型"模式（图2-4），具体情况如下。

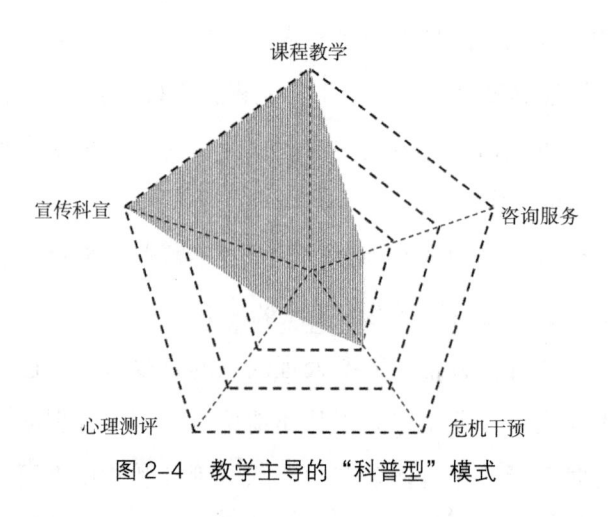

图 2-4　教学主导的"科普型"模式

（1）模式概况

我国高校心理健康教育工作模式多样。其中，一些高校受到学科设置和工作条件的影响，将心理健康教育工作的重点放在课程教学方面，通过开展一系列心理健康教育课程进行知识科普，增强大学生的心理健康意识和能力。这种模式被归类为"教学主导的科普型"。

心理健康教育的重要内容之一是传播心理健康知识。除了开展校园宣传教育活动，课程教学也是知识科普的主要渠道。在大学生心理健康教育课程体系的建设方面，我国高校经历了长时间的探索。在心理健康教育发展初期，高校并未开设独立的心理健康教育课程。随着《中国普通高等学校德育大纲（试行）》《关于印发〈关于普通高等学校"两课"课程设置的规定及其实施工作的意见〉的通知》以及《关于加强普通高等学校大学生心理健康教育工作的意见》等有关政策相继出台，高校被要求在思想道德修养课中科学地安排心理健康教育的内容，正式将课程教学作为开展心理健康教育的重要方式。

随着社会发展的加速，大学生心理健康问题不断涌现，如何应对并化解危机成为教育工作者面临的重要问题。2005年，教育部、卫生部、共青团中央联合发布了《关于进一步加强和改进大学生心理健康教育的意见》（教社政〔2005〕1号），其中强调了"充分发挥课堂教学在大学生心理健康教育中的重要作用。高校要普及大学生心理健康教育，发挥哲学社会科学特别是思想政治理论课中相关课程教学对提高大学生心理素质的重要作用。要结合实际，有针对性地开设相关选修课程"。这表明心理健康教育课程得到进一步重视，成为普及心理健康知识的重要渠道。

然而，在这个时期，心理健康教育课程仅作为建议开设的选修类课程，并未受到充分的重视。很多高校认为这是可有可无的部分，或将其混合到医院提供的健康教育课程或思想道德修养课程中，导致课时和内容被严重压缩。进入高校心理健康教育发展的新阶段后，课程教学工作开始逐渐得到重视。国家出台了具体、有针对性和建设性的政策，以提升心理健康教育课程教学质量。其中，教育部办公厅印发的《普通高等学校学生心理健康教育工作基本建设标准（试行）》（教思政厅〔2011〕1号）明确提出，"高校应充分发挥课堂教学在大学生心理健康教育工作中的主渠道作用，根据心理健康教育的需要建立或完善相应的课程体系。学校应开设必修课或必选课，给予相应学分，保证学生在校期间普遍接受心理健康课程教育"。同年，《普通高等学校学生心理健康教育课程教学基本要求》（教思政厅〔2011〕5号）出台，进一步指出了课程建设的具体要求。文件要求各有关教育主管部门、部署高校结合本地区、本校实际情况，制订科学、系统的教学大纲和教学计划，并组织实施开展相关教育教学活动。其中，文件明确了课程性质、教学目标、教学内容、教学方法、课程设置、教材选用、教学管理及条件支持等具体要求，将"大学生心理健康教育"课程确定为32~36学时、2学分的公共必修课程，纳入高校教育教学整体工作中来建设和评估。在国家政策的指导下，全国各高校纷纷推进落实，大学生心理健康教育课程成为科普知识、防患危机的主渠道和主阵地。各省市教育主管部门和高校心理健康教育学术组织、行业协会纷纷开展课程教学研讨和教学大赛等活动,推动课程质量和教学水平的提高。各高校陆续推出名师精品课程,以示范引领心理健康课程的建设。如今,"大学生心理健康教育"课程教学已经成为高校心理健康教育工作的重要内容,在普及心理健康知识,帮助大学生形成看待问题的"心理学头脑",掌握心理自我疏导本领等方面起到了非常积极的作用,收效显著。

(2)模式优势与局限

以教学为主导的科普型心理健康教育模式强化了课程教学工作,并将建设大学生心理健康教学课程体系作为工作重点。这一模式具有鲜明的特色和优势,体现在以下几方面。一是相比个体咨询,课程教学的覆盖面广,知识传播力度大。学生可以系统地学习心理健康知识,从认知层面加强心理健康意识。二是心理健康教育活动、心理咨询等工作具有松散的特点,主要依靠学生的自发性和主动性,而心理健康教育课程则有规范的框架,对学生提出了明确的教学要求。同时,经过教学考核的环节,能够相对准确地评估学生的学习成效,为学生心理健康教育工作提供清晰反馈。三是这一模式下,教师的主要任务是开展心理健康教育教学工作,精力不被其他行政事务分散,能够潜心研究教学内容和教学方法,提升教学水平。这不仅显著提高了课程教学效果,也有利于大学生心理健康教育课程体系的建设和完善。此外,以教学为主导的科普型心理健康教育模式可以与学生日常学习密切结合,让学生在学习中获得更多的心理健康启示,有利于帮助学生更好地掌握心理健康知识并将其运用到实践中。最后,它还可以为教师和学生提供更多的交流和互动机会,强化教师和学生之间的良好沟通和信任,有利于更好地促进学生的心理健康成长。

然而,这种以教学为主的科普型心理健康教育模式也存在一定问题,具体表现在以下几个方面。一是将工作重点放在教学上,忽略了咨询服务在预防和干预大学生心理疾病与心理危机方面的作用，难以发现学生中存在的心理问题和安全隐患。二是心理健康教育课程虽然覆盖面广，但受到课程设置的局限，学生仅在有限的时间内选修相关课程，无法做到对学生的持续性影响，也无法满足学生在课程之外的心理服务需求。三是在心理健康教育课程教学为主的工作模式下，师资队伍存在发展的局限，教师缺乏心理咨询等工作的实践经验，存在知识能力上的短板，难以与知识理论教学有机结合，从而影响课程教学效果。四是心理健康教育教学本身存在偏重认知教育的问题，缺乏体验性和情境性的教学方式，导致教学效果受局限，也影响了整体心理健康教育功能的发挥。

2.2.5　学术主导的"研究型"模式

在我国，有心理学相关学科专业的高校重视理论研究和专业人才培养，其心理健康教育工作也倾向于学术主导的"研究型"模式（图 2-5），具体情况如下。

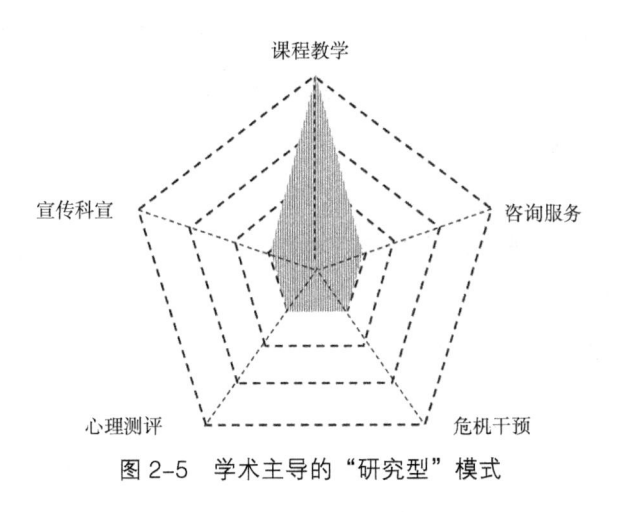

图 2-5　学术主导的"研究型"模式

（1）模式概况

与上述工作模式相比，学术主导的研究型心理健康教育模式在我国高校中尚属少数，它指的是以专业人才培养和心理学理论学术研究为主要内容的工作模式。在我国，这类模式基于高校学科发展基础和有关工作定位，具有培养临床心理学专业学生和授予硕士、博士学位的资质，主要包括以培养学术领域人才的研究型高校和以培养专业领域人才的师范型院校。就实际情况来看，我国开设心理学专业的院校较为有限，其中开设应用心理学或临床心理学的院校更是少数。应用心理学是利用心理学的理论技术方法来影响和干预人类心理行为，从而改变其非适应性的行为，提高其心理健康与心理能力水平的学科。

应用心理学在中国是一个新兴学科，直到1998年教育部才将其列为本科专业。目前，全国仅有两百多所高校开设了这一专业，而这些高校之间的发展水平因起步时间、师资力量、资金投入和生源质量等因素而参差不齐。例如，北京师范大学的应用心理学专业致力于研究重大社会现实问题的心理机制，探索心理学服务社会的模式和途径。该学校还建立了国家心理学人才培养基地和全国人文社会科学重点研究基地，为心理学的研究和人才培养作出积极贡献。为了增强社会服务职能并为其心理学专业学生提供临床实践平台，北京师范大学心理学部还开设了心理健康服务中心。作为应用心理学专业硕士临床与咨询方向学生实习实践基地，北京师范大学是中国高校发挥服务社会职能的典型示范。在全国高校中，一些心理中心除了为师生提供心理健康服务和心理咨询专业服务，还承担着科研和专业人才培养的任务。

（2）模式优势与局限

这种模式的优势在于使理论研究成果能够反哺临床实践，二者相互促进、螺旋式上升，给高校心理健康教育提供了新的工作思路，推动了其专业化发展。同时，心理健康教育机构作为专业人才的实践锻炼场所，为人才培养提供了必要的条件支持。然而，以学术为主的研究型模式也存在局限性，体现在以下三方面。第一，虽然学术研究对实践有指导和引领作用，但因为学术研究和实践工作的目标和方法不同，在日常工作中，理论研究与实践工作往往存在严重脱节的现象。大学生心理健康教育的目标在于提高学生心理健康水平，并通过咨询、科普、活动等方式实现。而学术研究的目标则是理论创新，往往以科学实验为主要手段。因此，将二者融合起来相对困难。第二，在学术主导的模式下，教师往往更加注重科研成果的产出，而忽视大学生心理健康服务的重要性，这也使得心理健康教育的实际功能不能充分发挥。第三，学术研究偏重理性知识，聚焦理论难题，忽略感性教育，在实践层面对大学生心理健康的关注不够。然而，学术研究不等于育人，人才培养也不能仅仅局限于培养理性思考的能力，更需要整合个体的身心和环境因素，全方面地感受、体验和领悟。

2.2.6　五位一体的"综合型"模式

除了以上五种模式，我国高校心理健康教育还发展出五位一体的"综合型"模式（图 2-6），具体情况如下。

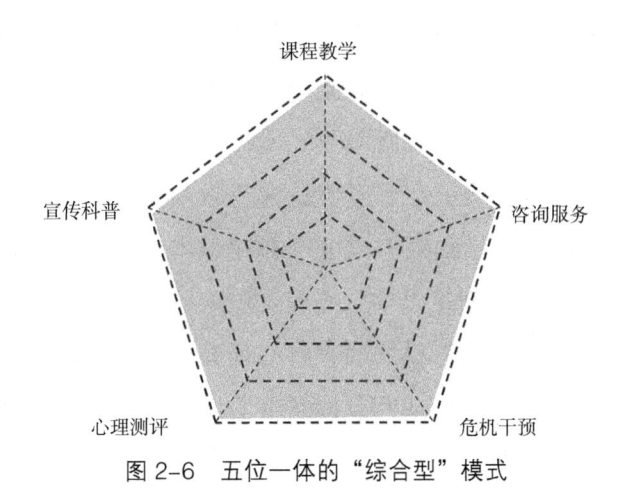

图 2-6　五位一体的"综合型"模式

（1）模式概况

我国高校分布范围广，每所高校都具有独特的办学特色，并在大学生心理健康教育方面呈现出显著的差异。随着对大学生心理健康教育的认识逐渐加深，教育模式逐渐趋向完善和整合。许多高校开始发展多样化的心理健康教育工作内容，创建了咨询服务、课程教学、宣传科普、心理测评和危机干预等"五位一体"的综合型心理健康教育模式。这是在前期心理健康教育工作模式基础上的整合与发展，标志着我国大学生心理健康教育工作进入到新的发展时期。综合型模式强调工作的全面性，它涵盖了心理健康教育的重要内容，不仅关注学生心理问题的预防和干预，还从积极的角度开展心理健康教育活动，以发展大学生的心理潜能。在这一模式下，高校心理健康教育机构需要投入更大的人力、物力，以协调各项工作任务。其中，队伍建设是发展的重点，需要从人员数量、专业能力、岗位适配等方面进行提升，以使其更能应对综合型模式的任务和挑战。高校虽然以"五位一体"的综合型模式为主，但在实际工作中却各有侧重，难以做到绝对的均衡发展。

（2）模式优势与局限

相比于其他心理健康教育模式，综合型工作模式具有以下优势和特点。一是工作内容更为全面系统。综合型模式涵盖了心理健康教育的所有重要工作内容，包括咨询服务、课程教学、宣传科普、心理测评和危机干预五个方面。其中，咨询服务是工作重点，课程教学是主要渠道，宣传科普是工作基础，心理测评是辅助依据，危机干预是基本保障，这些方面相互补充，使心理健康服务更好地满足大学生心理发展的需求。二是工作发展更为均衡多元。其他心理健康教育模式通常将心理健康教育的某项内容作为工作核心，易导致对其他重要组成部分的忽略。而综合型的心理健康教育模式则更科学地规划和布局，促进了心理健康教育工作均衡发展。同时，各项工作内容被充分重视，为大学生心理健康发展提供了多样化的选择。三是更有利于师资队伍建设。综合型的心理健康教育模式以完备的师资队伍为基本保障，反过来也会促进师资队伍的专业化发展。它提供给教师更多锻炼发展的选择和机会，帮助教师找到更明确的工作定位，大大增强了工作动力，提高了工作绩效，形成了一支专业优势互补、健康和谐发展的师资队伍。

如今，"五位一体"的综合型心理健康教育模式成为发展的新趋势，全国部分高校已经开始践行该模式并取得了阶段性的成效。这种模式结合了新时期我国大学生群体身心发展的特点，通过系统性和全面化的心理健康教育，拓展了工作内涵，为大学生提供了更加全面的心理健康服务。然而，实施综合型心理健康教育模式也存在一些问题，具体表现在以下几方面：第一，综合型模式的实施需要投入更多的人力、物力和财力，这对于许多高校都是比较困难的；第二，不同的工作内容需要有专业的师资队伍来支撑，但目前我国高校心理健康教育师资的数量还需要进一步增加、素质还需要进一步提高；第三，实施综合型模式也需要更加多元有效的评估机制，以确保心理健康教育工作的效果和质量，为大学生提供更加优质的心理健康服务，然而，目前有效的评估机制尚未建立；第四，综合型的教育模式虽然强调全面性，但也容易陷入"面面俱到"却"点到为止"的工作局面，使工作难以深入；第五，综合型的模式在教育内涵、教育方式等方面依然偏重认知教育，各项工作均以提升大学生心理健康知识为主要目标，手段方法单一，影响教育效果。

2.3　当前我国大学生心理健康教育的育人困境

我国大学生心理健康教育经过四十余年的发展，虽然已经取得了卓越的成就，为高等教育人才培养工程作出了积极的贡献，但是目前仍面临着诸多挑战和困境，需要更加深入地推进大学生心理健康教育的改革和发展。当前的育人困境主要体现在以下三方面。

2.3.1 大学生心理健康服务的需求难以满足

大学生对心理健康服务的需求呈现出发展性特点，也给心理健康教育工作带来挑战，具体表现如下。

一是大学生对心理咨询服务的需求难以满足。随着社会竞争日益激烈，生活节奏不断加快，人们的精神压力越来越大，对心理健康造成了威胁。因此，大众对心理咨询的需求也日益增加，心理咨询作为增进健康福祉的服务蓬勃发展。然而，目前来看，我国的心理健康服务体系尚不完善，专业人员严重匮乏。据相关统计，截至2017年年底，全国共有3.34万名精神科医师和6000名心理治疗师。全国范围内，心理咨询师的缺口多达130万人，心理健康服务的供需失衡现象还将长期存在。在高等教育领域的情况也是如此，近年来，高校心理咨询的访问量逐年提高，大学生们深受亲密关系、学业和自我认同等人生特殊阶段的重要问题困扰。然而，当前高校心理健康教育机构提供的咨询服务资源却十分有限，这就导致了大学生日益增长的心理健康服务需求与现有服务资源的不足之间的矛盾。在这种情况下，高校心理健康教育机构承受着巨大的服务压力，加之当前高校普遍存在专业师资队伍不健全、发展有瓶颈的问题，心理服务的质量也难以保障。长此以往，心理健康教育工作会陷入困境，也影响大学生的身心健康和校园的安全稳定。

二是大学生对心理健康教育课程的需求难以满足。课程教学是大学生心理健康教育的重要组成部分，也是心理健康知识科普的主要形式，对提升大学生心理健康意识和能力有着积极的作用。虽然当前我国高校心理健康教育课程基本普及，但课程建设仍存在诸多问题。例如，心理健康教育相关课程不成体系，课时受限，课程内容和教学形式单一，缺乏针对性和趣味性，教学效果难以评估等。以上种种问题导致大学生对心理健康教育课程的参与度和认可度较低，课程吸引力不足。心理健康教育课程难以真正满足学生对心理健康知识学习的需求和期待。

三是大学生对心理健康教育活动的需求难以满足。大学生心理健康教育活动存在"一刀切"的现象，缺乏差异化、个性化的统筹设计。例如，教育活动没有针对不同学生群体的需求和特点进行设计和安排，难以满足不同学生的需求和期望。另外，教育活动的形式和方式单一化，千人一面，缺乏创新和多样性。例如，一些学校的心理健康活动往往以讲座、报告等传统方式为主，缺乏趣味性和互动性，难以引起学生的兴趣和注意。因此，大学生心理健康服务面临着巨大的挑战，需要变革和创新。

2.3.2 大学生心理健康教育的效果不够显著

尽管大学生心理健康教育在过去的几十年中有了很大的进展，但现实情况表明，其育人效果仍不够显著。大学生心理健康问题仍然比较普遍，甚至在一些地区或院校中呈上升趋势。这一现象体现在心理健康教育的主要组成方面。

一是大学生心理咨询服务的助人育人效果不显著。心理咨询是一项助人工作，在高校中它还同时具有育人功能。作为大学生心理健康教育的主要工作方式，心理咨询为大学生提供了专业的心理支持，通过心理学的理论和方法帮助大学生以更适应性的方式面对生活的挑战，处理内在世界的冲突，整合人格，促进身体与心理之间的和谐与平衡。但心理咨询也存在一定的局限，这是由心理咨询本身决定的。心理咨询是面向少数群体的服务，特别是个体咨询，一对一的服务使得受众的规模受限。因此在大学中，心理咨询不能够满足所有学生的需求，虽然有些高校通过设置的调整来尽可能满足更多学生的服务需求，但还是无法更广泛地覆盖。同时，心理咨询的助人效果不可能在短时间内显现，这就使得心理咨询助人功能的发挥耗时较长。此外，心理咨询的目标是实现人格的改变，这是长期且潜移默化的过程，难以量化评估。

二是心理健康教育课程的育人效果不明显。当前，心理健康教育课程注重知识教学，除了内容上与其他学科有所区别，在教育形式方法上相差无几，一直延续传统的教学模式。但心理健康教育的效果难以通过知识传授的单一方式来实现，学生缺乏真实的体验，就无法真正理解所学内容，即便能"入脑"，也难以"入心"。同时，课程教学的设置往往也限制了育人功能的发挥。设置包含两个方面，一是课时，二是场所。在课时上，国家提倡"大学生心理健康教育"作为大学生的必修课，修满36学时，但有些高校难以满足课时要求，课程内容和效果受限。在场所上，"大学生心理健康教育"也和大多数课程一样是规范的设置，教师站在台上讲课，学生坐在台下听课。这限制了学生的参与积极性和课程的创造性，影响育人效果。此外，在教学效果评估方面，心理健康教育课程的教学往往也和其他学科一样，通过考试和分数来衡量，但心理健康很难用这类考核来准确评估，这反而使课程更加目的化。

三是大学生心理健康教育活动的育人效果不显著。当前大学心理健康教育活动往往是点状开展，常态化的活动较少，没有形成体系。因此，教育活动的渗透性和影响力不足。另外，教育活动往往以讲座、报告、知识宣传为主要形式，活动形式单一，偏重知识科普，难以激活大学生的身心体验。因此，在当前的大学生心理健康教育模式下，教育效果还不够显著，育人功能无法完全发挥。

2.3.3 大学生心理健康教育的影响可持续性不强

大学生心理健康教育的服务对象是在校大学生，但也因学生毕业离校而自然解除。这种时间的限制，给高校心理健康教育工作带来紧迫感，容易导致"只顾眼前、不重长远"的现象，影响心理健康教育影响的持续性。这具体表现为：首先，缺乏预判，未将关口前移，只是消极堵漏，导致问题频发，心理健康教育工作者成为心理危机事件的"救火队员"；其次，心理健康教育未从学生终生发展的角度谋划，未以生命全程为视角，或未将促进学生个体心理健康的长远发展作为工作目标。有的心理工作者会抱着"只要能够辅助学生顺利毕业就好"的观念工作。这样一来，工作便流于形式，只做表面文章，学生获益甚微；最后，缺少谋划，只专注于解决眼前问题，缺乏总结和反思，影响了心理健康教育的育人功能的发挥，违背了心理健康教育以人为本的工作态度。

心理健康教育作为高校育人工作的重要组成部分，不同于单纯的助人工作，它兼具育人的属性。从高等教育的人才培养目标来看，心理健康教育工作也绝不只是为学生在校期间提供支持和帮助，更是为了培养具备良好的心理素质、对社会有积极贡献的合格建设者。在这样的理念指导下，高校心理工作者也必然同时承担着助人者和育人者的双重使命，不可偏废。此外，当前高校仍然是与外界隔离的"象牙塔"，与社会的联结有限，这样的育人环境限制了大学生心理健康教育影响的持续性。为了让大学生获得更可持续性的服务，就必然要创造一个联结社会并提供一系列支持措施的大学环境。这也与我国政府全民心理健康的工作导向一致。2018年，国家卫生健康委联合教育部等10个政府部门正式发布了《全国社会心理服务体系建设试点工作方案》（国卫疾控发〔2018〕44号），明确提出工作目标，设立试点区域，并逐步建立健全社会心理服务体系，将心理健康服务融入社会治理体系、精神文明建设，以及平安中国、健康中国建设。在多重努力和推动下，高校心理健康教育工作才能真正做到为学生提供专业、完善、可持续的心理健康服务。

综上所述，我国高校学生心理健康教育工作面临着巨大的挑战，呈现的问题具有紧迫性，亟待解决。

2.4 当前我国大学生心理健康教育育人困境的原因分析

对上述工作问题和育人困境进行了系统性地分析，查摆原因，具体内容如下。

2.4.1 教育理念不全面

大学生心理健康教育陷入育人困境的第一个原因就是教育理念存在一定的片面性，这具体体现在以下几个方面。

一是心理健康教育重视心理症状的解决，相对忽视了学生潜能发展。高校心理健康教育的主要目标之一是帮助大学生改善身心健康，缓解和改善不适应性行为。然而，很多高校心理健康教育工作者过于关注消除学生的心理问题和症状。这种工作方式常常会给工作带来更大的困扰，偏离了专业工作方向。同时，紧盯着"症状"不放，也会使心理工作者自身陷入职业耗竭的状态中。更重要的是，被"症状"牵着鼻子走也容易失去对工作的客观判断，如一叶障目，忽略了来访学生可利用的资源。事实上，有效的教育是关注学生内在的资源和潜能，帮助他们建立积极的自我认知，发展自我功能。在危机干预工作中也有类似的情况出现，一些高校心理健康教育工作者在应对危机时过于关注危险的部分，而忽略机遇的部分。虽然在涉及学生生命安全时必须采取干预措施,但一些高校在处理危机事件时过于恐慌和戒备,容易给学生造成二次伤害。这种"杀敌一千自损八百"的做法类似于使用抗生素杀死病毒,同时也损害了人体自身的免疫系统,丧失了转"危"为"安"的宝贵机遇。因此,对于高校心理健康教育工作者而言,需要不断审视自身的工作理念,及时补偏救弊,避免陷入"问题视角"的误区,更客观地理解大学生,与学生一同探索身心中蕴藏的积极力量与资源,方能实现"扶正祛邪"的目标,推动高校心理健康教育工作朝着更具全局化、系统化的方向发展。

二是对健康的理解相对失衡,追求绝对健康的目标。从本质上来讲,心理健康教育工作的效果取决于教育工作者如何理解心理健康。对于身体健康,医学上有系统的方法来评估,但在心理健康方面却并非如此。心理健康并不意味着纯粹完好的状态,而是在于内在心灵和外在环境的平衡和谐。然而,在实际工作中,教育工作者对健康的理解还不系统、不充分。有些高校心理健康教育的工作理念往往"走极端",追求"绝对健康"的概念,影响了工作的思路与方向。同时,对学生身心健康过度干预,也会带来负面影响。因此,正确理解健康的内涵是开展心理健康教育工作的基础和前提,其中,平衡的健康观是核心。中医强调"扶正祛邪达阴阳平衡",这种理念同样适用于理解心理健康问题。

三是忽视了身心一体的思想,将认知提升作为育人重点。目前,在高校心理健康教育工作中,身心二元的理念和方法仍然较为常见。一些高校心理健康教育工作者忙于事务性工作,缺乏对教育理论的深入理解和全局性思考。虽然按照常规方法开展工作可以避免犯错,但这样做存在明显的局限性。仅从认知层面开展心理健康教育收效甚微,也丧失了探索新方法的机会。这种"祛身"或"离身"的现象背后,反映了我国高等教育中整体性的问题,即优秀传统文化中身心合一的思想被淡化。教育者简单机械地割裂了身体与心理,忽略了教育过程中身体参与的重要性。在心理健康的问题上,大学生通常只把获取知识作为主要途径,以为只需在大脑皮层加工理论知识,就可以事半功倍。然而,心理健康不是一个表面概念,更不是一个仅限于大脑皮层加工的概念,而是需要全身心参与和投入的具身化体验。因此,在传统的离身教育氛围下,高校心理健康教育者必须转变观念。教育工作者需要在理论知识研究的基础上,大胆探索创新,充分意识到身体和环境对个体心理健康发展的重要性,并将身体与环境对心理的影响纳入心理健康教育的全过程中,充分发挥心理健康教育的育人功能。

2.4.2 教育方式重认知

大学生心理健康教育陷入育人困境的第二个原因就是偏重认知,且与身体脱节。具体表现在以下几方面。

一是偏重认知的课程教学影响教育效果。当前心理健康教育观念关注的是人的意识层面,并用认知调整的"老一套"方法来促进大学生的心理健康。然而,这种方法是有局限的。尽管学生在认知教育中学到了心理健康的理性知识,但将其转化为生活中的实践技能却并不容易。在传统的课堂教学中,"教师讲,学生听"是信息沟通的主要形式。虽然心理健康类课程在大学生中很受欢迎,但仍存在亟待改进的问题。例如,教师讲课照本宣科,单向地输出知识,学生接收的信息量有限,等等。在传统的课堂设置之下,教师"填鸭式"地灌输知识,学生被视为信息投注的"容器"或"白板"。这种单调乏味的教学方式使学生的学习兴趣下降,教学效果大打折扣。

二是偏重认知的信息科普影响教育效果。信息网络对大学生的日常学习和生活方式带来巨大影响,它为知识学习提供了更多途径和机会。如今,心理健康知识不仅通过传统的书籍和刊物普及,也通过微信公众号、心理自助类平台和应用软件等网络渠道广泛传播,大学生获取心理健康知识的方式更加多元化。总的来说,信息科技推动了心理健康知识的科普,让大学生能够自行学习和获取心理健康的有效方法。然而，网络信息浩如烟海、真假难辨，大学生容易受到不科学、不专业的信息误导，形成错误观念。许多高校的心理中心建设了专门网站或微信公众号，用于宣传心理健康服务和知识科普，以提升大学生心理健康意识，但其效果有限。虽然这些措施能够营造积极正向的心理健康氛围，使学生认识到心理健康的重要性，增强改变的动力，但若要将这种想法变成行动，仅靠认知教育是不够的。人的心理是一个极其复杂的系统，意识并非独立于身体之外。真正的改变也不仅仅发生在认知层面，而是与身体、环境的互动结果。因此，在心理健康教育中，应该充分考虑身体知觉和环境因素在维护大学生健康心理中的重要作用。

三是偏重认知的心理咨询影响教育效果。心理咨询的理论方法众多，当前高校在心理咨询工作中往往受到时间的限制，采用认知主导的工作方式，帮助学生调整不合理信念，重建新的认知体系。因此，咨询以头脑层面的互动为主，以言语会谈为主要方式。然而，在解决心理问题的过程中，情感因素往往是最为重要的，但是这种方法往往只关注大学生的思维方式，忽略了他们的情感体验和情感需求，大大影响助人效果。同时，以认知为主的工作方式模糊了心理咨询与思想教育的界限，使专业工作变得更加复杂。心理咨询和思想教育是两个不同的领域，虽然都与大学生的心理健康相关，但是其目的和方法有所不同。心理咨询主要针对个人心理问题，通过专业的技术和方法，帮助个人解决问题，改善心理健康状况。而思想教育则更加注重对人的思想、态度、价值观等方面的教育和引导，是一种更加宏观的教育方式。在实际工作中，必须明确其区别，以便更有针对性地开展工作。

2.4.3 教育方法单一化

大学生心理健康教育陷入育人困境的第三个原因就是教育方法的单一化，主要包括以下几个方面。

一是教育方法脱离身体。在大学生心理健康教育工作中，传统的教育模式和方法仍然占主导地位，方法和内容通常集中在认知思维的心理活动层面，而往往忽略了身体参与的重要性，这种现象导致了心理健康教育方法脱离身体的问题。同时，一些教育者对身体健康和心理健康的关系存在认知局限。他们认为，身体健康只是体能素质和体能锻炼的问题，而忽略了身体健康对心理健康的重要影响。因为对二者之间的相互作用了解不足，他们会忽略将身体要素融入心理健康教育的内容和方法。事实上，在心理咨询与治疗领域，有诸多身体体验和身体参与的专业方法，例如，舞动疗法（dance movement therapy，DMT）和正念减压疗法（mindfulness-based stress reduction，MBSR），均是利用身体层面的觉察和体验来促进心智的改变。因此，以身心整合观点来开展大学生心理健康教育工作，可以更有效地帮助大学生探索身心关系、认识自我、了解他人以及处理自身情绪压力。

二是教育方法脱离情境。当前大学生心理健康教育的方法单一体现在情境性、趣味性不够，过于严肃刻板。通常的教育方式是知识灌输，这种方法的特点是简单、直接，但是往往忽略了情境体验的作用。情境化是指将心理健康教育放置于特定的场景和环境中，以便更好地引导学生学习心理健康知识，增强心理健康能力。与其他学科教学相比，大学生心理健康教育往往更需要情境支持。例如，通过案例、角色扮演、身体行为训练等方式，学生能更加直观地理解和内化心理健康知识。洛克曾说："一切知识都来源于经验。"情境可以激活身体经验，通过情境的创设，学生能获得"身临其境"的感受，从而能更好地体悟和觉察内心的变化，发现适应性的新方法和新经验。在身体和环境的共同作用下，认知得到深化和拓展，知与行真正地统一起来。

三是教育方法脱离环境。皮亚杰认为，动作是身体与环境在相互作用的活动中的最初的接触面和接触方式，是主客体的桥梁；主体为认识客体必须对客体施加动作。[85]当前大学生心理健康教育方法不够多元，也体现在环境的刻板化和单一化上。环境体验对大学生心理健康发展和心理健康知识的学习非常重要，它是指将学生置身于特定的环境中，通过亲身参与、体验和感受来获取知识和技能。传统的心理健康教育环境局限于教室和课堂，忽略了自然环境对个体身心健康的积极影响，忽略了环境资源的育人作用，使教育方法变得单一局限。

2.4.4 教育环境受局限

大学生心理健康教育陷入育人困境的第四个原因就是教育环境受局限，具体体现在教育的社会环境方面，其中包括社会经济科技环境和社会文化环境。

一方面，社会经济和科技环境影响大学生心理健康教育的育人效果。在快速变化的时代与社会背景下，大学生的心理健康问题愈加凸显，如压力、失眠、焦虑、抑郁等各种身心症状，大学生心理健康教育工作面临着更为严峻的挑战。传统的心理健康教育不注重社会经济与科技环境的影响，偏重个体内部的因素，大学校园有如"世外桃源"，环境因素被相对忽视。然而，大学生成长于社会环境中，必然会受到环境的影响。这一影响体现在两个方面，一方面，经济发展带来的社会竞争不断加剧，使大学生产生心理压力，心理健康受到冲击，心理健康教育的困难也随之加大。传统心理健康教育轻视了校园围墙之外社会环境变化的影响，使得应对大学生心理健康问题比较被动。另外，社会科技环境的快速改变也影响着大学生的心理健康。如今，信息网络、人工智能成为大学生的主要交流和生活方式，同时也改变了他们的人际互动模式。心理健康教育若不能与时俱进，以更符合当前科技环境和大学生需求的方式来开展，其育人效果就会受局限。

另一方面，社会文化环境影响大学生心理健康教育的育人效果。在弘扬和发展中华优秀传统文化，倡导和推进心理健康教育本土化发展的同时，也必须注意到传统文化和集体无意识中存在的一些陈旧观念，这些观念可能会对高校心理健康教育工作起到制约作用。如果忽视了这些影响，心理健康教育工作则会遇到较大的困难和阻力。在我国，大众对心理咨询的接受程度还较为有限，存在着诸多误解，精神疾病和心理咨询污名化的现象依旧存在。在大学校园里，虽然越来越多的大学生开始主动寻求心理咨询的帮助，但仍有些学生对心理问题羞于启齿，认为是不体面的事情，说出来会遭到歧视。在这种观念的影响下，一部分学生不愿主动寻求专业帮助，错失了改善健康状况的机会。中国文化重视慎独和自省，因此，在面对问题和困惑时，学生们往往更倾向于依靠自己的力量解决。文化是发展的基础，大学生心理健康教育工作也需尊重优秀传统文化，正确引导并鼓励学生关注心理健康，共同创建一个良好的心理健康教育生态环境系统。

2.5 大学生心理健康教育的创新要求

我国高校学生的心理健康教育工作从无到有经历了四十余年的发展历程，事实证明，它对高等教育的发展和高素质人才培养起到了积极和促进性的作用。从个体和社会层面来讲，心理健康教育的科学化和普及化是一项重要的系统工程。为了更好地推动大学生心理健康教育的精深发展，需要从教育理念、教育理论和教育方法三个方面进行创新，具体内容如下。

2.5.1 大学生心理健康教育理念需要创新

大学生心理健康教育是当今教育界的一个热门话题，它不仅关乎着大学生的个人成长和发展，也关系到社会的稳定和发展。然而，随着时代发展，传统的心理健康教育理念在当前存在诸多限制，已经不能满足大学生的成长需求，因此，为了适应不断变化的社会环境和大学生的心理需求，大学生心理健康教育理念需要不断创新。创新之处体现在以下几方面。

一是关注发展预防的教育理念。传统的大学生心理健康教育以干预矫正为工作理念和出发点，重视学生的心理问题和危机干预，虽然取得了一定成效，但忽视了心理健康发展的重要性，也制约了心理健康教育育人功能的有效发挥。因此，需要创新教育理念，以预防和发展为主，以积极的资源取向开展大学生心理健康教育工作，重视大学生的积极心理品质培养和潜能发展，发展个体的自我认知能力、情绪调节能力、人际沟通能力等，以多元的教育手段促进学生的身心全面发展。二是关注身心整合的教育理念。个体的认知和行为的发展基于身体的经验及与环境的互动，在大学生心理健康教育中，大学生心理健康教育应该注重身心整合的教育理念，即关注身体和心理之间的相互作用与整合。这可以帮助学生更好地认识和理解自己的身体和心理状态，促进身体和心理的协调发展，提高身心健康水平。例如，身体运动可以提高身体的灵活性和健康水平，进而激发积极情绪和生命活力，维护心理健康。三是关注育人环境的教育理念。大学生心理健康教育中，关注环境的育人理念非常重要。环境影响个体的心理和行为，是心理健康发展的重要影响因素之一，包括校园环境、家庭环境、人际环境、社会环境以及文化环境。因此，为了大学生心理健康，应该注重环境对学生身心发展的影响，并根据这种影响来调整教育策略。

2.5.2 大学生心理健康教育理论需要创新

新时代下,大学生心理特点和心理发展需求已经发生了改变,现有的心理健康教育理论在某些方面已经不能完全适应和满足当代大学生的成长需求,因此需要创新心理健康教育理论,以更好地推动大学生心理健康教育发展,助力大学生成长成才,具体内容如下。

首先,新的教育理论应帮助教育者更好地理解大学生心理健康问题的复杂性和多样性。传统的心理健康教育理论往往只从一些基本的心理问题出发,形成统一的观点和结论,忽视了个体心理发展具有复杂性和多样性的特点。因此,新的心理健康教育理论应该注重对个体心理本质的分析,将大学生心理健康问题进行分类和细化,从更全面和系统的角度来理解和认识大学生的心理发展规律,为更深入地推进心理健康教育工作提供理论依据。其次,新的理论应帮助教育者理解大学生身心整合发展的特点。传统的心理健康教育不关注身体的部分,但健康的概念应扩展到身心健康的范畴。因此,新的理论应整合身体与心理两个部分的内容,将身心视为统一的整体来看待健康问题,并在教育实践中积极拓展身心健康的方法,提升育人成效。再次,新的教育理论应提升大学生的主体性。大学生作为教育和学习的主体,其身体和行为在教育活动中起着非常重要的作用。新理论应正视身体与行为的重要性,激发大学生作为教育主体的能动性,使其更多地从心理健康教育活动中获益。最后,新理论应注重心理健康教育的跨学科融合。大学生的心理健康是一个具有复杂性和多学科特点的实践问题,需要不同学科之间的互动和融合,如心理学、医学、教育学等。通过跨学科的互动和融合,可以更好地提升心理健康教育的综合效果。

2.5.3 大学生心理健康教育方法需要创新

新时代下大学生心理健康教育面临新环境和新挑战,其教育方法必然要创新，才能满足大学生的心理健康需求，从而更好地提高大学生的心理健康水平。方法创新可以从以下几个方面展开。

一是增强体验性。通过让学生亲身参与一些活动，借助身体感官、动作来感知自己的情绪、行为和思想，从而更好地调节和应对情绪压力，提高心理健康水平。体验性的方法使学生在有趣生动的身心活动中获得一手经验，将知识内化为感受，实现从认知到领悟的转化。二是增强交互性。心理健康教育应营造群体健康氛围，也需要通过人际互动的方法来提升心理健康教育效果。在心理健康教育活动中建立学生之间的互动机制，使其充分参与，在真实的人际环境中感受和学习，进而将经验迁移到现实生活中。三是增强情境性。通过模拟现实情境，激发学生的学习兴趣和积极性，帮助学生更好地理解和应用心理知识。例如，通过小组讨论、角色扮演、心理剧等活动，帮助大学生增强对人际环境的觉察，从而提升情感智慧和提高心理健康水平。此外，还可以利用信息化的教育方法。通过互联网、移动设备、VR、AI等信息化、智能化手段，学生的学习和实践可以更加便捷和高效。总之，大学生心理健康教育方法创新需要更加注重学生的身体参与、互动机制，以及新科技手段的应用。只有这样，才能更好地提高大学生的心理健康水平，满足现代大学生心理健康教育的需求。

综上所述，大学是个体发展的关键期，也是综合素质系统性提高的最佳时机。大学生心理健康教育要积极创新，明确工作目标，做好心理健康教育的普及化工作，补足个体在成长过程中可能缺失的"重要一课"。高校应将心理健康教育工作纳入全局规划，提升它在育人工程中的地位，并以"三全育人"为教育理念，全面落实相关政策，以确保心理健康教育工作能够有序开展，实现"心理育人"的工作目标。

2.6　本章小结

随着社会的不断发展，大学生面临着越来越多的心理压力和挑战，心理健康教育工作越来越受到重视。本章首先分析了我国大学生心理健康教育的背景和发展历程，将其划分为四个阶段，并详细剖析每个阶段的成绩和不足。由于社会的不断变迁，大学生心理健康教育模式也需要改革和创新。基于我国高校心理健康教育工作现状，本章提出了目前心理健康教育模式的6种基本类型，这些类型分别是咨询服务型、思想政治教育型、行政管理型、教学科普型、学术研究型以及"五位一体"的综合型。在此基础上，本章分析了当前我国高校心理健康教育工作存在的主要问题和育人困境，即大学生心理健康服务的需求难以满足，心理健康教育的效果不够显著，以及心理健康教育的影响不可持续。针对以上育人困境，本书深入分析其原因，原因主要包括：大学生心理健康教育的理念较为片面，教育方式偏重认知，教育方法单一化以及教育环境受局限。为解决这些问题，大学生心理健康教育亟待创新，需要加强理论研究和实践探索，建立多学科融合的教育理论，以及发展多元化且符合本土文化和学生发展需求的教育方法，以提高心理健康教育工作的有效性和可持续性。

总之，我国高校心理健康教育工作面临着诸多挑战和机遇，需要不断创新和完善工作模式，加强教育和管理体制建设，增强大学生的心理健康意识，提高自我调节能力和人格发展水平能力，为其成长成才提供更好的保障和支持。在工作发展过程中，应该充分认识到大学生的身心发展特点与需求，进行创新性的教育探索，为广大学生提供专业化、多样化的心理健康教育服务。

第 3 章

具身认知理论的核心要义与创新启示

3.1 具身认知理论的核心要义

3.2 具身化心理动力系统模型构建

3.3 具身认知理论对心理健康教育的创新启示

3.4 本章小结

具身认知理论的核心是探讨身心关系，这也是古代哲学思想中的重要命题。本文对具身认知理论的核心要义进行了细致的探讨，总结出对大学生心理健康教育有益的理论框架，并以此支持工作创新。

3.1 具身认知理论的核心要义

东西方不同的哲学与文化体系之下，人们对身心关系的态度也有所不同。然而，随着西方哲学、认知科学与心理学的发展，"身心关系"这个古老的命题被重新定义。20 世纪 80 年代，随着认知科学不断取得新进展，具身认知理论横空出世，人们意识到人的认知是在大脑、身体以及环境经历的互动中形成的。身体不仅仅是精神或认知的载体，还对它们的形成具有构成性作用。身体也不是一个被动的、仅用来接收和传递大脑指令的装置，而是一个可以思考、决策、创造的活生生的有机体。该理论的出现不仅仅是思辨推演的结果，更是基于大量的科学实证研究。"具身"或"具身性"已成为一个热门话题，"身心一体"的具身观正影响着认知科学、心理学、计算机科学、人工智能、语言学、社会学以及教育学等领域的发展。

3.1.1 "心—身—环境"一体论

具身认知的身心一体论是指身体和心灵不是独立的实体，而是相互依存、相互作用的一体化系统。长久以来，人们习惯用"头脑"来比作心灵核心的认知加工部分，以割裂的二元思维看待身心关系。具身认知理论提出，身体和心灵是一个不可分割的整体，头脑也是身体的一部分。因此，我们需要将身心视为一个整体来看待，以系统和整体的视角来理解身心关系。

"具身认知"是一种认知理论,它不同于"离身认知"(disembodied cognition)身心二元的哲学基础。它认为人类的认知与身体的物理属性高度相关,高级认知过程的形成与理解不只依靠大脑的功能,身体与外部世界的互动同样起着至关重要的作用。在身心一体的理论框架下,认知的本质被重新定义,它被认为是一种高度具身化和情境性的活动,人的认知、身体和环境三者是紧密结合在一起的。因此,认知、身体与环境构成了层层嵌套的系统,三者相互作用。简单来说,认知是具身的,又是嵌入性的,即大脑嵌入身体,身体嵌入环境,"心—身—环境"构成了一体的系统。相较于传统哲学、心理学对身心关系的理解,具身认知是以整体的视角看待身心。虽然有"强具身""弱具身"的区别,但它仍然将心灵、身体与环境因素有机地结合在一起,不偏重某一因素。在"心—身—环境"这个整体场域中,各个因素彼此依存、彼此影响,如同地球与银河系、浩瀚的宇宙之间的关系。这种整体性的视角帮助我们跳出认知的局限,去理解人类个体的心理和行为模式,也给哲学、心理学、认知神经科学、人类学等学科带来了新的启示。具身认知理论强调人类的认知和经验是基于身体和环境的相互作用,而不是仅由大脑中的计算过程决定。在具身认知的身心一体论中,认知被看作是一种嵌入在身体和环境中的体验,其中身体和环境的作用不仅仅是为认知提供输入和输出,同时也影响了认知本身的结构和功能。例如,我们的身体运动和感官感知经验可以影响我们的思考和决策,而环境中的文化、社会和物理条件也可以影响我们的认知和行为。具身认知的身心一体论反对了传统的身心二元论,认为身体和心灵是不可分割的。具身认知的身心一体论强调了身体在认知和情感中的作用,也扩展了我们对心智和认知的理解。例如,我们的情感状态、肢体动作和感知经验可以影响我们的思考和决策,而不仅仅是由大脑中的计算过程所决定。因此,具身认知的身心一体论给我们带来了深刻的启示,挑战了我们关于认知和心智的传统观点,提供了更加综合和完整的理解方式。

3.1.2 "心—身—环境"嵌入说

根据具身认知理论,心灵、身体和环境相互作用,构成了一个层层嵌入的系统,这种观点颠覆了长期以来人们对这三者之间关系的理解。

(1) 心灵嵌入身体

20 世纪四五十年代,随着计算机科技与神经科学的发展,人们对大脑有着全新的认识。当时普遍的观点是,大脑如计算机,其产生人类心智的方法和计算机的运行模式一样,即由大脑"司令部"发出指令,身体只是接收指令并完成相应任务。从某种意义上讲,这种计算机心智理论是对笛卡尔身心二元学说的继承和发展。笛卡尔认为,人的身体是有形的、机械的存在,而心灵虽无形却存在于大脑的松果体内,并通过神经系统的作用来控制身体。无论是笛卡尔的学说还是现代神经科学的观点,都将心灵与身体视为相互独立的存在,忽略了身体对心灵的影响。

客观来讲,人的心智包括认知、情绪和情感等方面,可以影响身体的状态、行为以及健康,这一点毋庸置疑。例如,当一个人长期处于某种情绪或压力之下,身体也会出现躯体化的反应,如疼痛、皮疹或其他心身疾病。人类行为的发动与改变也常常受到心理活动的影响,一个想法或一种情绪也可能会触发一个行为。此外,身体也在时刻表达着人的思想和情感,意识层面还没有觉察到的想法和情绪,都会通过身体呈现出来。可以想象,心理和身体之间有一条"快速通道",能够将人的任何细微感受、想法、情绪体验传递到身体层面。具身认知理论允分肯定了身心之间的连接,并从全新的视角来解释身心关系。根据具身认知理论,身体不仅是心理活动的载体,也是其塑造者。在身心互动的过程中,从心到身的作用当然存在,但反向作用同样真实有效。在具身认知理论的框架下,认知被理解为一种高度身体化和情境化的活动。身体塑造着人类的精神世界,影响着人们的认知思维、情绪情感、学习和创造力。美国作家、具身领导力的研究者理查·亨克勒（Richard Strozzi Heckler）在其《剖析改变》一书中说道，"凭借着身体，我们成为学习者"[86]。身体是学习的重要工具和基础，人们通过身体感知和理解世界，接收信息和知识。身体是学习的第一个工具，通过身体的感觉和动作，我们能够更深刻地理解和记忆所学的内容。实际上，研究表明，身体在学习和记忆中扮演着非常重要的角色。例如，相比简单地阅读和打字，学生通过手写笔记可以更有效地吸收和记忆所学内容。同时，运动和锻炼可以提高学生的注意力和专注力，有助于更好地掌握知识。因此，身体不仅是承载心灵的容器和外化形式，更是创造、改变内在精神世界的实体。

此外，具身认知理论还特别强调了身体构造、身体状态以及感觉运动系统等生理因素对认知形成的影响。法国哲学家梅洛－庞蒂是具身思想的代表人物，他提出了"具身的主体性"（embodied subjectivity）的概念。所谓的"身体主体"，是指人以"体认"的方式认识自我、他人与世界。因此，不同的身体会产生不同的体验，而这些体验会形成不同的认知经验和思维方式。对此，夏皮罗曾指出，有机体的身体特性限制或约束了它能获得的概念[87]。人类身体的特有结构与感觉运动系统的独特经验形成了相应的认知，甚至身体的物理属性都会影响认知及其他心理活动的改变。

（2）身体唤醒心灵

传统的身心观点认为，身体是心灵信息的表现，这一点毋庸置疑。例如，当我们被愤怒情绪包围时，我们的身体会立刻感受到这种情绪，并通过表情、肢体语言、肌肉紧张、心跳加速、身体发热或颤抖等方式来表达。在这种情况下，我们的身体表现出我们内心情绪的真实状态。同样地，当我们遇到困难或心理矛盾时，身体也会通过无意识的动作来表达出我们无法言说或无法自我察觉的信息。因此，可以说，身体是心灵的唤醒者，它可以展现出我们内在世界的真实状态。

身心之间的联系是双向的。身体可以唤醒心灵，心灵也可以唤醒身体。具身认知理论认为，身体和心灵之间的联系不仅表现在外在行为上，而且更为深刻和本质。我们的大脑意识从身体获取信息，进而塑造我们对世界的认知和理解。当我们改变身体行为时，也在改变心理状态和行为。这种互动是相互的，而非单向的。然而，身体对心灵世界的唤醒作用往往被人们忽视。我们的大脑意识会从身体获取信息，再将信息传送到身体的不同部位。具身认知的早期倡导者吉布森曾说："人们能知觉到什么依赖于他能做什么，他能做什么最终又改变了他知觉到的世界。"因此，当身体行为改变时，心理也会随之改变。正如詹姆斯-兰格理论所述，我们不是因为悲伤而哭泣，而是因为哭泣而悲伤；不是因为开心而欢笑，而是因为欢笑而开心。具身认知理论通过大量科学实验证明，当我们改变和塑造身体的同时，也在改变和塑造心灵。这种双向联系的重要性在于，它为个体的心理健康发展提供了新途径。具身认知理论的研究表明，运动、呼吸练习、瑜伽等方式，可以改善情绪稳定性和自我感受，减轻压力和焦虑。此外，调整身体姿势、肌肉紧张度、面部表情等，可以增强自信心、改善沟通技巧、增强社交能力等。

因此，人们应该重视身体和心灵之间的联系，并尝试探索出适合自己的身体唤醒心灵的方法。体育锻炼、冥想、舞蹈、音乐或其他方式，都可以通过改变和塑造身体行为来改善心理状态和行为。这种方法不仅可以帮助人们更好地理解和掌握自己的内在世界，还可以增进心理健康和主观幸福感。

（3）身心融于环境

除了遗传性因素，身体更是环境与文化塑造而成的。传统的心理学与认知科学只关注大脑在认知形成与发展中的作用，具身认知理论的出现扩展了这一概念，它不仅考虑了身体因素，还将环境因素包含其中。研究者认为，认知具有具身性和嵌入性的特点，主管认知功能的大脑不是脱离于身体的独立存在，而是嵌入身体中的，身体又是嵌入环境中的，它们构成了一个整体系统。从进化心理学的角度，人类身体的结构是适应环境的结果，而我们的心灵世界也是适应身体的结果。因此，心理嵌入身体中，身体嵌入环境中，环境包括了自然环境、物理环境和文化环境。

具身认知理论的系统观体现在对环境因素的重视，它认为，人的心理不仅根植于身体，还扎根于环境。正如具身思想的代表人物梅洛-庞蒂所言，知觉的主体是身体，而身体嵌入世界之中，就像心脏嵌入身体之中，知觉、身体和世界是一个统一体。身体并非被头脑操纵的机器，而是积极的、活生生的创造物，通过身体才能和世界互动。具身学习的倡导者主张通过身体与环境的互动来体验和感悟，俗语所说的"读万卷书不如行万里路"就凸显了身体在环境中体验和学习的重要性。

因此，在具身认知理论中，认知、身体与环境不是彼此独立的因素，而是互相关联、层层嵌套、递进的关系。认知过程基于身体经验，身体经验也必然涉及环境的参与。因此，"具身"的"身"并不仅仅指个体的肉体本身，还包含了环境的范畴。狭义的"身"的概念延展到广义的"体"的概念，是对"体知"内涵的扩展。由此可见，认知是身体与环境的互动中形成的，它不是被动的"反映"过程，而是主动的"建构"与"创造"过程，身体与环境在认知的形成过程中具有构建作用。

3.1.3 概念隐喻与身体图式

具身认知理论中一个重要观点就是"概念隐喻"（conceptual metaphor），即用一个认知系统的概念去表达另外一个认知系统的概念，它体现了具身认知理论中身心关系的特点，最早由莱考夫和约翰逊于20世纪80年代提出。研究表明，隐喻反映了人类进化过程中认知发展的特有方式。通过隐喻，人们可以以更简单、具体、形象的方式理解一些复杂抽象的概念。在二人合著的《我们赖以生存的隐喻》一书中，他们指出，"最初的和人们最熟悉的是自己的身体，因此最基本的隐喻是借用身体及其活动方式的隐喻[88]"。隐喻无处不在，我们思想和行为所依据的概念系统本身是以隐喻为基础的，这些概念建构了我们的感知，构成了我们如何在这个世界生存以及我们与其他人的关系[97]。在具身认知实证化研究的发展过程中，隐喻的机制和作用得到了进一步的探索和发现，也丰富了具身认知的理论和实践内涵。在这种以具体概念来理解抽象概念的过程中，人们在丰富感知觉经验的基础上发展出对于具体概念的"身体图式"（body schema），涉及空间、温度、体觉和清洁隐喻几个方面。

（1）空间隐喻

人类从出生起就存在于物理空间中，身体结构与环境的互动关系决定了人类对空间的相对概念。人们因受到地球引力和身体直立行走的限制，发展出了对于上下、左右、前后、内外、长短、远近等空间概念的图式，并将其映射到心理层面以理解抽象的意义和情感。

其中，空间中的"上下"常常暗含高低、贵贱之意。它既为方位名词，同时也用来形容身份地位、社会层级、价值品质等好坏、优劣。例如，我们会用"蒸蒸日上"来形容生活、事业的积极发展，用"世风日下"来形容社会风气的恶化；空间上的"前后"也代表着心理意义上的向前和向后，如"前进""进步""进展"或"后退""退步""落后"；空间上的远近也意味着心理意义上的远近，远则疏、近则亲，这在与陌生人、同事、朋友与恋人的关系中都有所体现；空间上的内外也同样如此，内则亲密，包含在自我的范围之内。例如在古代，男子谦称自己的妻子为"内人"，而"内"与"外"的划分体现了传统社会对人际关系的边界意识。"内"指家庭或亲近范畴（如"内人""内室"），"外"则泛指外部或疏远关系（如"见外""外心"）。这种内外之别，不仅反映空间上的隔离，也隐含着情感上的亲疏差异——对"外"往往持戒备或疏离态度。空间上的左右往往和"好坏"相关，这与我们身体活动的习惯有关。人的身体以脊柱为轴心分成不同的面向，其中包括左右两面。通常来讲，人的身体具有不平衡性，并不是绝对对称的。因此，大多数人都会有一只"优势手"，使用优势手会更加自如，做起事来也更加容易和顺利，给人带来舒适的内心体验，自然无意识的与"好""积极"的感受关联。在多数人为右利手的社会中，"右"因操作便利性常被赋予积极意义（如汉语中"右职"表要职，"左迁"表贬谪），而"左"则可能因不熟练被与负面含义关联。

此外，心理学家在空间隐喻方面开展了许多实证研究。20世纪60年代，美国耶鲁大学的心理学家斯坦利·米尔格拉姆（Stanley Milgram）进行了一项著名的"电击实验"，以科学家的好奇心探究人性。实验中一个关键的问题是：人们是否会遵从指令对陌生人施以电击？实验结果是肯定的。研究最终发现，被试听从指令对陌生人施以电击的原因与电击者和被电击者之间的身体距离有关。如果电击者和被电击者在同一空间，施加电击的可能性就会降低，反之则增加，这展现了空间距离与人际情感距离之间的隐喻关系。

（2）温度隐喻

皮肤是身体与外界接触的媒介，同时也是人体最大的感觉器官，它遍布全身，既是保护内在不受侵害的屏障，也是与外界交流的重要通道。通过皮肤，环境会向有机体传递很多信息，其中包括温度的冷热感受。除了物理上的感觉，冷热也被用来隐喻人与人之间的互动体验，例如，笑容温暖、待人热情、热心真诚，或冷若冰霜、冷酷无情、个性高冷等。哈利·哈洛（Harry Harlow）的恒河猴实验的结果显示，幼猴更愿意亲近带有发热装置的人造猴，暖育组的幼猴相较于冷育组的幼猴在成长过程中更少出现族群中的交往障碍。由此可见,温度感受和情感体验紧密关联在一起。它们似乎拥有共同的神经机制,甚至激活相似的大脑状态。其他心理学研究也证明了这一点。例如,威廉姆斯(Lawrence E.Williams)和巴格(John A.Bargh)在实验中发现,与触摸冷咖啡相比,被试在触摸热咖啡后对实验人员的评价更积极。热咖啡带来的温暖感觉诱发了被试对实验人员热情态度的投射,反之则获得对方冷淡的印象。因此,环境和体感温度会影响我们对他人的社交感受和主观判断,就像我们往往认为意大利人是热情的,而瑞典人则显得冷峻。

值得注意的是,温度感受和人际情感体验的关系是双向的,就像身心关系一样。环境或体感温度可以影响个体对他人的社交印象,反之,社交状况也会影响个体对环境温度的感知。例如,当人们感受到社交排斥后,他们对环境温度的主观感觉也会偏离实际值,将更倾向于喝热饮、吃热的食物或洗个热水澡来改善自己的心理感受。此外,抑郁症,特别是季节性情绪失调(seasonal affective disorder,SAD),在日照减少的春季和秋冬季高发。除了日照的因素影响外,寒冷的温度也会加重孤独感和悲伤感。因此,人际的孤独亲密感和温度的冷暖感受之间具有相互作用性,我们可以通过这种关联来理解和改善内心感受。

(3)体觉隐喻

人借由身体与世界相通,身体感觉也是多种多样的,包括视觉、听觉、触觉、嗅觉、味觉、痛觉、重量感以及动觉等。在这些感知觉中,我们往往会从中抽取出非具象的意义。人类在婴儿期就开始通过触摸来探索和发展自我意识,甚至胎儿在子宫中就有了触摸的动作,它影响着个体认知的发展以及抽象概念的形成。触摸的活动要通过皮肤的接触来完成,皮肤作为最大的身体器官具有警戒和保护的功能,也提供了与之接触的外界的信息,如阳光照在身上,皮肤会感受到温暖,针扎到皮肤上会有刺痛感,触摸或被触摸时会感受到压力感、光滑或粗糙感、干燥或湿润感等。其中，触觉往往会隐喻人的个性特征，如"软弱""温柔""刚强""固执""强硬"等。

除了触感，身体对重量的感受也往往影响我们的认知判断。不同质感、体积、密度形成的物体的重量感受也隐喻着我们对一些事物的抽象判断，比如，我们往往会认为重的东西是"重要"的，从而更加"重视"，反之"看轻"或"轻视"重量轻的物品。重量的意义不仅限于物品本身，也会形成抽象的价值概念，如贵重、器重、重视、重要、隆重等。除了触觉和重力感觉，还有很多和身体运动相关的隐喻，丰富了具身认知理论的内涵和外延，也增添了研究灵感和实践价值。

（4）清洁隐喻

在物种进化和文明进程中，人类发展了对洁净的观念和行为。这不仅可以提高生活的舒适程度，还能避免疾病的传播，增加生存机会。在这样的隐形机制的作用下，人类对自身和环境的洁净要求和标准也在不断提高。除了现实意义，洁净在文化和心理上也具有深刻的意义，洁净与道德观念和行为联系起来的现象尤为常见。例如，有道德的人被认为是"高洁"的，而违反道德标准的行为则被称为"不洁"或"肮脏"的行为。清洗的动作不仅在身体层面，更在心灵层面消除以往不好的经验和痕迹，使心理得到安抚，心灵得以净化。因此，"洁净"不仅仅是指身体上的清洁，更涵盖了心灵层面的复杂情感体验。例如，在莎士比亚的名剧《麦克白》中，麦克白夫人因为良心的折磨而反复洗手来抵消杀害国王邓肯的罪恶感；影视文学作品中的侠盗退隐江湖时也会有"金盆洗手"的仪式行为；一些强迫症患者反复清洁的外显行为实则是在处理内在的痛苦和不适感。

由此可见，人们往往通过清洗的行为，来"洗掉"心理上的罪过、不洁感、愧疚感、羞耻感和令人厌弃的感觉，让心理上感觉自己更干净纯粹，重拾道德感。美国伊利诺伊大学的心理学教授多夫·柯亨（Dov Cohen）在一项实验中，要求被试在玩电子游戏前做出双手交互的动作，像洗手一样。研究结果表明，做了这些动作的被试会作出更高的道德评判。可见，哪怕只是清洗的动作就能引发人们内在的道德感。清洗的动作不仅隐喻着道德，它还意味着"抹消"过去，即"一笔勾销"。然而，洗掉的不仅仅是不好的东西，积极的状态、好的东西也可能被清洗掉。因此，清洁隐喻对人们的现实生活和心理活动产生深远影响。

3.1.4　强具身观与弱具身观

在具身认知理论出现后，研究领域中出现了关于认知具身性的不同观点。除了否定认知具身性的"离身"认知观，还存在"强具身"和"弱具身"两种主要观点。这两种观点是以身体在认知过程中的影响作用程度为衡量标准进行的粗略划分。强弱具身观都反对笛卡尔二元论与身心分离的理念，强调身体在认知形成与发展过程中的重要作用，其区别在于身体是不是实现认知的唯一方式和途径。

（1）弱具身观

弱具身观的代表性人物之一是安迪·克拉克，他主要研究人类如何感知和控制自己的身体，以及如何以有意义的方式与环境互动。他认为心智是具身的，心智与身体二者是不可分割的整体。然而，他所倡导的具身观仍具有信息加工的特点，认知保留了计算与表征的功能。虽然经典认知理论的色彩被冲淡了，但其范式却被部分地保留下来，有人称为"比较温和的具身观"。根据克拉克的理论观点，"具身"有以下含义：第一，在问题解决过程中，身体可以采用机器人学的同态计算方式完成计算任务，不一定需要大脑来执行；第二，身体在问题解决过程中的作用是结构化信息流，为解决问题提供所需的数据和资料；第三，身体可以利用环境支持物并与之相配合，从而扩展和放大认知的效果，如盲人的手杖扩展了盲人的认知范围，手杖、身体和认知构成了紧密的联合体。克拉克认为，人的心智可以发生在大脑甚至神经系统之外，甚至某些信息加工可以在身体或环境中发生，或者在身体、环境和大脑之间的相互作用中发生。因此，大脑可以不必过度努力。例如，要记住一个电话号码，可以将其写在纸上，这样能够强化记忆。

由此可见，纸笔书写可以提升记忆力，使用纸笔等辅助工具可以扩展我们的认知。这就像把内存任务卸载到环境中，然后与环境交互作用以进行信息检索。就此，克拉克提出了延展认知的概念，它符合宏大机制假设（larger mechanism story），即认知超越了皮肤或头脑的限制，可以延展到身体的其他部位，甚至延展到环境之中。克拉克对认知的延展性持开放和乐观的态度，认为如果能借助外部工具来促进人类更好地思考，这将是一件美妙的事情。这种开放性的认知观为具身认知的理论研究带来了更多的可能性，随着科技信息和人工智能技术的快速发展，我们可以预见人类认知将迎来巨大的改变。

实际上，这种科学幻想正在逐渐变为现实，越来越多的生活化人工智能设备和佩戴式电子装备正在应用于各个领域。例如，微软公司已经研发出了 HoloLens 全息影像头盔，让用户可以通过头戴设备与虚拟信息交互。除此之外，还有其他具身化科技产品不断被发明和应用。例如，脑机接口（brain-computer interface，BCI）技术通过大脑信号控制计算机和其他设备，已被用于帮助残障人士恢复运动功能和沟通能力；智能穿戴设备，如智能手表、智能眼镜等，可以通过传感器和软件与人的生理和环境信息进行交互，从而提供更加智能化的功能和服务，已被广泛应用于大众生活中；增强现实（augmented reality，AR）技术，可以将数字信息叠加在现实世界中，使用户能够与虚拟信息进行互动，已被应用于游戏、教育和商业等领域；VR，通过头戴式设备和手柄等设备创造出一种全新的沉浸式体验，使用户能够身临其境地感受虚拟世界……这些具身化科技的出现，为我们提供了将人类认知能力延伸到技术领域的更多可能性，使得我们能够更加高效、便捷地获取信息和完成各种任务。这些具身化科技虽然目前仍然存在不足之处，但已预示着人类认知通过科技进行扩展的必然性，也呈现了教育创新的科技路径。

（2）强具身观

与弱具身相对的是"强具身"的观点，强具身观认为，身体和认知是密不可分的，身体是认知得以实现的唯一通道。它反对弱具身观所保有的经典认知科学痕迹，认为这是不彻底的革命。它完完全全地否定和拒绝经典认知理论的计算和表征范式，认为认知就是身体与环境互动的结果。它不认同弱具身观持有的"多重可实现原则"（multiple realizability principle），认为身体和心智必然保有天然的一致性，有什么样的身体就决定了有什么样的心智，身体结构对认知和心智的形成与发展具有限定性作用。这一观点否定了多重可实现原则，正如人无法理解蝙蝠作为蝙蝠的感受，反之亦然。强具身观符合"特殊贡献假设"（special contribution story），即人类特殊的身体结构和神经生理特征直接决定了人类具有怎样的认知内容和心智模式。具身认知模型有许多变体，"强具身"观就是其中之一。如同传统模型的激进替代品，它拒绝许多认知体系中的核心概念，如计算、信息加工、心理表征和计算机类比等。然而，其他学者则认为，这些概念则是认知真实存在的部分。

综上所述，尽管强具身和弱具身观点在基本假设和与经典认知理论的整合与认同方面有所不同，二者之间仍存在冲突，但它们提供了一种新的认知模型，使人们能够更好地理解身体和认知的紧密联系。同时，它们都是对传统认知科学的创新性革命，都主张身体在认知过程中发挥着重要作用。当然，具身认知的理论体系内部仍然承受着"分裂的痛苦"，需要经过更多的理论与实证研究来填补空隙、弥合分歧。但在人类自身探索的漫长旅程上，具身认知的理论观点无疑点亮了一盏明灯，给予了科学研究创造性的灵感。

3.2 具身化心理动力系统模型构建

在对具身认知理论进行深入阐述的基础上，本书尝试构建具身化心理动力系统模型，并以其作为大学生心理健康教育具身化创新的理论框架。

3.2.1 具身化心理动力系统模型的提出

书中提出了具身化心理动力系统模型，以更好地理解和分析个体心理发展规律和影响因素，该模型的提出基于以下相关心理学理论模型，具体内容如下。

（1）认知行为理论模型

认知行为模型是心理学的重要理论模型之一，是心理学家阿尔伯特·埃利斯（Albert Ellis）和阿伦·贝克（Aaron Beck）在20世纪60年代提出的。该理论模型认为，人们的思维、情感和行为之间相互作用，个体的认知、思维和信念会影响情感和行为，行为也会反过来影响思维和信念[89]。认知行为模型的基本假设是，人们的情感和行为不是直接由情境或外部事件所决定的，而是取决于对这些情境和事件的解释和评估。模型包括以下几个组成部分：一是情境或外部事件，可以引起人们情感和行为反应，例如，考试、事故、疾病、嘈杂的环境等；二是个体的思维和信念，这是人们对外部事件的解释和评估。这种解释和评估通常受到我们的认知过程的影响，包括注意力、记忆、思考方式、经验等；三是情绪情感和生理反应，这些是人们对外部事件的直接反应，如愤怒、焦虑、心跳加快等；四是行为，这是人们对外部事件的行为反应，如进攻、逃跑等。认知行为模型认为，如果人们能够改变思维和信念，就能够更好地调节情感和行为。因此，这个模型被广泛应用于心理咨询与治疗中，也为教育实践提供理论支持。

（2）心理动力学理论模型

心理动力模型是一种心理学理论，最初由心理学家弗洛伊德（Sigmund Freud）和其后继者们在20世纪初期提出。其中，"心理动力"（psychodynamic）是指动态的心灵力量[90]。不同于静态心灵的观点，心理动力描述了一个时刻动态变化的心灵系统。依据心理动力学理论模型的观点，心理不仅是动态的，还是游离于意识之外的，人的认知、情感和行为受到不同层面的心理过程影响，包括潜意识、个人经历和环境因素等。该模型在心理学和精神分析领域得到广泛应用，它包括以下几个组成部分：一是潜意识，或称"无意识"，即心理中不受意识控制的、意识不到的心理活动。这些潜意识的过程和内容可能包括情感、记忆、冲突、人际互动方式与自我觉知等，可能对人的行为和情感产生影响。身体是潜意识的载体，环境对潜意识的形成和唤起有重要影响。二是个人经历，指个体在成长过程中的各种经历，这些经历会在身体上留下记忆，它的形成与发展也与个体和环境的互动有关。三是防御机制，指用于防止不受欢迎的情感、冲动和思维进入意识而采取的保护性措施。这些防御机制包括压抑、否认、投射和转移等，它们既是内在心理机制，同时也是身体与环境互动中的行为表现。心理动力学理论认为，人的行为和情感反应是无意识心理过程（如本能驱动、童年创伤）与意识层面需求冲突的结果，这一冲突通过心理结构（本我、自我、超我）的互动及防御机制的调节达成动态平衡。因此，该模型被广泛应用于心理治疗与咨询领域，它对教育领域也有重要启示，使人们认识到个体的心理活动不只是在意识层面，也需要关注无意识层面，身体、环境等对无意识内容也有重要影响。

（3）生物生态学理论模型

心理学家尤里·布朗芬布伦纳（Urie Bronfenbrenner）提出了生物生态学模型，用于描述和解释个体发展与环境系统之间的动态交互作用。布伦纳指出，如果我们不去考虑每一层级的环境将如何影响个体，我们就无法完全理解发展过程。生物生态学理论模型的核心观点是，个体与环境之间的相互作用是多层次的，不仅包括个体与家庭、学校、社区等小环境的相互作用，还包括个体与更广泛的文化、社会和历史环境的相互作用。因此，生物生态学理论模型将个体视为处于多层次的生态系统中，这些生态系统相互作用，影响和塑造个体的心理发展和行为。生物生态学理论包括以下四个层次：一是微观系统（microsystem），它是个体所处的直接环境，如家庭、学校、同伴群体等；二是中间系统（mesosystem），它为不同微系统之间提供了联结，如家庭和学校之间；三是外部系统（exosystem），它涉及更广泛的影响，是与个体直接相关但不直接接触的环境，如社区、政府等；四是宏观系统（macrosystem），它指文化的影响，包括价值观、社会文化传统等。此外，时序系统（chronosystem）是四个层次系统的基础，涉及历史因素。生物生态学理论模型强调，影响个体发展的各个因素相互联结，个体与环境之间相互作用。个体不仅受到环境的影响，而且也能主动改变和建构环境[91]。生物生态学理论模型提供了一个全面的视角来理解个体和环境之间的关系，将人置于环境的系统中来理解，并强调了人与环境的互动特性。这与具身认知理论的观点不谋而合，为理解个体的心理发展提供了理论依据，也对个体发展和教育实践起到重要的启示作用。

基于具身认知理论和以上心理学理论模型观点，本书提出了具身化心理动力系统模型（图3-1），以更好地解释个体心理活动的规律和内容。

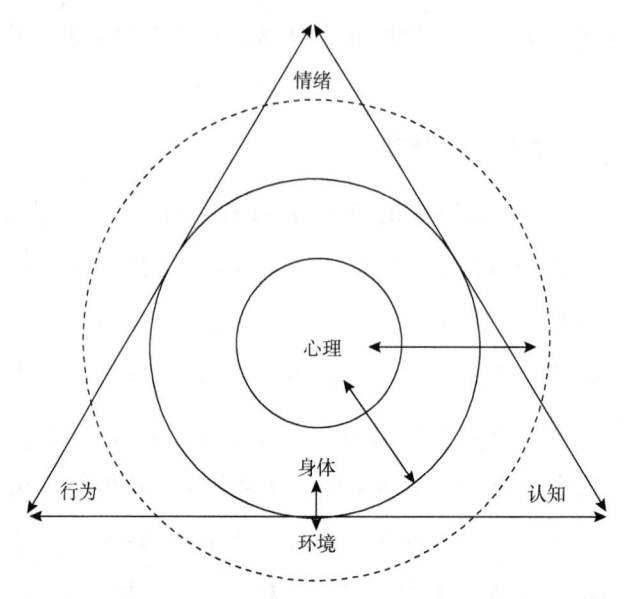

图 3-1　具身化心理动力系统模型图

3.2.2　具身化心理动力系统模型的释义

本书以具身认知理论的基本观点来重新解构个体心理发展过程，并以动力系统模型来体现（图 3-1），具体内容和释义如下：

（1）心理结构要素："认知—情绪—行为"三角（C-E-B）

该模型由两层内容构成，其中，三角形部分代表个体心理发展的三大重要因素，分别是认知（C）、情绪（E）和行为（B）。这三个因素之间相互影响和互相作用，形成了一个动态系统，驱动着个体心理的发展。在这一系统中，认知、情绪和行为三个因素两两之间形成了双向轴，彼此相互作用，具体内容如下。

①"情绪与认知"双向轴（EC-CE）

这一双向轴包含情绪和认知两个要素，它们是个体内在体验的两个核心方面，二者之间的相互作用是复杂而重要的。其中，情绪是人类心理活动中的一个重要方面，反映了个体对客观事物的主观体验。情绪有诸多分类方法，其中较为常见的是将情绪分为正性情绪和负性情绪。正性情绪包括愉悦、兴奋、满足等，负性情绪包括悲伤、愤怒、恐惧、失望等。美国心理学家保罗·艾克曼（Paul Ekman）在对面部表情和非言语行为的跨文化研究中发现，人类有着六种基本情绪，分别是快乐、悲伤、愤怒、恐惧、厌恶和惊讶，他由此提出了六种基本情感理论[92]。情绪对个体心理解构的稳定起到了重要作用，也是影响心理健康发展的核心要素。情绪在影响个体心理发展的同时，也作用于身体的免疫系统，因此，情绪不只关乎心理健康，还和身体健康密切相关，具有具身化特点。

双向轴包含的另一要素是认知，认知是个体的思维方式，包括对客观事物的感知、认知、记忆、思维等过程，它在个体的发展过程中受到生活事件、生活环境、文化教育等多种因素的影响和塑造。认知可分为正性和负性两类，其中不合理的认知和信念对心理健康的影响至关重要。美国心理学家阿尔伯特·艾利斯提出了不合理信念（irrational belief）的常见表现，主要包括绝对化要求、过分概括化和糟糕至极三种。其中，"绝对化要求"是指个体对客观事物抱有主观必然的态度，常以"必须""应该""一定要"等词语来表达；"过分概括化"也就是以偏概全，往往伴随负面的预期且不符合逻辑，影响个体对他人和事物的客观判断；"糟糕至极"是指个体对事件的发生发展具有灾难化的认知，这样的认知方式容易影响心理健康和决策能力。因此，合理的认知和信念对于个体的心理健康具有重要作用，同时也对人际交往、情感调节、行为决策等方面产生了积极的影响。

情绪和认知是影响个体的心理健康的核心要素，二者之间密切相关、交互作用。一方面，认知影响情绪。个体的思维方式塑造了情绪体验，积极的认知方式可以引发积极情绪的体验，而消极的认知方式则会导致负面情绪的出现。例如，对于抑郁症患者而言，不良的认知和思维方式，包括自我否定、自责自罪、选择性过滤、错误归因以及二元思维等是主要的致病因素。因此，在抑郁症的治疗中，除了药物治疗，认知重构也对康复具有重要意义。另一方面，情绪也作用于认知。人是情感动物，强烈的情绪状态可以影响认知的过程。例如，当个体感受到强烈的愤怒时，其认知容易变得狭窄，难以探索冲突的解决途径，想法也容易变得偏激，导致冲动和破坏性行为。再比如，个体在极端恐惧的状态下，认知容易变得狭隘和片面，只关注环境中的危险，而忽略了生存机遇和可利用的资源。同样，正性情绪也会影响认知，当一个人高兴得忘乎所以时，认知和注意力也可能会受到限制，觉察不到环境中的不利因素，降低了判断力。因此，情绪对认知的影响不可小觑，因为它往往关系到个体的身心健康状态。

此外，在具身化方面，认知与情绪的体验常常是身体反应的结果。例如，当人们感到紧张和焦虑时，心跳加快、呼吸加快、肌肉紧张等身体反应会随之而来。这些身体反应进而影响了认知过程，例如降低了注意力水平和决策能力。因此，情绪的具身化反应是影响认知的一个重要因素。

②"认知与行为"双向轴（CB-BC）

这一双向轴包含认知和行为两个要素，二者相互依存，并具有明显的具身特性。其中，行为是个体外在表现出的身体动作、举止与行动模式，也是个体内在心理解构的外在呈现。行为主义代表人物华生（John Broadus Watson）曾提出，"给我一打健康而没有缺陷的婴儿，并在我自己设定的环境中教育他们，那么我愿意担保，随便挑选其中一个婴儿，而把他训练成为我所选定的任何一种专家：医师、律师、艺术家、商界首领乃至乞丐和盗贼，而不管他的才能、嗜好、趋向、能力、天资和他祖先的种族"[93]。然而，在具身认知理论中，个体的认知和行为是在身体和环境的相互作用中相互塑造和发展的，受到遗传基因和环境因素的共同影响。因此，个体的行为和认知是相互依存的，由生物和社会因素共同作用与塑造。行为主义的观点未能全面考虑到个体的生物和社会因素对行为和认知的影响，存在偏颇和局限。因此，行为作为一种可观察的现象，受到诸多因素的影响，包括个体的认知、情感和既往经验等。然而，人类行为并非像机械程序一样可以被操纵和改写，而是与上述因素密切相关，这种关系是双向互动的。现代心理咨询与治疗理论中的认知行为疗法（cognitive behaviour therapy，CBT）对这种相互作用进行了深入探索和详尽的阐述。该理论认为，个体的心理困扰来源于认知的歪曲，改变其错误、不合理的认知模式能够改善其功能失调的行为和其他症状，并且可以通过行为的训练来强化认知层面的改变。唐纳德·梅肯鲍姆（Donald Meichenbaum）提出，"行为的改变是要经过一系列中介过程的，包括内部言语、认知结构与行为的相互作用以及随之而来的结果"，这些中介过程的互动和影响是行为改变的关键。

可见，认知与行为之间的互动过程对个体的心理发展至关重要。认知模式的调整可以引发行为模式的改变，而行为的改变则可以促使认知在体验层面上得到校正。这种双向的认知—行为互动为心理咨询和治疗工作提供了识别和干预的线索和方法，同时也为个体健康发展提供了情绪调节的途径。在临床实践中，理解和应用认知—行为理论可以帮助心理咨询师和治疗师更有效地干预和治疗心理问题。通过认知和行为的互动，个体可以改变其认知和情绪反应，学习新的行为技能和策略。此外，认知和行为互动也可以帮助个体理解自己的思维和行为模式，促进自我探索和成长。此外，在具身化方面，行为的具体表现通常伴随着身体反应。例如，人们的姿态、面部表情等都是身体反应的结果，这些身体反应进而影响认知和情绪的体验。同时，人们采取的不同行为方式也会影响身体状态，从而影响认知加工。例如，人们的姿态、动作等都会对认知过程中的注意力和记忆产生直接影响。

③ "情绪与行为"双向轴（EB-BE）

这一双向轴中包含情绪和行为两个要素，二者的关系同样是双向互动的。一方面，情绪可以引发个体的行为反应。情绪不仅影响认知过程，同时也是行为的一个重要驱动因素。人们在面对不同情绪时，会采取不同行为方式来适应环境和维护自身情感状态，这种行为与情绪之间的相互关系也存在着具身化互动。当个体体验到强烈的情绪时，这些情绪往往通过外显行为来表现。例如，当一个人感到非常高兴时，可能会手舞足蹈；当感到愤怒或懊悔时，可能会顿足捶胸。这些外显行为并不限于身体动作，还包括身体活动。例如，当一个人陷入悲伤或抑郁的情绪中时，往往会减少身体活动的数量、范围和强度；而当一个人感到愉悦或兴奋时，可能会向外拓展身体层面的活动，如社交、运动和旅行等。因此，情绪可以触发和驱动个体的身体行为，不同的情绪状态会导致个体采用不同的行为策略。另一方面，行为也可以影响个体的情绪感受和反应。詹姆斯—兰格情绪理论认为，人们并不是因为感到开心而欢笑，或者因为感到悲伤而哭泣。相反，个体在做出微笑的面部表情时，会产生愉悦的情绪，而悲伤的表情则会引发悲伤的情绪。此外，行为层面不仅局限于面部表情的变化，身体动作和情绪改变之间也存在密切联系。以挺胸抬头的体态为例，它能唤起个体内心的自信与力量感，进而催生积极愉悦的情绪体验；相反，含胸驼背的姿势则会削弱个体的自信。

此外，情绪和行为之间的具身化互动体现在两个方面。首先，情绪的具体体验常常伴随着身体反应。例如，愤怒时心跳加快、呼吸加快、面部肌肉紧张等身体反应，进而促使人们采取相应的行为方式，如攻击、逃避等。其次，人们采取的不同行为方式也会影响情绪的体验。例如，人们在经历负面情绪时，如果采取积极的行为方式，如倾诉、运动等，可以缓解情绪负担，增强自我控制力，从而改善情绪体验。可见，情绪和行为之间的相互作用是非常复杂和紧密的。理解情绪和行为之间的关系可以帮助我们更好地理解个体的心理状态和行为表现，也为心理治疗和干预提供了一定的理论依据。

综上所述，认知、情绪、行为是人类复杂的心理过程。它们相互交织，相互影响，构成了人类行为的动态系统。其中，身体反应是认知、情绪和行为之间具体体验的结果，同时也是它们之间相互影响的关键因素。在实际应用中，深入理解认知、情绪和行为之间的具身化互动关系，可以更好地管理情绪、提高认知能力和改善行为结果，从而提升生活和工作的质量。

（2）具身化要素："心理—身体—环境"嵌入组（M-B-E）

在该模型中，"心理（M）—身体（B）—环境（E）"构成了其核心部分，这一嵌入式的关系体现了具身论的核心思想。这种关系以内圈至外圈的层层嵌套方式呈现，形成了一个具身化的互动系统。

①心理与身体嵌入组（M-B）

在具身认知理论中，"心理"和"身体"是密不可分的，二者共同构成个体的整体存在，互相影响、互相塑造。在"心理—身体"组中，"心理"是指个体的认知和心理状态，是具身认知理论的聚焦点。"身体"则包含身体结构、身体形态和身体动作等。具身认知理论认为，身体并非心理的傀儡，反而具有塑造心理结构和状态的主导性作用，个体的心理状态是以身体为背景的。

依据具身认知理论的观点，个体内在的心灵世界是与外界互动中形成和发展的，其中个体的身心是一体两面的，不能忽略其中任何一部分。心理不是孤立于身体存在的，而是嵌入在身体之中的，二者是有机的整体。一方面，个体的心理状态和认知过程可以通过身体的变化和行为表现呈现出来。当个体感受到强烈的情绪体验时，会透过外显行为来呈现内在感受，如得意忘形时的手舞足蹈，愤怒懊悔时的顿足捶胸。另一方面，心理感受也依赖于身体的体验。人类的感知系统是心灵世界的基础，视觉、听觉、触觉、嗅觉及味觉系统接收感知外部环境中的刺激，并将这些信息传递到大脑中，从而引发情绪和认知过程。然而，具身认知理论强调，身体并不是心理的被动媒介和反应器，它具有主导性的作用，身体行为会反过来影响心理过程。身体结构形态、身体动作以及行动模式都会潜移默化地改变个体的心理结构和状态，即身体对心理有塑造作用。身体姿势和面部表情可以影响情绪和认知，甚至可以改变个体的自我感知和社会互动方式。例如，挺胸抬头的身体动作形态可以激发自信、有力量的内在感受，从而获得积极愉悦的情绪感受，而含胸驼背的身体动作则会降低个体的自信水平。此外，身体的状态和功能也会影响认知和情感过程。例如，饥饿、疲劳或疾病等身体不适会导致情感消极和认知能力下降。具身认知理论强调了身体的主体作用，这也是具身化互动关系的核心。身体不再处于从属或易被忽略的地位，而成为具有主动性和主导性的因素，这是具身认知理论对传统观点的挑战。

总之，心理和身体是具身认知理论的核心组成部分，二者形成相互嵌套、相互影响的整体，不能忽略其中任何一部分。具身认知理论的研究强调了身体对心理的塑造作用，提供了一种新的视角来理解个体的认知和行为表现。

②身体与环境嵌入组（B-E）

"具身认知理论"是一种心理学理论，它认为人类的身体是塑造心理的重要因素，并将视角扩展到更大的领域，提出环境因素的影响。具身认知理论主张，人不是孤立存在的个体，而必须在与外界互动的过程中获得经验、发展情感连接和形成自我认同。因此，在个体成长与发展的过程中，个体的身心发展与环境密切相关。

具身认知理论中的环境要素指的是自然环境、物理环境、家庭环境和社会文化环境等，其中自然和物理环境与身体密切相关。个体借由身体在环境中生存，身体无时无刻不在与环境互动，坐卧行走必然在环境中，无法脱离环境的影响和作用。物理环境中的要素，如房间的温度、光线、气味、大小与距离等直接作用于身体，影响个体的情感和认知。身体通过眼、耳、鼻、舌、身的感官系统知觉来自环境的信息，并迅速作出反应。例如，过高或过低的室温会影响个体的舒适感和心理状态。同时，人类的进化过程离不开大自然，生存繁衍需在自然的抚育之中，自然环境对身心发育和健康的影响深远，不容忽视。在自然环境中，人体更容易接受日光浴和运动，这些都有利于身心健康。如果长时间在缺乏自然元素的环境中生活，身体和心灵都会呈现负性反应，如疲劳、睡眠困难、消化系统疾病等。因此，自然环境对个体的身体健康产生了重要影响，在具身认知理论中这一点被强调和凸显。此外，社会文化环境也作用于个体，并对个体的健康发展产生深刻影响。在社会环境中，个体处于特定的文化、价值观和社会规范中，这些都会影响个体的身体行为、态度和价值观等。

总之，具身认知理论对于我们理解身心关系和身心健康具有积极的意义。除了强调身体对心理的塑造作用，它还将视角扩展到环境要素的影响，并指出身体是嵌入在环境之中的，提供了系统观的视角。

③心理与环境嵌入组（M-E）

环境对心理的影响也是具身化互动关系的重要组成部分。具身认知理论指出，个体的身体和心理是嵌入在环境之中的，身体是个体与外部世界相互作用的媒介。在这种理论视角下，外部环境的变化通过身体的感知，进而影响个体的内在情绪情感体验、认知和行为。自然环境的物理要素，如气温、气味和声音等，会直接作用于身体，引起个体的生理反应和情感体验。同样，社会环境的文化价值观也会塑造个体的自我认知和社会互动方式。此外，环境也可增进个体的认知发展，通过身体在环境中的行动和交互来获取经验、形成记忆和发展技能。例如，学习过程中，通过身体与学习材料、工具的互动和操作，加深个体对知识的理解和掌握。

具身认知理论强调，环境可以直接影响个体的身体和心理过程。俗话说："一方水土养一方人"。"水土"这一概念既包括自然地理环境，也包括社会文化环境。自然地理环境的物理特征，如气候温度、物产资源，与个体性情、习惯、偏好的养成密切相关。个体生活在特定的自然环境中，长期受到自然环境的影响，被打上了独特的"烙印"，塑造了其独特的身体和心理特征。同时,"水土"也包括社会文化环境的影响,即"风土人情"。个体在特定的社会文化环境中成长和发展,受到文化、习俗和社交风格的影响,形成了其独特的心理和认知特征。所谓"耳濡目染",就是具身化学习过程的生动的描述,说明环境对个体心理世界的影响。此外,个体心理和环境之间的互动是一个动态的过程,而非静态的。环境的变化会直接影响到个体的心理体验和认知过程,而二者之间的互动以身体为媒介。例如,天气的变化会通过身体感觉通道对个体的内在心理体验产生作用。因此,我们可以认为,个体和环境之间的关系是一个不断变化的、相互依存的过程。

综上所述,心理、身体和环境是这一理论模型的具身化要素,三者之间的互动关系是具身认知理论的核心内容。人类的思维、情感和行为不是脱离身体和环境而独立存在的,而是通过身体在环境中的感知、交互和行动来实现的。具体而言,心理过程是嵌入在身体和环境的具体情境中的,并且身体和环境的变化会直接影响个体的心理过程。因此,个体的身心和环境之间是相互交织、相互依存的。因此,具身认知理论视角能够更全面、深入地帮助我们理解人类认知和行为的本质,通过深入研究和理解这些关系,我们可以更好地促进个体的健康和发展,同时也为心理学、神经科学和教育学等学科的研究提供了参照。

(3)互动关系:具身化的心理互动系统(Em-CEB)

具身认知理论模型由个体的心理结构(认知、情绪和行为)与身体和环境组成,两者形成一个互动系统。该模型包含三个子系统,即具身情绪子系统、具身认知子系统和具身行为子系统。我们可以发现,身体和环境的作用对增强个体内在心理结构的稳定性是必要且有效的,这体现在以下几个方面。

①具身情绪子系统(Em-E)

情绪是心理结构的重要组成部分,与个体的健康发展息息相关。在具身认知理论模型中，具身化的要素对情绪的作用构成了这一模型的子系统。具身认知理论强调身心一体的观点，将情绪、身体和环境相互统合起来，并认为身体和环境的变化会直接影响个体的情绪体验和认知过程。具体体现在以下两个方面。

一方面，身体因素对情绪的作用非常重要。人们常常认为情绪和身体是彼此独立、毫无关联的，这往往与身心二元的旧有观念有关。然而，具身认知理论则基于身心一体的观点，认为二者是相互关联、相互作用的。在"心"的部分中，情绪作为重要的组成部分，对一个人的精神稳定性和身心健康有着深远的影响。从情绪和身体的关系来看，个体的情绪是通过身体直接呈现的，包括面部表情、身体动作等，即喜怒形于色。另一方面，从情绪和环境的关系来看，情绪的好坏容易引发个体对环境的认知和行为反应。例如，当一个人感到愤怒、焦虑等负面情绪时，可能会对环境产生破坏性的行为。相反，当一个人感到心情愉悦时，他往往会对周围环境产生正面的认知，并且对客观事物的态度也会随着情绪的变化而改变，这些反映了情绪的主观影响。

从具身认知理论的角度来看，情绪不仅会影响身体行为和外部环境的感知，身体和其外部环境的因素也会作用于情绪。情绪不是凭空产生的，它受到个体身体活动和外部环境的影响。身体对情绪的作用可以通过疲劳、疾病、负重等身体状态来观察，这些状态所激发的情绪反应往往与健康、轻松的身体状态不同。在日常生活中，适度的身体运动可以缓解压力，提高心情愉悦度。在舞动疗法中，改变身体动作模式可以调节参与者的情绪反应。例如，开放式的身体动作容易触发个体包容接纳的情感体验，而扎根、重心下沉的身体动作可以改善焦虑、缺乏安全感的情绪状态。环境可以被看作是"更大的身体"，它对个体情绪的作用更是显而易见。自然环境对人类个体具有天然的心灵疗愈功能，山河湖海、花鸟鱼虫，自然万物都以其独特的方式存在，并对个体情绪情感起到调节和改善的作用。比如，置身于植物之中，人们会感到愉悦平和。在草地上行走，人们容易感受到舒适松弛。

因此，具身化情绪是身体和环境共同作用的结果。情绪并非凭空出现，个体的身体状态、身体动作和身体所处的外部环境等因素都能够对情绪产生影响。具身化情绪的理论提醒我们，身体、环境和心理是密不可分的，这为具身认知理论的应用研究打下了重要的基础。

②具身认知子系统（E-C）

认知是个体心理活动的重要组成部分，认知功能也是衡量心理发展水平的主要指标。认知的具身性是指人类的认知过程不仅仅是脑部的活动，也包括身体和环境的参与。身体感受、动作和环境都是认知的一部分。例如，人们通过触摸、视觉和听觉等感知觉系统来认识周围的世界，并通过身体的移动和变化来与之交互。这种身体和环境的参与使认知过程更加灵活和自然，并且有助于人类的学习和记忆。因此，认知可以通过学习来塑造，其中一种重要的途径就是书本学习，即通过大脑皮层的认知加工来接收信息。另一种更为重要但容易被忽略的方式是身体学习，即通过身体体验来理解、感受、消化获取到的经验性信息。相比书本学习，身体学习能够显著提高学习效果。

具身认知理论认为，身体参与认知过程，也影响和构建个体的认知发展。其中，身体的基本感官在形成认知的过程中发挥着重要作用。个体通过眼耳鼻舌身来感知、判断外部环境信息，大脑根据信息生成认知，并作出决策和反应。一个人也会在动中觉察，身体的动作是多样化、系统化的，也具有随机性和灵活性。此外，身体动作也是身体学习的重要组成部分。身体动作印刻着个体成长的历史，也代表着其独特的人格结构、防御机制和人际互动模式，因此，每个人呈现的身体动作模式不尽相同。身体动作如同语言，在人与自我、他人的互动中进行表达和沟通。有研究表明，运动和认知之间存在密切联系，身体的活动可以促进认知能力的发展。在身体动作的动态变化中，个体可以提升觉察能力，解析身体的无意识语言，增强自我认知。同时，环境因素也影响个体的认知功能，个体与环境的互动是认知发展的重要驱动力。比如，我们每个人都有对空间的认知能力，即认知映射（cognitive mapping），这是在个体与环境的互动中逐步发展起来的。个体通过感官系统接收环境信息的刺激，结合已有的认知经验，重新进行认知加工对外部刺激作出解释。这一互动过程是认知发展的基础，因为认知的发展离不开环境的刺激。

综上所述，具身化的认知有助于人们更自然、灵活地与周围环境交互，并在这种具身化的互动中提高认知能力。因此，具身认知理论已经成为心理学研究的重要分支，同时也为认知科学和教育实践提供了新的思路。

③具身行为子系统（E-B）

人的行为是多种内在因素和外部环境的相互作用的复杂过程。行为的出现、发展和改变并非机械、不自主的现象，而是基于个体的认知、情感等多种内在因素的外显身体活动。个体的认知、情感、价值观、文化背景等内在因素，以及环境中的自然元素、社会文化等外在因素都会影响人的行为表现。个体在行动中将自我与外界环境连接在一起，从而形成了复杂的行为模式和行为方式。

在具身行为子系统中，环境对个体行为的影响尤其重要。人们通过行动来探索环境和改造环境。人类的行为影响环境的同时也受到所处环境的作用，二者形成相互作用和相互影响的关系。环境中的各种因素都会对个体的行为产生不同程度的影响。例如，温度较高的环境会增加人的攻击性行为，而在严寒的天气中手握一杯热茶或热咖啡，则会使个体表现出更加友善和接纳的社交行为。此外，环境中的光照、噪声、污染、人流密度、空气湿度等也会对个体的行为产生影响。例如，光线昏暗的空间中，人们会更多采取防御和保护性的身体行为策略，而人流密度过高的通道或站台上，人的回避性行为可能会增加。因此，环境对行为的影响不容忽视。在设计和规划环境时，需要考虑环境对行为的影响，以创造良好的生活和工作环境。例如，在建筑和城市设计中，应考虑光线、噪声、空气质量等因素，以营造一个健康舒适的环境。

综上所述，具身化行为子系统强调心理和环境对行为的影响。反之，行为也影响个体的心理状态，改变外在环境。因此，了解和研究具身化行为对于理解人类行为及其与环境的关系具有重要意义。

3.2.3 具身化心理动力系统模型的意义

本书提出了具身化心理动力系统模型，对理解人的心理活动和进一步探索大学生心理健康教育创新具有积极的意义，体现在理论和实践两个方面。

该模型的理论意义在于，它强调了身体感知和动作的重要性，认为人的情感、行为和思维过程不仅受到心理过程的影响，也受到身体和环境的影响。它将身体感知和动作作为心理过程的重要组成部分，提供了一个全新的视角和框架，有助于深入理解人类情感、行为和认知之间的关系和机制。它还揭示出人的情感、行为和认知之间的联系，以及三者与身体、环境的互动关系。此外，它还可以用于解释与情感、行为和认知相关的心理现象，例如情绪感知、情感调节和自我意识等。这对于我们深入探究人的心理健康和行为机制具有积极的意义。此外，该模型也具有积极的教育实践意义，有助于我们更好地理解学习和教育过程中学生的心理活动机制。教育涉及学生复杂的心理活动，该模型使我们认识到，教育的过程不仅是学生认知、情感和行为之间密切的联系和互动，还受到身体与环境的影响。通过这种联系和互动，我们能更好地设计、实施教育策略与方法，为大学生心理健康教育提供实践参照。

总之，具身化心理动力系统模型的提出为我们深入探究大学生心理健康和行为机制，以及创新教育模式提供了新的思路和方法。

3.3 具身认知理论对心理健康教育的创新启示

具身认知理论发端于哲学。笛卡尔二元论的哲学思想一直影响着人们对世界的认知，忽视了身体在认知中的主体作用。这种形而上学的哲学思维将身体搁置在研究视野之外，更不用说去探索身体的实践意义。身体美学研究者理查德·舒斯特曼（Richard Schusterman）评论说，"就哲学而言，它不太关注有关身体理论的实际价值方面，因此缺乏'某种将个体化的身体直接转化为一门旨在改善身体实践的学科的因素'"[94]。在这点上，具身认知理论的出现无疑为哲学以及其他学科打开了新的研究空间，提供了新的研究思路和方法，引领了学科发展的新方向。随着时代的发展和人们对心理健康的重视程度不断提高，大学生心理健康教育逐渐成为高校教育中不可或缺的一部分。然而，传统的心理健康教育往往以口头或文字方式进行，难以激发学生的兴趣和积极性，更难以促进学生的认知和行为改变。近年来，具身认知理论逐渐成为一种重要的理论视角，它指出身体和环境因素在认知过程中的重要作用，对理解和促进个体心理健康提供了研究与实践的新路径。因此，本书将从三个层面来探讨具身认知理论对大学生心理健康教育的创新启示。

3.3.1 对心理健康的启示

具身认知理论的研究成果不仅与认知神经科学和认知心理学有关，而且与人类个体的心理健康息息相关。它打开了一扇探索人类内心世界的门，为心理健康的理论研究提供了新思路，兼具科学实力、学术创造力和启示性。具身认知理论强调身心一体，这为我们理解心理健康提供了方向指引。同时，该理论还认为，环境是塑造心灵的有形场域，对心理健康的影响不容忽视。因此，我们可以用"具身化的心理健康"（embodied mental health）来描述和概括具身认知理论对心理健康的启示，这体现在具身化的自我认知、情绪管理和人际互动三个内容层面。

（1）自我认知的具身化启示

具身认知理论认为，人类的认知过程是通过身体与环境的互动实现的。身体作为认知的载体，在个体的学习、记忆、思考、判断等认知活动中发挥着重要作用。基于此，具身认知理论提出了"身体即认知"的观点，强调身体是认知的基础，认知是通过身体与外部环境的互动来构建的。在具身认知理论的启示下，人们开始意识到身体姿态、动作状态以及所处环境对自我认知的影响。

个体在成长的过程中不断地塑造人格与形成自我认同，19世纪末，威廉·詹姆斯提出了后现代的自我概念和分类，即"自我"包括物质自我、社会自我、精神自我和纯粹的自我。其中，身体是自我的重要组成部分，是自我的有形象征。人们借由身体与外界互动，身体的形态和动作即为自我的外化。俗话说："相由心生。"内在世界的面貌会通过身体形象来呈现，面部五官、肢体动作、身体形态等都展现着一个人的过往经历、价值观和心理状态。因此，个体内在最核心的自我是通过身体来呈现的。

具身认知理论更重要的启示是，身体不只单纯地反映与呈现自我状态，更对自我认知有主动塑造作用。身体状态可以影响认知过程，还可以改变个体对自己的看法和态度。美国心理学者、哈佛大学教授埃米·卡迪（Amy Cuddy）通过对"扩展姿势"和"收敛姿势"的实验研究，发现身体姿势确实影响人们的内在情感体验。一些高能量姿势，如挺胸抬头、双臂环抱、双腿跨立等，能够提高自我认同感，增加自信，甚至改变激素水平；反之，蜷缩身体、弯腰驼背的低能量姿势，则会使其感到自卑和挫败[95]。除了卡迪团队的实验，还有诸多相关研究证实了这一点，即身体动作影响个体的心理状态。具身认知倡导"行在知前"，即通过改变身体状态、身体动作来构建认知，塑造自我。俗话说，"站有站相、坐有坐相"，一个人走路、落座的姿态都会影响其个性气质和心理状态。因此，在生活中，可以有意识地觉察身体状态，主动展现自信的身体姿态，如挺胸抬头、目光坚定等，潜移默化地塑造自我状态。同时，也可以通过多种方式，如体育运动、舞蹈、瑜伽等，来改善身体状态，提升身体意识和自我认知。

此外，具身认知理论还启示人们不能忽略环境对自我认知的影响。身体动作与环境的具身化互动会直接或间接地影响个体对自己的认知与评价，从而影响自我形象的塑造和自我价值感的产生。因此，具身认知理论让人们在身体、环境的互动过程中更全面、深入地了解自己，而不仅局限于思维的角度，这对促进个体心理健康具有积极作用。

（2）情绪管理的具身化启示

具身认知理论构建起"心—身—环境"一体化的系统，除了认知，情绪的产生和调节也与身体、环境密切关联。情绪是人类个体的独特体验，对心理健康至关重要。传统心理学认为，情绪是由认知引发的，即认知先行，情绪随之产生。然而，詹姆斯—兰格理论认为，人们不是因为开心而欢笑，而是因为欢笑而开心，情绪产生的过程中，身体反应的作用比认知更为重要。这种把身体反应放在认知之前的说法，与传统观念相悖，一度受到批判。特别是在"认知崇拜"阶段，人们更是难以接受认知处于被驱动的从属地位。在此基础上，具身认知理论强调了身体与情绪的紧密关联，提出了一种"身体先行"的情绪反应模式。该理论指出，在情绪发生的过程中，人的身体反应在认知之前。这意味着，情绪的产生与身体反应密切相关。比如，当人看到猛兽时，逃跑的身体反应是在情绪体验和认知活动之前出现的，这种反应直接导致了恐惧的情绪产生。具身认知理论的这一观点揭示了身体与情绪的密切关系，为情绪管理提供了新的思路。

身体动作和面部表情的变化不仅影响个体的情绪表达，而且可以塑造它们。舞动治疗师李宗芹说道,"……在空间里走路,两个人手掌碰触互推,觉得用力好累,真不想用力。当动作换成边走边伸展时,我昂首阔步,充满了喜悦。我的脸部不由自主地露出微笑,我觉得自己像是一个有志青年在街上行走"[96]。因此,动作和表情是转化情绪的重要因素。有研究表明,笑容可以改变情绪体验,使其感到更加愉悦。印度的"大笑瑜伽"(hasyayoga)就是一种具身化的身心练习,练习者通过大笑和有节奏的呼吸来愉悦情绪、强身健心,建立身体和情绪之间双向互动的通道。同样,当人们处于愤怒状态时,身体的反应,如肌肉紧张、血压升高等,也会增强情绪感受的强度。因此,我们应该认识到身体和情绪之间的相互关系,并运用具身认知理论积极调节和改善情绪。

综上所述,具身认知理论对情绪管理有着重要的启示作用。它提醒我们,情绪管理不仅仅是调节认知,更需要关注身体反应对情绪的影响,这为维护情绪健康提供了新路径。比如,调节呼吸、松弛肌肉等身体活动,可以有效地减轻焦虑、烦躁等负面情绪。此外,具身认知理论也为情绪识别和共情提供了新视角。基于镜像神经元的研究,人们能够通过身体来感知、理解他人的情绪,提升共情力。

(3)人际互动的具身化启示

具身认知理论强调人的身体和环境是人类认知和行为的基础,而在人际交往中,身体在建立和维持人际关系中扮演着重要角色。身体距离的远近、身体姿态、语言和非语言行为等因素都能影响人际关系的建立和维持。"近水楼台先得月""远亲不如近邻"等俗语反映了身体距离对人际关系产生的影响,即距离越近,感情越近。

然而,现代社会的信息科技发展改变了人与人之间交往的方式,非具身化的互动方式降低了人际交往的品质,使人产生疏离感和孤独感。进化心理学认为,人类聚居生活是为了更好地防御危险和获得生存机遇。因此,现代人虽然远离了丛林生活，但仍受到生存法则的影响。在具身认知理论的指导下，我们可以利用身体与环境要素来促进人与人之间的沟通与交流，增加具身性的互动，从而促进情感连接和人际和谐。这种具身化的互动指的是在同一物理环境中有身体的参与，这是建立人际关系的重要方式。这种身体联结被切断就会产生人际的困扰和心理健康问题。具身认知理论强调身体参与在人际互动中的重要意义，即通过身体感知和身体经验来理解自我、他人和环境。它可以帮助我们更好地理解自己和他人的情感、感受和需求，从而促进人际关系的健康发展。

因此，具身认知理论的创新启示在于提醒人们重视身体、环境在认知和行为中的作用，并将这一理论应用于人际关系中，从而促进人际和谐。这不仅有助于改善人际关系，还有助于增进个体心理健康。

3.3.2 对高等教育管理的启示

教育是人类社会进步发展的重要阶梯，它不仅对个体成长有着深远的影响，同时也对社会进步和发展作出了巨大的贡献。然而，传统的高等教育偏重于知识的传授和学生智力水平的提升，忽略了个体全身心发展的目标，使得教育过程中学生的心灵、身体和环境三者之间相互割裂，这种"离身"现象不利于高等教育的科学化、系统化和可持续发展。因此，以具身认知理论为依据，从全人发展的角度去完善高等教育理念和实践方法是至关重要的。

（1）教育整体观的具身启示

在具身认知的视角中，人的身体、心理和环境是一个相互交织、相互作用的系统。人的身体、感官和运动系统是与环境相互作用的媒介，也是人类认知活动的重要组成部分。具身认知理论主张，人的认知和行为不仅仅依赖于心理、大脑和神经系统，更离不开身体和环境因素的影响。将人作为整体来看待可以为高等教育提供诸多有益且深远的启示。

人作为复杂生物，难以用单一视角来看待，特别是对人类心灵的探索，需要以整体性的观点为理论依据。具身认知理论倡导，教育不该以割裂的视角去看待人类个体，不该以身心分离的观点来理解个体发展。这种新思潮让人们重新审视生命的意义，将注意力转移到大脑之外的部分，看到贮藏于身体中的智慧，人们可以向身体及外界环境去寻求问题的答案。这种身体智慧的确存在，只是经常隐藏于意识觉察之后，它的获得需要我们给予身体、环境更多的关注。

在高等教育的变化和发展中，人们对心灵的重视过于强烈，传统的教育模式往往过于注重知识的灌输和认知能力的培养，而忽视了身体和环境等对心理活动的重要影响。然而，具身认知理论提出的整体性观点给我们指明了高等教育发展的新方向，即将学生作为一个整体来看待，以身体与环境为基础，营造一个有利于学生身心发展的环境氛围，整合身心、情感与社会等多个维度，培养学生全面发展的能力。现代高等教育应该以全局化、整体性的视角来理解个体心理的发生、发展全过程，结合具身认知理论观点来探究受教育对象的身心发展规律，从而找到教育实践的科学依据。因此，具身认知理论的整体观对高等教育的启示作用非常重要，它能够促进高等教育的发展和改革，提高学生的综合素质和能力，使其更好地适应社会发展的需要和要求。

（2）教育身体观的具身启示

具身认知理论认为，人类的认知不仅仅依赖于大脑，还依赖于身体的各种感知和运动经验，人的身体和心理是密不可分的。在高等教育中，具身认知理论可以给我们带来许多启示，尤其是在对学生身体的关注和培养方面。

首先，具身认知理论认为认知和身体是密不可分的。个体的感知、思考和行动之间相互关联，不能割裂看待，学生的身体状态、感官体验会直接影响其认知能力和学习效果。在高等教育中，教育者应该借助具身认知理论的观点，注重学生的身体感受和情感体验，不仅教授知识，更要关注学生的身体和情感，培养学生的身体素质和运动技能，帮助他们保持健康的身体状态和积极的生活方式，以此促进学生的全面发展。因此，高等教育在具身认知的启示下，需要强化身体在教育教学过程中的参与度，通过身体活动、体验式互动的方式来增进身体感知力和对认知的生成和建构作用，从而提高学生的学习能力和创造力。

其次，具身认知理论强调身体和情感的相互关联性。学生的身体状态对情感体验有构建作用，而情感状态又会影响其认知表现。比如，学生处于疲劳或不适的身体状态下和压力、焦虑的心理状态之下，其负面的情感体验可能会影响其认知表现，导致学业能力下降。反之，如果学生的身体参与度高，对所学内容感兴趣，有着积极的情感体验，那么他们可能会更加专注地学习，从而取得更好的认知表现。因此，在具身认知理论的启示之下，现代高等教育不应仅培养学生的认知能力，更应注重学生的情感能力的培养，使其成为具有较高情感智慧和综合素质的全面发展型人才。

最后，具身认知理论认为，学习和认知不仅依赖于个体的大脑和心理过程，也受到身体和外部工具的影响，即认知是可以扩展和延伸的。随着科技的发展，高等教育也需要不断地更新和创新，具身认知理论可以帮助高等教育更好地理解和应用新兴技术，将新技术应用于教育教学中。具身认知理论认为，新技术可以通过创造更真实的体验来深化学生的身体认知，提高学习效果。例如，VR、AR、AI等，能够扩展和丰富学生的身体体验，为学生提供更加直观、生动的感知和动作经验，进而激发学习兴趣和创造力。

（3）教育环境观的具身启示

具身认知理论为高等教育提供了一个新的认知视角，它不仅将身体纳入认知加工的过程中，还充分考虑环境因素在认知形成和构建中的重要作用，使认知不再是一种独立的、被动的、内部的思维过程，而是一个主动的、动态的、外部的互动反应过程。在具身认知的理论视角中，学习不再是简单的输入和输出的过程，而是学生与教育环境之间相互作用的过程。这种认知视角可以让教育者更加关注教育的环境因素，从而更好地调整和优化高等教育管理方式。

具身认知理论指出，身体嵌入环境。这意味着身体与周围的环境密切相关，二者之间存在着交互作用。我们的身体特征和动作模式会受到环境的影响和调节，同时我们也可以通过身体的运动和姿态来改变和影响周围的环境。人不仅仅是被动地接收外界的信息，而是通过身体运动和感官经验主动地探索和塑造周围的环境，获取和加工信息，形成认知。比如，在学习过程中，可以通过调整学习环境的布局、使用工具和资源等方式来改变学习效果。

具身认知理论提醒教育者要关注环境，为学生提供适宜的学习条件和环境氛围，让学生感受到舒适与安全，使其能积极主动地参与到学习活动中来。这一教育环境包括物理环境、人际环境和文化环境三个方面。首先，物理环境是指学习者所处的学习场所、教室或学习空间的布局、装饰和设备等。物理环境的设置直接影响着学习者的学习感受和学习效果。教育者应该为学生提供一个安静、明亮、通风和宽敞的学习空间，保证学习环境的卫生和舒适度，同时也要为学生提供足够的学习资源和学习工具。此外，物理环境的安全性也是教育者需要考虑的重要因素，要保证学生的人身安全和财产安全。这样才能让学生在环境中感到安心，从而专注于学习过程。其次，人际环境是指学习者与他人相处的环境，包括与同学、教师之间的关系。人际环境的质量和氛围对学生的学习和发展也有着直接的影响。教育者应该为学生营造一个良好的人际交往环境，鼓励学生互相尊重、关爱和支持，帮助学生培养良好的人际关系技能。再次，高校教育者也应该积极与学生的家长进行沟通和交流，建立起良好的家校合作关系，共同关注学生的学习和发展。最后，文化环境是指学生所处的社会文化环境，包括学校的校园文化、社会价值观念、民族文化传统等。文化环境对学生的世界观、价值观和人生观等方面的形成和塑造有着深远的影响，教育者应该为学生提供一个充满尊重、多元和包容性的文化环境，引导学生树立正确的价值观和世界观，帮助学生在不同的文化背景中融合和发展。

综上所述，当代高等教育面临诸多挑战，如教学效果不佳、学生缺乏学习动力、学生综合素养欠缺等。具身认知理论为高等教育提供了新的思路和方法，强调了身体和环境在学生学习和发展中重要性。因此，高等教育者应该积极应用具身认知理论，重视身体在教育中的作用，打造有利于学生身心健康和学习发展的教育环境和氛围，以满足学生的成长需求，促进学生的全面发展。

3.3.3 对大学生心理健康教育的启示

随着社会的不断发展和进步，大学生群体作为社会发展的后备力量，承担着重要的使命和责任，他们的心理健康问题备受关注，大学生心理健康教育工作面临前所未有的挑战。如何针对大学生的心理特点和需求，为其提供更为科学有效的心理教育与支持，已成为高等教育中的重要课题之一。传统的心理健康教育工作虽积累了一定的经验，但在新时代的背景下，需要进行创新和改革，与时俱进。具身认知作为心理学中的一种新的理论模式，为大学生心理健康教育带来了新启示，体现在以下三方面。

（1）提供了更科学的理论基础

传统大学生心理健康教育基于教育学、心理学、社会学的学科知识，其中心理学理论包含发展心理学、社会心理学、人格心理学、心理动力学、行为主义心理学、认知心理学以及人本主义心理学等，形成了相对稳定的理论框架和一套解释学生心理行为现象的理论系统，帮助教育者来理解大学生群体的心理发展特点和需求，同时也支持了大学生心理健康教育的实践探索。然而，传统的心理健康教育也存在一些理论局限，体现在：一是理论滞后于当前时代。传统心理学的大部分研究基于过去的社会、文化和技术环境，可能无法完全适应现代社会和技术的变化。二是部分理论仍受到二元哲学影响，将人的精神和身体分割开来，缺乏系统性，例如，心理与生理分离的思想在某些情况下可能会忽略身体和心理之间的相互作用；三是大多数传统理论"重问题解决"，重视心理疾病的治疗和干预，而对预防和促进心理健康的研究相对较少。

为了突破这些局限，现代大学生心理健康教育在传统理论的基础上，需要整合现代理论研究，与其他学科进行交叉融合，扩展多元理论视角。由此，具身认知理论成为传统大学生心理健康教育理论基础的重要的补充，为其提供了更为科学的理论依据。具身认知理论的优势体现在以下几个方面。一是更全面地理解人类认知和行为。相较于传统心理学的理论基础，具身认知理论强调身体与心理的密切联系，将人类的心灵世界拓展到身体和外部环境，为理解心理健康问题提供了理论参照。这一理论能够帮助大学生更全面地理解自己的认知、情感和行为，以整合的心身观来探索维护心理健康的方法与策略。二是提供了更具实践性、灵活性的教育策略。具身认知理论强调身体实践和经验的重要性，认为通过身体感知和动作训练可以改变人的认知和行为。大学生心理健康教育采用具身认知理论的教育策略，将心理健康的单项路径扩展为双向互通的实践途径，使教育方式更加多样和灵活。三是提供了更具科学性的实证研究依据。传统的心理健康教育缺乏科学的理论基础，一些理论往往基于前人经验性的总结，未经科学的方法验证。而具身认知理论则基于现代认知神经科学的研究成果，提供了更加科学的理论支持，可以帮助我们更加深入地了解学生的心理健康问题，并制定更加科学的心理健康教育方案。

（2）提供了更全面的教育视角

传统的心理健康教育主要注重学生的认知发展，但忽视了身体和环境因素对于心理健康的重要作用。这种片面的视角导致了传统大学生心理健康教育缺乏全面性，其教育思路和方法也受到了局限，从而影响了教育效果。因此，为了提高大学生心理健康教育的质量，教育者应该更多地关注身体和环境因素对于心理健康的影响，将这些因素纳入心理健康教育的考虑范围。这样才能够制定更有效的教育策略和方法，帮助大学生更好地维护心理健康。

近年来，具身认知理论在心理学领域的发展成了一种重要的研究方向。这种理论是以身体为基础，涉及认知、情感和行为方面的心理学理论。它的出现为大学生心理健康教育提供了更加全面的教育视角。具身认知理论强调了身体和环境要素在认知、情感和行为形成与发展中的重要作用。该理论认为，身体和心理过程之间存在着密切的相互作用关系。人的身体感觉和情感状态会直接影响其思考、情感和行为反应。同时，人也通过身体与外部环境互动，影响和塑造着心理。因此，在大学生心理健康教育中，具身认知理论提供了一个更加全面的教育视角，可以更好地帮助大学生理解自己的身体感觉和情感状态，进而促进其心理健康发展。同时，具身认知理论也帮助教育者用新视角来看待学生的心理健康问题，推动心理健康教育工作的精深化发展。

具身认知理论提供了这样的视角，它认为身体、环境和"知情意"之间是相互影响、相互作用的。首先，身体健康与心理健康密不可分。身体环境对于大学生的心理健康具有很重要的影响。例如，如果大学生缺乏锻炼和营养，他们的身体健康可能会受到损害，从而导致心理健康问题的出现，如焦虑和抑郁症。其次，社会环境也对大学生的心理健康产生着巨大的影响。现代社会对大学生施加了很多压力，如经济压力、竞争压力、就业压力等。这些压力可能导致大学生出现心理问题，如压力过大、情绪不稳定等。最后，大学生的生活环境也会影响他们的心理健康。在校园内，大学生需要适应新的学习、生活和社交环境，这种适应过程可能带来焦虑、压力和孤独感等负面情绪。由此可见，大学生心理健康教育也需要更多地关注这些因素，为大学生提供成长与发展的良好环境。

综上所述，大学生心理健康教育只有在更全面的视角下，才能更好地维护大学生的心理健康，促进其全面发展。

（3）提供了更丰富的实践方法

传统心理健康教育注重教授知识和方法，但忽略了背后的原理，使得学生难以理解方法的本质和应用范围，更难以灵活应对不同的问题。与传统心理健康教育相比，具身认知理论提供了更为综合和系统的教育教学手段。该理论认为，身体与心理是密不可分的，人们的感知、思维、情感和行为都与身体紧密联系。因此，身体运动、舞蹈、冥想等实践方法，可以帮助学生改善身体、情感和认知状态，并提高自我意识和情感调节能力。这些方法可以根据学生的个体差异进行个性化调整，以更好地满足不同学生的需求。

具身认知理论的出现丰富并扩展了大学生心理健康教育的方法体系，使心理健康教育更加全面、科学、有效。基于具身认知理论的心理健康教育方法不仅可以通过认知的方式来改善心理健康，还可以通过运动、呼吸、艺术和社交等方式来增强身体和心理的健康水平，增强自我意识，提高情绪调节能力，减轻心理压力和焦虑，提高情感认知能力等。因此，具身认知理论为大学生心理健康教育提供了更加丰富、多样化的方法，使其更适应大学生的成长需求和心理特点。

此外，具身认知理论还可以帮助大学生心理健康教育工作更好地管理和评估心理健康教育的效果。传统的评估方法往往只能评估学生的主观感受，而忽略了他们的身体和行为反应。而具身认知理论则提供了更加全面的评估方法，可以通过观察学生的身体反应、行为表现和自我报告来评估心理健康教育的效果。例如，通过测量学生的心率变异性（HRV）等自主神经系统相关指标，可以量化其压力应对和情绪调节能力的生理基础，为评估心理干预效果提供参考。

综上所述，具身认知理论为大学生心理健康教育实践提供了重要的启示。教育者可以采用更加具体的、身体化的教育手段，帮助学生更好地理解和掌握心理健康知识，增强学生的自我意识，提高情感调节能力，同时也可以通过全面的评估方法来验证教育效果，为大学生心理健康教育提供科学的方法。

3.4 本章小结

本章主要介绍了具身认知理论的基本观点，即"心—身—环境"一体论、"心—身—环境"嵌入说、概念隐喻与身体图式，以及强具身观与弱具身观。由此可知，人类的认知过程是身体、情境和文化等多种因素的综合体现，不是纯粹的大脑活动。这种认知过程通过神经系统的复杂调节实现，而不是如计算机一般简单地输入和输出。此外，本章的重点在于依据具身认知的核心观点提出了"具身化心理动力系统模型"。该模型基于相关心理学理论与研究，书中对其进行了详细的分析和解构，从心理结构要素、具身化要素和互动关系三方面探讨了个体的认知、情感和行为的具身化关系。这有助于理解具身认知理论中"心—身—环境"的系统作用，以及该模型的理论和实践意义。具身化心理动力系统模型的提出也为教育实践提供了科学化的理论基础。最后，本章重点分析了具身认知理论对大学生心理健康教育的创新启示，提出了将具身认知理论与大学生心理健康教育相结合的理论假设。

总之，具身认知理论是一个跨学科的研究领域，对于理解人类认知和行为的基础机制具有重要意义，也为认知科学、心理学与教育学的研究提供了新的思路和方法。该理论的启示是，认知过程不仅仅是大脑活动的结果，还是身体、情境和文化等多种因素的综合表现。具身认知理论对理解和维护个体心理健康具有重要的理论意义和实践价值，可以指导大学生心理健康教育创新发展。

第 4 章

创新模式构建——具身化要素和工作新范式

4.1 大学生心理健康的具身化要素分析

4.2 具身化大学生心理健康教育指导思想

4.3 具身化大学生心理健康教育目标

4.4 具身化大学生心理健康教育原则

4.5 具身化大学生心理健康教育内容

4.6 具身化大学生心理健康教育方式

4.7 本章小结

人的心智发展不仅依托于有限的意识，更依赖于更广泛的无意识，而无意识的心理过程与身体、环境密切相关。因此，教育工作者需要根据我国大学生心理健康教育的现实状况，结合具身认知理论的核心思想，探索具身化的心理健康教育创新模式。

4.1　大学生心理健康的具身化要素分析

随着社会的快速转型和发展，越来越复杂多元、充满竞争和压力的外部环境容易诱发大学生群体的心理问题和精神疾病。因此，大学生的心理健康问题成为全社会关注的焦点。教育者面临的紧迫问题是，如何在新时代下，提升大学生的心理健康水平，以应对来自时代、社会、经济、科技、文化等多元因素的挑战。为了回答这一问题，我们必须深入了解大学生心理健康的构成要素。同时，基于具身化理论，深入探究身体与环境因素对大学生心理健康的影响，建立具身化大学生心理健康教育的创新范式。其中，具身化要素主要体现在身体与环境因子对大学生的自我认知、情绪调节、人际沟通、创新能力、审美情趣和挫折应对这六个方面的影响上（图4-1），具体模型和分析如下。

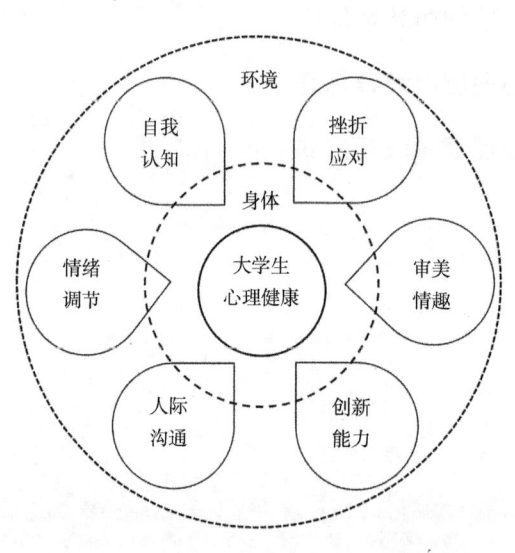

图4-1　大学生心理健康具身化要素模型

4.1.1 大学生心理健康具身化要素模型的提出

提出新的大学生心理能力模型需要基于研究和实践，书中结合心理学、教育学、社会学、神经科学等学科的理论和研究成果，以及对大学生的实际情况和需求的深入了解，提出了大学生心理健康具身化要素模型。除具身认知理论外，模型的提出基于以下理论观点。

（1）奥尔波特的健康人格观点

心理学家戈登·奥尔波特（Gordon Willard Allport）认为，人格是蕴藏于个体心理物理系统之中的，是决定一个人特有的行为和思想的动力组织。"动力组织"意味着个体的人格是不断发展变化的，"心理物理系统"则是指由"心"和"身"构成的统一体。同时，奥尔波特还强调环境对个体人格独特性的影响，人会受到周围环境条件的塑造、扩展和限制。奥尔波特的观点具有整体观的色彩，在对待心身关系的问题上，与具身认知理论有一致的观点。此外，他提出健康成熟的成人应具有六方面的人格特质，分别为：能够将对自我的感知扩展到对其他人和活动之中；能充满热情地与他人相处，富有同理心；能够自我悦纳，以获得情绪上的安全感；对生活的知觉更加实际，发展个人能力并全力以赴地投入工作中；有幽默感和自我觉察理解的能力；具有统一的人生哲学，驱动人格指向未来目标[97]。在这六项能力中，自我认知、情绪调节和人际沟通这三方面内容能帮助个体维护人格的平衡稳定，促进身心的健康发展。

（2）马斯洛"自我实现者"特征观点

人本主义心理学家马斯洛认为，人类的需求是分层的，这些分层的需求形成了一个需求层次结构。这一心理结构包含五种层次的内在需要，分别是生理需要、安全需要、归属与爱的需要、尊重的需要和自我实现的需要。随着研究发展，马斯洛需求层次理论在五层次的基础上又增加了认知需求和审美需求，并将它们作为成长性需求的重要内容。其中，自我实现

（self-actualization）属于高级需要，有助于个体的生存和发展，更有利于个体的心理健康。高级需要得到满足，能给人带来成就感和幸福感，这是一个人的成长性需要。如果没有达成自我实现，个体可能会感到受挫和不满。对此，马斯洛曾说，"一个作曲家必须作曲，一个画家必须画画，一个诗人必须写诗……实现最终的平和"。同时，马斯洛还提出了"自我实现者"的一些特征，主要是能有效地感知现实，接纳自我、他人及自然，不矫揉造作，关注问题本身而不是自己，超然独处，新鲜的感知，高峰体验，社会兴趣，知心的人际关系，创造性，独立自主，不受文化限制[98]。这些特征描述了自我实现者超越了自我限制、追求真实、自由的心灵状态，这种状态也是身心和谐的，给个体发展带来动力和潜能的。这些特征中包含了自我认知、人际沟通、创造力的内容，将个体的心理健康看作是毕生发展的过程，并提出了明确的目标，为本书提供了理论参考。

（3）韦特海默的创造思维观点

格式塔心理学创始人马克斯·韦特海默（Max Wertheimer）认为，人们的思维和认知并非由单一的、离散的元素组成的，而是通过整体的形式来感知和理解事物。问题的细节必须放在整体情境中加以考量。创造性思维也被看作是一种整体性的思维过程，它并非来自传统的逻辑分析等认知过程，而是一种非线性的思考，从整体中产生新的意义和组合。它的本质是将感知觉、知识和经验等元素进行整合加工，创造出全新的认知和意义。韦特海默提出了"见解"（insight）的概念，认为这是创造性思维的核心。见解看起来像"灵光乍现"，是突然而来的想法，让人们突破原有的认知困境，达到一种新的认知高度。同时，他也对传统的教育提出了质疑，认为重复的教育方式不能使学生深入理解所学内容，更无法激活创造力[99]。韦特海默所提出的创新思维的整体性观点，和具身认知理论的整体观相一致，这种非线性的见解也基于身体和环境的影响，对大学生的创造力培养和心理健康发展有积极意义。

（4）心理健康双因素模型

在积极心理学的视角下，心理健康双因素模型（Dual-Factor Model of Mental Health，DFM）被提出。该模型认为，心理健康不仅受到负面因素的影响，同时也受到积极因素的影响，即心理健康是由负面因素和积极因素共同决定的。这一模型的提出也改变了人们对心理健康的理解，健康不仅仅是没有疾病，更是要具有积极的心理状态。模型包含两方面的因素：一是积极心理健康因素，包括主观幸福感、生命满意度、意义感、自我实现感、正面情感、自我接受和个人成长等；二是消极心理健康因素，包括焦虑、抑郁、敌对、孤独和无助等[100]。DFM 模型的提出强调了心理健康不仅是消极的问题解决，而是需要积极因素的介入和培养，这对于心理健康教育具有重要的指导意义。

综上所述，本书基于具身认知理论中"心—身—环境"的系统观和嵌入论，以及个体心理能力发展的相关理论模型，通过细致推演，解构了大学生心理健康能力要素，提出了大学生心理健康具身化要素模型。

4.1.2 大学生心理健康具身化要素模型的分析

大学生心理健康具身化要素模型包括六方面的具身化要素，分别为自我认知、情绪调节、人际沟通、挫折应对、审美情趣和创新能力。通过培养这些具身化要素，大学生可以更好地应对压力和挑战，提高自我效能感和幸福感，从而实现身心健康和全面发展。模型的具体要素内容如下。

（1）具身化的自我认知

自我（self）是西方文化中十分重视的主题，也是哲学的基本问题之一。本杰明·富兰克林（Benjamin Franklin）曾说，"有三样东西是极端坚硬的，钢铁、钻石及认识自己"[101]。可见，认识自我并非易事，同时也是大学生心理健康问题中非常核心的议题，影响着其社交、学业乃至生涯发展等方方面面。在大学生自我认知的议题上，具身化要素所起到的重要作用也不容忽视，这可以从身体与环境两个维度进行分析。

①自我认知的身体维度

人类进化发展的过程中包含着人类心智的演化和变革。在对科技、文化、艺术的发展和探索中，人类也借由改造世界不断了解、认识自身。从个体发展的角度，每个人都是自我世界的中心，并利用与他人、环境之间的互动关系来逐渐形成自我图式与核心概念，发展自我同一性。同时，人对自我的认识也在与生活的体验和碰撞之中不断变化着。

第一，身体自我的发展对个体心理健康的影响。尼采（Friedrich Wilhelm Nietzsche）曾说，"你说'自我'，而且以此字眼为傲，但比它更伟大而你却不愿相信的，乃是你的身体及它的智慧，它不是说自我，而是做自我"[102]。这一观点生动地阐述了身体在个体自我塑造和发展中的重要作用。自我及其特征是在成长中所经历的生活事件、生活环境以及遗传因素等共同作用的结果，且会在身体上留下印记，塑造自我形象。因此，身体在个体自我认知中具有不可忽视的作用。在探索自我的旅途中，了解身体是第一步。可以说，人的自我概念始于身体自我的形成。弗洛伊德曾说，"最重要和最初的自我，是身体自我，自我终究源于身体的感觉，因此自我可以被认为是身体表层的一种心理投射"[103]。婴儿在生命最初的阶段就对自身的躯体和外部世界产生了意识，但这种意识是碎片化的，缺乏整体一致性。6个月之后，婴儿便开始能够在镜子中识别自己的形象，并通过玩耍时的动作开始察觉自己与身体、与他人及与环境的关系。拉康（Jacques Lacan）说，"他在遇到自己镜中的形象时表现出欢天喜地的样子和寻找部位的游戏"[104]。身体成为自我意识形成的初始标记，婴儿在吮吸、啃咬、翻滚、爬行的过程中开始了解自我身体的边界。每一次身体的发育和动作的发展都成为婴儿自我认知和探索的里程碑，婴儿开始积蓄成长的能量，发展身体的精细运动能力，学习对身体和外在事物的感知与控制。这也成为个体早期发展的重要内容，是自我认知形成的基础。随着个体成长发育，外貌、身高、体重等身体特征也在不断变化。因此，对自身外形、身体能力的感知和评价也就形成了"身体自我"，这是自我意识的重要组成部分，也是最早萌发的认知部分之一。身体自我包含对身体的意象、概念和满意程度，同时也通过身体管理来重塑身体自我。可以说，一个人的身体是什么样，自我就是什么样。身心学家摩谢·费登奎斯（Moshe Feldenkrais）认为，"自我意象就是身体意象，包含身体各部位之间的关联，身体动觉与感受、情绪和思绪之间的关系，以及相互作用形成的一个完整的全体"[105]。接受自己的身体形象，自我肯定和自我接纳非常重要，否则会影响人格的稳定和心理的健康，也会影响到个体与他人、外在环境互动的方式和状态。

第二，身体自我与大学生自尊感的建立。根据具身认知理论，身体是内在心灵的外在显现，同时也影响和塑造着内在世界。因此，身体自我的发展不仅仅是对身体形象的客观觉察，更关系到自尊感的建立。自尊感是关于人们如何看待自己，并认为自己具有哪些属性的感受。它与认同感和归属感密切相关，其形成也受到个人的身体感知和对自我形象的评价的影响。换言之，人们怎么看待身体样貌，就会怎么看待自己。在人生的不同阶段，个体形成的认同都是不同的。这个过程不仅是心理上的，也涉及身体。个体通过欣赏和接受自己身体外貌的方式来形成认同。例如，低自尊的人往往呈现出紧缩的姿态，如驼背、弓腰、低头、含胸等，长期保持这种姿态会进一步强化低自尊的心理状态。另外，当一个人对自己的外貌感到不满时，身体动作也会变得更加封闭、僵硬或笨拙，难以表现出协调、自然和优雅的姿态。在这种情况下，他人会表现出否定或排斥的态度和行为。个体会从这种非言语的互动中接收反馈信息，如"我不好""我看起来很愚蠢"等，长此以往，会严重影响个体自尊感的建立。因此，树立健康的身体意象是建立自尊和自信的关键。身体自我不仅是内在心理状态的反应，也创造和强化了其内在状态，形成了相互作用的闭环。形成积极健康的身体自我需要摒弃文化中的身体扭曲审美，减少身材焦虑和身体耻感，放弃对理想化和完美身体的盲目追求，并不以身体外貌来衡量身体价值。只有这样，才能形成健康的社会群体和个体身体意识。这需要教育者的引导，并努力形成积极的教育文化环境。

  第三，身体自我与大学生人际交往的边界。人的身体独立于他人，通过皮肤建立起身体的边界。作为人体最大的组织，皮肤覆盖了身体表面，连接着身体的各个部位，形成一个整体，保护着内在的身心系统。除了保护的功能，皮肤还起到将自我与他人分离的作用，同时也通过身体的接触实现与他人的联结。人与人的关系从与主要抚养者的关系开始，无论是从外在身体层面还是内在心理层面，分离与联结是个体成长与发展过程中永恒的主题。一方面，分离无处不在，伴随人的一生。从出生开始，新生儿在身体层面和母体分开，面对一个充满未知的人生和陌生的世界；当婴儿开始学习走路，便开始踏上与父母分离的漫长旅程；在外地求学意味着在物理距离上和父母、家庭、亲朋好友以及故土分离；结婚成家、孕育儿女，更是一个与原生家庭身心双重分离的过程。可以说，"分离—个体化"是伴随一生的议题。这个过程虽痛苦和困难，但其目的是让人更独立并真正成为自己。另一方面，联结是人类繁衍生息的重要条件。它是与生俱来的，从胎儿以脐带和母体进行营养传输开始，人类个体便开始与外在联结。在成长的过程中，无论是交朋友、谈恋爱，还是加入工作团体，人们一直在与他人交往互动，并尝试建立与发展关系。这种联结也体现在身体层面，特别是在亲密关系中，身体的参与不可或缺。个体也在与他人的分离与联结过程中，通过身体边界不断地认识自己，并通过身体体验建立自身的认知与情感地图。在大学生的人际互动中，有诸多与分离和联结相关的问题，一些行为破坏了人际边界，导致人际关系的紧张。虽然自我边界是无形的，但是可以通过身体的投射使其有形。身体边界具有物理属性，如身体的距离、皮肤的接触和身体的姿态等。因此,身体是自我的有形界限,我们使用、保护和探索身体的同时,也在建立身体自我,行使着身体主权。自我边界的清晰是心理健康的重要标志,身体自我也成为自我认知的基石,在大学生自我发展和心理健康问题中发挥着重要作用。

②自我认知的环境维度

婴儿的自我认知从身体开始,通过身体与外部环境互动来探索自我。个体的成长和发展离不开环境,自我也在与环境的互动中被确立。

一方面,自然环境对自我认知形成的影响。作为社会性动物,人类无法独立生存于世界上,必须与人联结,与环境互动。环境的维度立体多元,特别是自然物理环境。所谓"一方水土养一方人",人与所身处的环境之间并非彼此孤立,而是互相依存的关系。俗话说:"靠山吃山,靠水吃水。"环境是人生存繁衍的强大依托,人必然要依赖自然环境休养生息。同时,人们也在适应和改造自然物理环境,不断探索自身的能力界限,对自我形成新的认知。人与自然环境是紧密相连的,失去环境的支持,人类也就无法生存。环境不仅关系到最基本的生存和安全需求,还作为个体发展的外部资源,为人类提供了心理支持和需求的满足。自然环境对于人类还具有"环境母亲"的作用,在自然的怀抱中,人类孕育生存、繁衍生息、安居乐业。自然之母还为人类提供了丰富的养分和资源,用以发展文化、艺术、想象力与创造力。这些资源在心理发展中尤为重要,是精神健康的重要支持。这种作用源于大自然的原型象征和隐喻意义。例如,高山会激发人的征服欲,攀登的过程让人看清自己的内在品质,成功登顶和俯瞰群山让人跳出自我的限制,重获生命的方向和目标。同时,高山也给人以坚毅和稳定感。世间斗转星移,但山却一直屹立,代表着心灵层面可依靠、不轻易改变的部分。江河湖海由水构成,水覆盖地球表面的 2/3,它的象征意义是流动、变化和涵容。在水的奔流过程中,它会与岩石、暗礁所碰撞,与其他水流交汇,或急或缓,终归流入大海。这样的过程也象征着人的生命历程:从源头到终点,从细弱到宽广,从分散到整合。森林对于地球来说,更像是人的呼吸系统,在一呼一吸间吐故纳新。它关乎生命的状态,森林中所有生物构成了一个生命共同体……大学生在自我认知的形成与发展过程中,也在和自然环境的客体互动,感受稳定与变化,不断地通过身体感知环境,并将环境的特征也不断内化到心理世界中。可以说,与自然环境的关系对大学生认知与认同自我非常重要。

另一方面,社会文化环境对自我认知的影响。人是所有社会关系的总和,这些关系决定并塑造一个人的自我。人也常以他人为镜,他人即为环境。在社交环境中不断反观自己,以形成独立于他人的自我意识。在生命过程中,自我不断形成和发展。早期,婴儿依赖于母亲,作为客体,母亲成为婴儿自我认知的重要参照。长大后,人们在不同的文化、种族和性别环境中,通过人际互动和社交环境来认识自己。例如,社会身份和归属团体对自我意识的形成产生强烈的影响。文以化人,文化,通过被普遍认同的社会性规范来指导人的精神、行为,使其符合社会需求。它体现在价值观、习俗、信仰等历史传承之中,符合群体的行为习惯和心理规律。文化对社会、对个体的影响无形却十分重要,个体浸染在文化之中,在集体和个体的无意识层面受到潜移默化的影响。在不同的社会文化下,个体形成的自我价值观也有所不同。在西方文化下,个体的自我是完全独立于他人的,无论是在和父母的关系中,还是在和伴侣、儿女的关系中。相反,东方文化则更强调集体的重要性,认为个体利益要服从于集体利益,自我的价值体现在对集体的贡献之中,鼓励合作共赢,更具有互依性。此外,东西方文化对自我的特质要求也有所不同。例如,在东方文化中,谦虚是一种美德,而在西方文化中,谦虚往往被认为是自尊心不强的表现。因此,无论处于何种文化背景下,人类作为社会性动物,天然具有与人相联结的本能,必然需要参与社会生活,并通过与环境的互动逐渐形成稳定的自我意识。因此,在大学生自我发展过程中,教育者应该充分认识到"心—身—环境"三者的一体性与相互作用,并将其应用于心理健康教育工作中。

(2) 具身化的情绪调节

情绪是流动的能量,也是生命活力的象征,它无时无刻不在影响个体的感知、态度和行为。然而,情绪健康的重要性却容易被忽略。在大学生的成长过程中,情绪智力的发展并未受到学校、家庭和社会的足够重视。在大学生心理健康教育工作中,我们发现学生中存在许多情绪上的问题和障碍,如抑郁症、焦虑症、双相情感障碍等,这些问题会影响他们的社会功能和人格发展,严重者可能出现自杀等情况。因此,高校需要在现有工作方法的基础上积极探索,深入理解情绪、身体和环境之间的互动关系,拓展新的工作思路。

①情绪调节的身体维度

情绪是与生俱来的,可以通过言语、面部表情、感知觉和身体动作表现出来,促进人与人之间情感的联结。因此,身体是情绪健康的重要维度,不仅仅是情绪发生的场所,也在创造和改变着情绪。

一方面,身体呈现和表达情绪。健康的身心在于平衡,中医认为过度的情绪变化会消耗身体能量,影响身体的内在平衡。情绪是与身体相连的,人类丰富的情感情绪都蕴含在身体之中,如喜、怒、忧、思、悲、恐、惊。虽然情绪无形,但可以通过面部表情和身体动作来了解情绪感受。从进化心理学角度来看,每一种情绪都有功能,并与生存本能相关。对情绪进行两极划分是不合适的,应全面理解情绪对生理和心理的影响。情绪是主观的体验,是综合因素影响而形成的心理状态。身体和情绪之间存在密切的相互影响,当感受到某种情绪时,面部表情会同步作出反馈。心理学家保罗·埃克曼的研究发现,人的基本情绪和与之相对应的面部表情是跨文化的,特别是微表情可以反映出个体真实的情绪变化。可以说,人的面部表情和肢体动作是情绪的信号,可以通过外显的身体信号来探测其内在隐秘的情绪。身体是情绪表达的重要通道，情绪最先通过身体感知，并通过身体状态和行为显现出来。例如，当自信满满、心情愉悦时，人会昂首挺胸、目光坚定，身体呈现向上和向外扩展的趋势。相反地，当感到抑郁受挫、情绪低落时，人会垂头丧气、身体瘫软身体呈现下沉和向内收缩的趋势。此外，身体疼痛也是心理痛苦的外在表达。很多非器质性的疾病都是心因性的。例如，头痛可能意味着内在有很多言语、想法和情绪难以表达，长期的忍耐和压抑使身心难以承受。头部问题往往也指向自我核心，冲突和压力使其无法做自己。头痛问题还与用理性去克制、忽略情感的习惯相关，身体会诚实地反映出情感的压抑，并通过疼痛的方式向人们传达信息。

另一方面，情绪是身体的重要指标，身体也主动影响建构着情绪。情绪在大脑中被识别，但要通过身体来表达。例如，当一个人感到愤怒时，会心跳加速、面红耳赤、手心出汗、呼吸急促，做好了战斗准备；而当一个人恐惧时，会心率加快、出冷汗、瞳孔缩小、呼吸急促、全身颤抖。老子曾说："专气致柔，能婴儿乎？"这表达了一个人内心简单纯粹、干净平和的状态，呼出的气息也像婴儿般甜香。相反，如果一个人总是郁郁寡欢、愤世嫉俗，内心矛盾冲突，胃肠功能也会紊乱失调。身体和情绪之间彼此作用，相互影响，任何身体的变化都会影响情绪。例如，身体不适时，情绪容易低落。而身体在运动时，容易产生愉悦情绪。一个人身体的健康程度反映个体的心理状态，并推动个体的心理发展，同时也反映了自我协调的程度。同时，身体并非情绪被动的接收和反应装置，而是积极地参与情绪的发展变化过程。例如，一个人欲赋新词强说愁，说着说着就真的感到悲伤沮丧，这就是身体与情绪之间具身影响的典型例证。身体不仅是情绪的表现形式，更是情绪的重要组成部分，情绪和身体之间是双向互通、相互促进的关系。在健康的状态下，身体时刻感知着内在的情绪，并通过动作姿态向他人传递信息。身体还能准确感知到人们的情绪，这种通过身体的共情能力可以让人们彼此连接，或是躲避危险，这是有利于人类进化繁衍的生存机制。然而，在现代社会中，人们往往忽略了身体的感受和表达，只是用头脑来思考或通过行动来解决问题。情绪影响身体的同时，身体也强化了内在的情绪感受。因此，身体和情绪之间的关系是复杂的，不能简单地割裂开来。只有在理解二者之间的关系的基础上，才能按图索骥找到化解情绪的方法。

②情绪调节的环境维度

情绪是由个体与内外环境的互动产生的，根据具身认知理论，人的情绪是嵌入在身体之中，而身体则嵌入于环境之中。因此，情绪与所处的环境之间是相互作用的。这种环境包括自然物理环境和社会文化环境，它们在情绪的产生、表达和调节过程中扮演了积极主动的角色。

首先，情绪健康与自然物理环境因素有关。自然物理环境是指个体所处的物质系统。人们常常对大自然充满感情，因为自然环境可以引发和塑造情感。情绪与自然物理环境之间的具身化关系主要体现在两个方面。一方面，情绪左右着人们对客观环境的主观感受。例如，当个体情绪低落、心灰意懒时，再美的风景也难以引起共鸣；而当情绪高涨、轻松愉悦时，即使是很平凡的景色也会被感受为美好。此外，个体的情绪状态也会改变其对环境的觉知。当情绪低落时，感觉到的体感温度也会低于实际温度，这种感知偏差是将内心的悲凉投射到外在环境中产生的。相反，当情绪激动亢奋，或是害怕紧张时，交感神经系统会兴奋，感觉到周围环境的温度会升高。个人情感驱使下的审美偏好也会影响人们对环境的态度，即"爱屋及乌"。因此，环境虽然是客观存在的，但也会受到个人主观情绪和情感的影响。另一方面，环境的变化也会影响着人们的情绪体验。脑科学家的研究证明，自然环境对人类个体的影响不仅仅体现在美学方面，还体现在对心境世界的影响方面。物理环境的大小、高低、明暗、冷热、软硬、干湿、噪声等因素都会引发个体情绪感受的变化。例如，在明亮开阔的环境中，人的内在心境会改变，会觉得心胸开阔，而在黑暗狭小的空间，人们则会感觉紧张害怕、惶恐不安；挑高的空间让人有庄严神圣感，进而内心平静，而低矮的空间则让人感觉憋闷压抑；温暖的环境中，人们会感觉安全放松，而寒冷的环境让人局促不安、紧张防御；僵硬触感的物品让人感觉到不舒适而较难安定，柔软有弹性的触感则让人感觉到被包容、舒适放松；潮湿憋闷的环境让人觉得黏腻不清爽，激起烦躁情绪，而干爽的环境则使人身心愉悦；在安静的环境里，人们容易凝神静气，相反，在噪声的环境下，人们会变得烦躁易怒。在特定情况下，物理环境因素也可以引起个体强烈的身心反应。例如，那些曾经经历过创伤的人，可能会因为环境中的声音、气味、光线等因素而唤起创伤记忆，进而引发强烈的身心体验。此外，一个人的生活经验和兴趣偏好也会使其对环境产生好恶，这又会伴随着情绪的触发。例如，大学新生可能因为难以适应陌生的城市和新的居住环境，引发焦虑和抑郁。情绪和物理环境之间的密切关联需要引起足够的重视，以找到情绪调节的方法。

其次，情绪健康与社会文化环境因素有关。除了受到自然物理环境的影响，情绪还受到社会文化环境的潜移默化影响，这种影响往往更为深远。文化影响人们对情绪的理解和接纳，进而影响情绪健康。文化对情绪健康的影响之一在于对情绪的主观认知，通常情况下，人们将情绪分为正性情绪和负性情绪，并对情绪抱有不同态度，这与个体的成长经验和家庭文化有关。家庭是个体出生和成长的基石，对人的影响也是毕生的，特别是在情绪智力和情感智慧方面。一个人是否能够觉察和理解自身和他人的情绪，以健康的方式回应自我和他人的情绪表达，这取决于家庭中与父母的互动关系，以及互动中所形成的情绪情感模式和行为应对方式。在成年早期阶段，家庭环境对个体情绪的识别和管理能力有很大影响，这不仅关系到个体的情绪健康，还可能影响其成年后的人际与亲密关系。除了家庭环境，人际环境因素也与情绪健康密切相关。情绪在人与人的互动中发生，且不断变化。当我们被他人接纳时，会感到温暖和亲密；当被他人或团体排斥时，则会感到悲伤和孤独。与他人的互动关系也反映出自我态度，认同或否定他人行为会引发不同的情绪体验。此外，社会文化也会影响情绪健康。比如，强调内敛的文化会使人们过度压抑和回避情绪，在一定程度上会影响个体的身心健康。

（3）具身化的人际沟通

人际互动与沟通能力作为个体发展的重要部分备受重视，大学生在学习任务之外，也需要探索和发展人际能力。影响人际能力的因素有很多，根据具身认知理论观点，身体和所处环境对人际互动过程有潜移默化的影响。

①人际沟通的身体维度

人生存于关系之中，缺乏支持的关系，生命难以健康地延续。与母亲的关系是人最初的关系。通过脐带，母亲和胎儿连接在一起，彼此交融，这种连接给予胎儿十足的安全感，确保其健康成长。离开母体成为后，个体需要面对充满未知和恐惧的陌生环境，这时母亲的拥抱、抚摸、亲吻和哺乳等身体接触可以让婴儿获得安全和资源，从而生存下来。可以说，这种最初深刻的、亲密的关系是通过身体来建立的。人的头脑是理性的，身体则是真实地反映出个体的无意识，从而微妙地呈现出与他人的情感关系状态。关系始于身体，也在身体的互动中不断发展变化。精神运动治疗师朱利安·德·阿朱里亚格拉（Julian de Ajuriaguerra）曾说："没有别人的身体，我们的身体什么都不是。"[106]

一方面，身体是对关系的表达。人与人的关系隐秘而微妙，内在的心理活动难以让他人知晓，但能够通过显性的身体呈现。日常生活中，身体敏锐、细腻、清晰地感受与表达着关系状态。例如，当喜欢一个人时，身体会不自觉地靠近，眼神也会看向对方；而当排斥厌恶一个人时，身体也一致地呈现出拒绝和疏离；在与人交谈中，如果氛围很好，谈话者会倾向于开放、向对方靠近的身体姿态；相反，如果话题无趣或关系紧张，谈话者会表现出后缩、转向、僵硬、隔离的身体姿势，甚至会通过身体动作来表达自己想要结束谈话的意愿。此外，身体的距离也反映出人际关系的状态。比如，亲密关系的身体距离通常为15~45厘米，熟悉的朋友之间身体的距离则保持在45厘米~1米，一般的社交距离则超过1米。在流行性传染病高发时期，社交距离会更大，可以达到3米以上。因此，通过身体距离，我们可以了解人际的关系状态。此外，身体状况也可以反映出关系中存在的问题。这不仅表现在身体距离和姿势上，甚至会以疼痛的形式传递信息。疼痛是真实的身体感受，但它不仅限于生理层面，非躯体损伤或原因不明的身体疼痛与内心的情感冲突和创伤经历有关，是无法言说的情绪外化。同时，身体疼痛也常常与社会关系的隔离、丧失有关。例如，在长期被忽视、拒绝、排斥或虐待的关系中，身体容易长期处于紧张状态，肌肉持续收缩，这可能导致生理上的疼痛。关系中的痛苦记忆留下身心上的印记，即身体疼痛。这种疼痛以攻击身体的方式存在，虚拟或重现了糟糕的关系。可以说，身体疼痛也是一种社会性疼痛，隐喻着心理结构被破坏，关系被撕裂。在临床的心理咨询和治疗中，许多来访者试图通过身体疼痛来缓解关系带来的痛苦感，例如，自残或总是莫名其妙地受伤。这些行为似乎无声地表达了关系中无法言说的情感，用身体疼痛来弥补心理上的痛苦感和麻木感。然而，这种做法可能会带来更加严重的问题，甚至危及生命。

另一方面，身体是对关系的建构。根据具身认知理论，身体不仅是关系的表现形式，还可以构建关系。与他人建立亲密关系是人类生存的重要机制，身体接触可以转化为心理上的亲密感，这种联系使人感到安全。如"远亲不如近邻""近水楼台先得月""远近亲疏"等，这些俗语和成语形象地描述了人与人之间的物理距离和接触频率对关系造成的影响。当身体距离远时，感情也会变淡。反之，身体越接近，感情也越亲密。20世纪60年代，美国耶鲁大学的心理学家斯坦利·米尔格拉姆在"陌生人电击实验"中发现，身体的物理距离影响人们实施电击的可能性，距离越远，电击的可能性越大。这表明身体之间的实际距离可以影响虚拟关系，身体接近会使人产生心理上的亲密感，反之亦然。在生活中，人际互动也受到物理距离的影响。例如，当面提出请求比打电话更容易成功。俗话说："人怕见面，树怕扒皮。"面对面的交流可以促进心理上的亲密感。同时，身体动作姿态也会对个体的心理状态产生影响。如果在社交中表现出封闭性的身体姿态，表明其内在的心理状态也可能是紧张不安的。这一过程往往被人们忽视，即个体外显的身体行为会强化内在的心理感受，影响人际关系。在日常人际沟通中，人们更注重语言的作用，但大量的研究表明，93%的沟通取决于非言语部分，包括面部表情、肢体动作、穿着打扮、语音、语调以及语速等。这些身体动作和表情直接影响和塑造人与人之间的关系。在大多数文化中，身体语言都是互通的，人们可以跨越语言和文字的限制来理解彼此。每个人都天生具有解读动作姿态的能力，这也形成了人际互动的核心机制。例如，自信开放的躯干姿态、真诚关切的眼神交流、恰当的身体距离以及特定情况下的身体接触等，都能直接有效地促进人与人之间积极的情感。身体动作也能帮助个体了解他人的情绪状态和身心感受，从而产生移情和共情，这是人际互动的核心要素。因此，身体因素在关系中扮演着重要角色，在无形之中影响甚至塑造着关系。

②人际沟通的环境维度

大学生的心理健康发展与人际因素密不可分，同学关系、室友关系、师生关系以及亲密关系等直接影响着大学生的自我认同、适应环境的能力、学业成就和身心健康。除了受到社会文化、家庭环境和成长经历的影响，大学生的人际能力发展还需要考虑其他环境因素。

一方面，自然环境影响人际关系。从哲学的角度来看，人是非理性的动物。在现实生活中，我们可以看到个体的情绪、认知和行为往往会受到外在因素的影响，而不是完全遵循客观的理性逻辑。从进化的角度来看，个体的生存很大程度上取决于环境。例如，气候、资源和安全性等环境因素对提高生存机会至关重要。个体的成长过程也必然受到环境因素的影响。在最初的生命形态中，胎儿在理想的母体环境中被孕育，并吸收来自母体的营养。当婴儿出生时，他们进入完全陌生的环境，环境中的温度、湿度、光线等对他们来说都是新的体验。其中，生命早期，母亲抱持性的养育环境也是对母体环境的模拟，满足了婴儿生存的需要，使其获得全能感，为自我的发展打下基础。婴儿与母亲之间形成稳定安全的依恋关系，并以此为前提开始探索环境，建立和发展与他人的关系。人际关系的建立和发展受到环境因素的影响，特别是自然物理环境。

其中，最为明显的环境因素之一是温度。人类的健康和生存需要一定的温度。在心理层面，温度和人际关系之间有着密切关联。婴儿出生时，相对于冰冷的医疗设施，母亲温暖的怀抱和温柔的抚摸更容易让婴儿感到受欢迎和被爱。物理环境的温暖和人际的亲密感是密不可分的，温暖可以促进人际关系的建立和发展，反之亦然。我们常用"有温度"形容一个人拥有情感、不冷漠的特质。温度对人际关系的影响不仅是在体感上，还涉及更深层次的心理因素。坐在温暖的阳光下，身体暖洋洋的，内心也会感到舒适愉悦，对人也更具包容性和接纳性。身处温暖的环境会让人感到更加放松，更愿意与人亲近，减轻社交隔离和孤独感。相反，身处寒冷的环境中，人们往往会蜷缩身体，产生防御和孤独感，甚至会引发季节性情感障碍。在语言表达中，温度也经常被用作人际互动中身体体验的形容词，如暖心、热恋、热烈、热情如火、冷漠、冷酷无情、冷言冷语、冷冷清清等。相关研究表明，人们并不能总是清晰地区分生理需求和心理需求的满足，甚至在大脑中想到社交温暖时所激活的区域与在生理上真正感受到温暖时的区域是相同的。因此，温度与人际社交之间存在着紧密的联系。改变环境温度，可以改善人际关系。在2008年，耶鲁大学心理学教授劳伦斯·威廉斯和美国科罗拉多大学的约翰·阿巴格合著的一篇文章中，揭示了人们判断他人的热情、慷慨和关心程度,主要与他们手里拿的是热咖啡还是冰咖啡有关。如果一个人手里拿着温热的饮料,那么他更倾向于在人际互动中付出和给予,手持冰凉的饮料则更倾向于索取。物体的温度也会影响人们对他人的判断。当接触到温暖的物体时,人们更容易把他人视为内心温暖的,同时也更容易表现出慷慨和信任。因此,温暖和冷漠不仅仅是一种简单的比喻,还会实际影响人际关系,从而影响社交行为。当感到孤独的时候,可以通过晒太阳、盖上温暖的毯子或者喝一杯热茶来驱散孤独的寒冷,感受内心的温暖。

另一方面,社会文化环境影响人际关系。人天生就需要与他人建立情感,发展关系,这些千丝万缕的联系构成了稳定的社会形态,并在不断的交流互动中形成了文化传统,社会文化环境也是在个体之间逐渐演化形成的网状关系中形成的。环境就像土壤一样,不同的地域形成不同的文化,对社会中的个体产生长期的、潜移默化的影响,影响其生活方式和身心健康,并且决定人与人之间的关系。在不同的文化背景下,人际关系的构建有着各自不同的特点。文化的潜意识对关系的形成产生了深刻的影响。例如,在东方文化中,人与人之间的关系相对紧密,甚至有些边界不清。在这种文化背景下,家庭被视为最基本的社会单元,其关系具有明显的社会文化特征。亲子关系特别受到儒家文化的深刻影响。俗话说:"父母在不远游。"这表现了文化对关系的约束。在这样的文化下,子女在父母眼中永远是孩子,即使已经成家立业、生儿育女。父母难以与子女完成心理意义上的分离,这种被裹挟的亲情和边界模糊的关系成了很多家庭的困扰。此外,"忠孝"文化也是东方社会的关系核心。"百善孝为先",子女必须尊重顺从父母,顺则孝,不顺则为不孝。这种被压抑的自我成为家庭的隐痛,在家族中代代传递。虽然紧密的关系有时会令人感到压力和窒息,但这也是东方社会凝聚力的基础,人与人之间是紧密联结在一起的。比如,"家乡""家园""家国天下"等与家庭相关的词汇,体现了"小家庭"构成了"大国家"

的理念，家庭关系的形态也铸就了社会关系的形态。在社会发展进程中，人与人的关系会随着物质生活水平和居住环境的改变而发生变化。俗话说："远亲不如近邻。"在熟人社会中，人与人之间的关系非常亲密，邻里之间经常交往，街道和社区形成一个稳定、包容的人际网络，彼此关心、支持。这样的社会环境能形成安全和信任的氛围，人们容易形成清晰的自我认同，内心获得稳定的安全感。但由于经济和科技的快速发展，社会环境发生了深刻的变化，社会逐渐从"熟人社会"转型为"陌生人社会"。同时，受经济发展驱动，人口大规模迁移，城市人口越来越密集。然而，城市里的人与人的关系却变得疏远，人们愈加孤独。在互联网和新媒体科技的帮助下，人际关系从现实世界向网络世界转移，失去了真实、亲密交往的机会。因此，社会文化环境的变迁使得人际关系模式也发生着巨大的改变，这种改变有利有弊。对于大学生而言，社会文化环境因素对心理发展的影响不可忽视。因此，教育者需要思考如何利用这种趋势，促进大学生发展健康的人际关系，培养独立人格。

（4）具身化的创新能力

数万年前，人类祖先已经超越了仅仅追求生存的本能，开始在洞穴岩壁上尝试表达更高层次的情感，这就是艺术与文化的起源。艺术和文化的创造使人们超越了自身，开始探索生命的意义和宇宙的奥秘。随着历史的不断发展，艺术和文化成果承载了人类文明，凝结了精神财富，并融入日常生活之中，激发着人类潜能。同时，它也表达着内在思想与情感，成为个体生命中最重要的内在驱动力之一。

①创新能力的身体维度

创新能力或创造力是指利用已获得的信息和资源，朝着预设的目标，产生出独特、新颖且有价值的产品的能力和品质。具有创造力的人能够接受与自身迥然不同的事物或想法，并找到可以协同合作的方向。它不仅是人类可以自身发掘和开发的天赋，能够使个体去探索和改变自身的环境，更是人类社会发展的源动力，促进着历史和文化的持续进步。

一方面，身体是创新能力的影响因素。创新和创造力不仅仅是理论性、应用性、文化性和心理性的，更是身体性的。只有将这些元素融合一体，才能形成完整的创新和创造力体系。其中，身体性是创新与创造力的核心特点。人天生就具有创造力，从婴儿期开始，就通过大肌肉活动来探索周围的世界，如翻、卧、爬、走等。随后，逐渐发展出精细动作，如抓、握等。婴儿身体动作愈加协调灵活，演化出不同的身体运动模式。可以说，身体运动是个体最早认识世界和探索世界的方式，本身就是创新和创造性的学习。在身体与外界进行互动的过程中，个体也在不断探索和改变世界。创新和创造是一种思维方式，也是一种行动方式，其重要前提之一是好奇心。好奇心是一种以求知为特征的心理特质，表现为对新颖、未知、复杂或变化的事物感兴趣。好奇心不仅推动人们探索未知领域，开辟新的智力发展道路，还可以激发人们的创造力，挑战常规思维，寻找更好的解决方案。在当前这个信息爆炸的时代，好奇心有助于我们更好地学习创新、掌握新知识并提高能力，这对于大学生来说尤其重要。好奇心是人类的天性，具体表现为观察力、探索性和积极性这三个主要特征。好奇心不仅仅停留在思想层面，它还与身体的感受密切相关。研究人员发现，那些具有较高好奇心的人在身体测试中表现更好。这可能是因为他们经常从事探索性的活动，身体能得到更多的锻炼。身体的灵活性和健康状况也支持他们进行更多的探索。因此，个体在好奇心驱动下进行探索需要身体的参与，通过听、视、嗅、触、尝等不同的感觉途径来体验、感知和改变，身体和好奇心二者密不可分、互相促进，帮助人们获得更深入的认知和经验。除此之外，身心的自由也是创新和创造力的基础，被束缚的身体无法获得创造力。在生活中，我们可以看到很多人身心处于压抑和紧张的状态，其典型的躯体形态是含胸、驼背、肌肉紧绷和身体僵硬等，被束缚的身体反映出不安的心灵。如今，越来越多的人患有情绪障碍和心身疾病。根据世界卫生组织2023年相关数据统计，全球有超过5.3亿人罹患抑郁症。其中，中国就有超过9500万的抑郁症患者。抑郁症患者的无力感直接体现在身体上，收缩的身体姿态外化出内在的悲伤情绪和低自我价值感。同时，这种身体姿态也反过来强化了个体的抑郁情绪。因此，受限制的身体不仅影响身心健康，也限制了创新和创造力的发挥。在这个快节奏的时代里，大学生的学习和生活的压力也非常大，身心健康容易被忽略。而实际上，身心的健康自由是创造力的坚实基础，身心健康自由的人才会有创造力。

另一方面，身体动作能够激活创新能力。创新精神激励人们超越自我，不论是在东方还是西方文化中，都有这种不受身体限制的渴望，人仿佛能像鱼一样潜入深海，如鸟一般高飞，追求远大的梦想。庄子的《逍遥游》中提道，"北冥有鱼，其名为鲲。鲲之大，不知其几千里也；化而为鸟，其名为鹏。鹏之背，不知其几千里也；怒而飞，其翼若垂天之云"[107]。庄子隐喻人类的渺小，但他也强调了人不应限制自己的生命，鲲可以化身为鹏，人们也可以效仿鹏的精神，激发出自身最大的潜能。这种自我超越的动机成为人类文明、科学、医学等不断创新、蓬勃发展的最大动力。创新能力和创造力是个体身心整合的表现，只有拥有健康的、有活力的生命状态才能具备蓬勃的创造力。通常人们认为创新和创造是大脑的功能，激活创造力的关键是认知的发展，但这种说法忽略了人类创造力的本源——身体。依据具身认知理论，运动可以激发创造力。在许多情况下，当人们陷入困境，无法想出解决问题的方法时，让身体动起来可能会有帮助。有许多身体层面的方法可以帮助人们更好地发挥创新能力，简单来说，就是让身体活起来，改变静止的状态。例如，保定铁球是中国传统的手部健身工具，规律练手有助于提升手部灵活性，舒缓压力、改善认知功能，同时也能激活创造力，健身益脑。根据中医理论，人体经络构成了互相连接的网状系统，手指末端、掌心和手背上都排布着穴位。当人们使用保定球时，通过碰撞、揉压、旋握等相互作用的身体动作，能有节奏地刺激穴位和经络，促进血液循环，从而提升思维能力，缓解大脑疲劳。从具身认知理论的角度来看，保定球在手心转动时，人的认知也随之动态变化，变得更加灵活，开始尝试从不同的视角看待问题，从而培养出创造性的思维。身动则心动，身体的运动能够激发我们的创造力。相反地，静止不动则可能导致我们缺乏灵感，创造性思维受到抑制。身体具有极大的创造力，人们可以从运动中获取内心的洞察力，体验身心自然而又深刻的融合之美。具身认知理论认为，人的身体与心理相互影响。心理状态反映在身体上，而身体也会对心理进行塑造。改变认知需要从新的角度来思考，运动身体是实现这一目标的必要手段。在身体活动中，人们的视角会不断变换，从不同的角度去看待问题，寻找不同的视觉焦点，甚至创造出新洞见。俗话说："退一步海阔天空。"移动身体可以创造新的体验，改变人的形象、思维和情感。身体的运动，特别是腿部的活动，与创造力密切相关，可以培养人们更积极的思维方式和生活方式。因此，为了促进大学生创新能力的发展，让他们拥有创造性思维，我们必须意识到创造力不是单单存在于头脑中，而是需要发动身体的力量。教育应该提供更多身体活动的机会，让学生的身心得到统合性的锻炼。

②创新能力的环境维度

身体与环境之间存在着复杂而紧密的联系，创新与创造力也不例外，其发展取决于人们对环境的感知与认知，以及对空间的理解。因此，环境不仅仅是影响创新和创造力的一个因素，更是推动其发展的关键因素，自然环境、社会文化环境以及家庭环境都可能会对创新和创造力产生影响。

一方面，自然环境影响创新能力。创新和创造力与守旧和遵循惯例形成鲜明对比，创造者需要具有超越平凡、富有远见的能力。具身认知理论认为，环境空间可以成为提升创造力的重要媒介。例如，谷歌公司总部的办公环境实现了提升员工创造力的目标，别具匠心的设计，如树屋、网球场、室内滑梯、攀爬杆、吊床秋千、可旋转滚动的座椅、按摩床、球场以及各种健身器材等,就像一个儿童乐园,让人们能够尽情享受空间的乐趣和自由,在自己喜欢的空间开展工作,不受时空的限制。这种办公空间的设计旨在让员工在充满创意的环境中身心保持开放,避免受到束缚和局限,进而充分发挥主动性、想象力和创造力。温斯顿·丘吉尔(Winston Churchill)曾说:"你建造你的房子,你的房子也在塑造你。"空间可以阻碍交流、限制想象,但同样也能够激发潜力与赋能。空间的大小、色彩、光线以及其中物品的形状和触感都会影响居住者的感官体验,从而对其创造力产生影响。因此,环境不仅仅是影响创造力的一个因素,而且可能是推动创造力发展的关键因素。同样,自然环境也是一个影响创造力的因素。研究表明,公园绿地相比高楼林立的街区,更能激发脑力。尽管在现代生活中,人们更倾向于使用科技手段来提高工作和生活的便利性,但繁多复杂的电子信息和网络程序可能削弱了个体对现实的感知力、专注力以及想象力。加之,城市生活中的交通拥堵、现代化的城市建筑和居住空间的紧张都会给个体带来身心压力,导致创造力的减弱。因此,人们开始尝试短暂地离开城市,欣赏田园风光,体验园艺种植,从大自然中感受放松,获得创意。人类与自然环境彼此依存,人既适应自然也改造自然。在这个过程中,自然为人类提供了生生不息的生存和精神资源。作为自然之子,人类有着天然的向往和从中获取精神力量的渴望。人们可以通过身体感官来体验自然,如山脉、河流、草原、广袤的荒野以及无垠的大海等,并从中获取创意和灵感。有学者研究发现,自然环境与工作记忆之间存在密切的关联。身处自然环境或窗外有绿地环绕,相较于处在非自然环境,个体在工作记忆和专注测试中的表现会更出色。比如,宿舍外的自然景观会有助于提升大学生的专注力和创造力。因此,自然环境可以激发人们的灵感和创意,对提升创造力起到积极的作用。

另一方面,社会文化与家庭环境影响创新能力。除了物理空间和自然环境,个体所处的社会文化环境和成长家庭也会对其创造力产生深远的影响。在不同历史时期，特定文化对人的创新能力有着不同的看法。例如，在封建社会中，创新思维和理念是危险的，需要加以抑制，新旧之间的冲突通常会阻碍创新思想的发展。而在当今社会，科技进步迅速，经济稳定增长，为个体的发挥提供了优越的社会文化环境。在这样的情况下，创新已成为时代和社会发展的要求，人们的工作和生活都需要融入创造力，高新行业也得到了广泛支持。因此，教育者开始关注学生创新和创造力的培养，这也成为教育领域和全社会的热点问题。在支持创新的社会环境中，人们汲取营养，勇于尝试与探索，不断突破自身极限，挑战并创新。通过不断地创新，社会文化得以传承和发展。社会文化环境会潜移默化地影响每个人的创造力，其源头在于家庭环境。人类的孕育和出生本身就是一种创造过程，每一次呼吸、每迈出一步、每发出一个声音都是新的。家庭环境激发了孩子的创造性，使其以一种好奇的心态去触摸、玩耍，感知和探索每个事物。例如，孩子拆解并重新组装玩具，是其观察、学习和探索的方式，也是创造力的萌芽。尽管创造力是与生俱来的，但其需要后天的熏陶才能发扬光大。创造力不仅体现在艺术、科学以及解决重大难题上，还渗透到日常生活中。在家庭中，培养创造力的机会是多样的，比如，娱乐是激发创造力的重要途径。父母应该鼓励孩子在游戏中学习，为孩子创造一个能够激发创造力和创新思维的环境。这样的环境具有开放、包容的属性，父母不能过度控制，否则会阻碍孩子创造力的发展，在严格管控的环境下成长的孩子可能会失去充分探索和展现自我创造力的机会。尽管每个人在创造力和创新能力上都有所不同，但只有宽松自由的外在环境才能培养出充满创新精神和创造力的个体。总之，创造力的培养是人才培养过程中不可或缺的一部分。大学生是创新力量的重要组成部分，处于创造性发展的关键阶段。教育者应该充分考虑环境因素对创造力的影响，并营造一个接纳和支持的教育氛围，以鼓励个体的独特性和创造力的发展。

（5）具身化的审美情趣

"真、善、美"是人类不断追求的目标之一，其中美作为一种永恒的憧憬，具有强大的感召力。美的定义和形式因时代、文化和个人而异，是一种主观感受，老子在《道德经》中说："天下皆知美之为美，斯恶矣。"要提高审美能力，传统的教育观点建议从提高审美认知开始。然而，所谓的美感不仅体现在知识层面，也体现在身体和环境的互动过程中。因此，它受到身体和环境等多种因素的联合影响。要培养大学生的审美能力，必须从这两个方面出发。

①审美情趣的身体维度

当前，审美能力不仅成为个体和社会发展的重要软实力和核心竞争力，而且代表着个体素质和社会文明的水平，其在社会经济发展和维护文明和谐社会方面的重要影响力不可低估。然而，在现代社会中，人们忙碌而焦虑，缺乏对身边事物和内在感受的关注，包括美的感受。然而，美可以滋养身心，并为个人的健康生活增添动力。审美能力是个体发展的重要指标，拥有自觉的美感，不仅可以让人们生活得更美好，也可以激发灵感，唤起生命活力。然而，传统教育没有将审美能力作为核心内容，仅通过音乐、美术等艺术课程来进行美育，没有将其作为全人发展的重要环节，这在一定程度上限制了人们对美的理解和审美能力的发展。培养审美能力的起点在于身体，最初感受到美的是身体，表达和创造美也需要通过身体来实现。因此，可以说，身体之美是美之根本。

第一，身体即为美。美感人皆有之，但美的形式和内容因人而异。美学是探讨这些主观感受的学科，作为独立学科成立于18世纪，其原意为"感觉"。因此，美学是一门研究主观感受的学科，而美的感知是身体与外界互动的结果。我们可以了解到，美源自人的身体，它不是一个虚构的或无形的概念，而是与实实在在的身体有着密切的联系。身体也积极参与对美的感知与创造过程。在人类悠久的历史中，对美的追求从未停止，这种追求也体现在对身体之美的探索中，并形成了身体美学。虽然身体美学这个词对大众来说可能比较陌生，但它并不仅仅指身体形态符合审美标准，而是意味着一种从内而外的美的状态。身体之美表达的不仅仅是内在的修炼或外在的雕饰，而是内外的和谐平衡。在现代社会中，人们将身体视为理所当然的存在，无须过多关注。然而，对身体的忽略会引发诸多问题。社会生活的压力，使得很多人感到身体疲惫、难以承受。大学生群体也不例外，压力使年轻的身体失去了活力，表现为身体姿态低垂、步履沉重。这不仅缺乏美感，还影响到身心健康。正如苏格拉底所说，"还没看到身体的强健与美丽的极致就因为自己疏于照顾而老去，这是令人羞耻的"。身体之美基于健康，健康的身体充满生机与活力。健康的本源是呼吸，也就是中医理论"精气神"中的"气"。其中，最重要的是"气脉"。呼吸是每个人身体自发的行为，但许多人可能没有留意自己的呼吸，只有凝神屏息时才会发现呼吸的重要性。一个人如果气息不畅，气脉不通，身体会变得紧张和僵硬，长此以往可能会影响心理健康和精神状态。此外，身体之美是多样的，难以进行比较，每个人都有独特的审美标准。然而，自在稳定、收放自如的身体总是让人感到美好。可以说，身心平衡和谐、稳定平和的同时也具有灵活性是最美的身体状态。因此，想要展现身体之美，就要以健康的方式关注身体，并不断塑造它。大学生需要开放五感，提高对身体感受的觉察力，并对感受进行整合，形成身体的独特美感。

第二，身体参与艺术美。艺术是美的主要表达方式之一，记录了人类历史文明，满足了人类精神需求。艺术超越了人们的生存本能，表达了人类对生命意义和价值的深刻理解和追求，同时也为人类社会的发展提供了无穷动力。艺术古老而神秘，荣格认为艺术源自人类的集体无意识，而艺术的创作过程也对个体的身心健康起到了积极作用。艺术通过不同的形式，如绘画、舞蹈、音乐等，来表现个人内心世界的冲突，以美的方式将其升华为艺术作品。艺术作品可以提升灵感，创造更多美的体验。艺术创作更是艺术家个人身心感受、主观经验、艺术修养及表达技能的融合，是通过艺术作品来呈现美的过程。艺术创作的过程需要身体的参与，身体是艺术创作的主要媒介，绘画、舞蹈、音乐等形式都离不开身体，没有身体参与的艺术创作是不存在的。可以说，艺术之美即为身体之美，艺术审美的力量不仅给人以美的感受，也拓展了人类心灵境界和思想视野，不可忽视。在艺术教育与艺术审美能力的培养过程中，离不开身体的参与。美的学习不仅仅是传统意义上的知识学习，而是以身体为先的体验式学习。在身体学习的过程中，我们可以通过身体感官来认识什么是美，并学习怎样利用身体来创造美。艺术不仅包括舞蹈和音乐，书法、绘画和雕塑艺术也是基于身体的艺术形式，都需要手眼协调，且离不开身体的参与。其中，书法中的形神力度与身体美感密切相关，不同的书体具有不同的气势和风格，如平稳、内敛、洒脱、劲道、狂野等，同时也反映了书写者的身体形态和运笔方式。绘画也需要手眼配合，运用线条、色彩、光影等元素构建出独特的艺术风格。很多艺术作品都以身体为原型，呈现出身体的美感和生命力。因此，美的学习不仅仅是传统意义上的知识学习，而是以身体为主的体验式学习。在身体学习的过程中，我们可以通过身体感官来认识美，并学习如何运用身体创造美。

第三，身体参与生活美。苏格拉底说："美是难的。"难就难在它是主观体验，仁者见仁智者见智，没办法度量。事实上，美并非曲高和寡，它完全融于日常生活。美既是现实，也是一种心境。正如具身认知理论所说，人的内在心境既受到外在现实的影响，也作用于外在现实。举例来说，当我们欣赏美丽的风景时，会产生愉悦的情绪，这些情绪又会强化对周围环境的正面体验。因此，可以说，内心有美，眼中就有美。生活之美是一种体验和感受，体现在日常的衣食住行之中。比如，行之美需要以身体为起点。有时舍弃快速的交通工具，用双脚行走是一种保持身心平衡、发现生活之美的重要方式。通过这项简单的运动，让身体充分地体验变化，与自然同频共振。生活的美无法通过书本和课堂传达，需要在行中发现和探索，走出去，调动身体的感官去体验。同时，生活之美还体现在饮食方面。在人类漫长的发展进程中，饮食从简单的果腹到注重审美，即一道菜需要"色香味俱全"。吃的过程需要全身感觉系统的参与，身体与食物之间的关系极为密切。一个人长期的饮食习惯和对食物的偏好也展现了他们的个性、经历和行为方式。通常我们认为审美即品味，从字形和字义上来看，"品"和"味"都与吃的身体活动有关。一个人的饮食粗糙，就无法体验生活的质感。食物之美并不是在正襟危坐的用餐中体验的，而是在生活中关注身体需求，专注于当下，享受食物。实际上，进食是一种心灵活动，食物的味道会唤起珍贵的回忆，进食的过程也让人们从繁忙的生活中放慢节奏，专注投入，全身心地享受，达到身心的平衡。此外，衣着之美也是生活美学的重要方面，它是人类艺术文明的体现。服饰不仅是遮蔽身体的工具，更凸显了其审美价值。服饰已经超越了单纯的现实功能，成为一个人精神内核的外在表现。一个人的个性、生活经历、社会地位、兴趣爱好、情感感受以及审美水平，都会通过外在的服饰搭配毫不保留地呈现出来。真正的美建立在对身体的接纳和对自我的认同上，需要服饰与身体相协调。只有这样才能自由地驾驭服饰，展现出身体之美。

②审美情趣的环境维度

庄子曾说："天下有大美而不言。"大自然的美难以用语言来描述，却能震慑人的心灵。西方哲学家康德（Immanuel Kant）也认为，美是一种无目的的快乐。然而，如果只是为了追求表面上的美，美就失去了本身的意义。人类追求美，因为美有救赎心灵的力量。在美好的环境中，人们容易感到平和、舒畅和怡然自得。因此，人类对美的追求不仅体现在个体的审美上，也体现在居住环境和自然环境中。美既存在于身体中，也存在于环境中。

一方面，家庭环境影响审美力。一个人从出生到成长的家是形成身心美感的重要环境。家是容身之处，同时也是心灵的归所。从心理学角度看，家是自我的呈现，是内心世界的外部投射。例如，杂乱的居住空间，反映了个体内在的焦虑和不安。一个人复杂的内在世界可以通过外部空间清晰地呈现，家如同一面镜子，可以映照出自我。以具身认知理论的观点来看，居住环境也直接反映了主人的审美风格，反过来也影响其美感的发展。古语有云："一屋不扫何以扫天下。"在整洁的环境中，生活有了内在的节奏感和秩序感，人也变得沉稳安宁，心理状态变得更加稳定。家之美也取决于家庭成员之间的情感联结，亲密感是家的真正意义。具体来说，家庭环境的美源于日常生活。家应该有自己的风格，除了提供遮风挡雨、衣食温暖，家还影响个体的幸福和健康。家的美体现在放松和温暖的床榻、有家人和朋友聚餐的餐桌，让阳光照进来的玻璃窗等。在这样的家里，人们可以在忙碌之后安抚身心、休养生息。因此，我们不能忽视构建美好家庭环境的重要性。在不同的文化中，家庭的居住环境也会体现出各自的独特风格。例如，西方人的家居中心是客厅，供家人、朋友聚会谈天。而在中国文化中，凝聚家人和朋友的核心空间是厨房或餐厅。中国人对家庭的记忆常常与厨房有关，它承载着家的味道和美好的体验。这种来自家庭的美感会深深根植于个人的精神世界，并留下身体的记忆。

另一方面，自然环境影响审美力。审美并不仅仅局限于家庭环境，还延伸至社区、城市和更广阔的自然环境中。然而，现代社会城市化进程导致森林绿地大幅度减少，空气污染，生态恶化，气候变暖，自然环境被破坏的情况越加严重。在现代化的都市，人们的窗外往往是高楼大厦，无法欣赏到自然风光。然而，窗外的景色会直接影响着人的内心状态。不同的自然风景，如星辰、大海、花园、草地和森林，都有其独特的美。人们往往会将美与艺术联系在一起，认为只有那些传世画作或高水平的艺术表演才是美的象征。事实上，大自然才是美的根源，所有流传千古的艺术作品都源于对大自然之美的汲取。法国画家莫奈曾说："想用画笔来再现光的美是不可能的，光总是在刚下笔的瞬间就已经发生了变化。"中国古代哲学家和教育家孔子也对天地之美有着深刻的理解，在《论语·阳货》中，孔子谈道："天何言哉？四时行焉，百物生焉，天何言哉？"他感叹，世间万物变幻不定、繁衍生息，但天地从来没有说过任何话。因此，大自然是最好的老师。我们应该怀着敬畏之心去欣赏自然之美，同时在人类的艺术文化中寻找到源头的灵感。中国古人深知人与自然融合的重要性，因此在古代建筑的设计中，常常会将亭台楼阁布置于林中、高处或山谷之间，使之与自然景色融为一体，以达到"人在画中，画在天地间"的效果。特别是将歇脚的凉亭布置于观景最佳之处，让旅人能够停下来坐一坐，眺望远处的风景，感怀山河，欣赏自然之美，同时反躬自省。然而，在现代建筑中，审美风格已经发生了明显的变化。除了一些老式建筑和地方民居还保留着传统的建筑风格，现代建筑的审美则有同质化倾向。对于大学生而言，美的教育不仅仅是认知层面的灌输，仅有美学概念并不能让学生真正感受到、欣赏到和创造出美。实际上，美的学习是一种身心体验的过程，因此，培养美感更为重要的是个体身体感官的开放以及与环境的融合。美的体验应该在日常的生活中，在衣食住行的过程中，以及在自然环境中进行，从而形成一种"入境、入身、入心"的美感体验。

（6）具身化的挫折应对

挫折和困难是生活的常态，正是因为有逆境，生命才能得以充分发展。古罗马著名哲学家爱比克泰德（Epictetus）在《生活的艺术》中指出，"生活中的每一个困难都使我们有机会转向内心，并调用自身已被淹没的内在资源，我们忍受的考验可以让我们发现并深入挖掘自己的力量，你所拥有的力量会超乎你的想象，找到正确的方向，并利用之"[108]。其中，所谓的"内在资源"指的是人的身体，它蕴含着无限的生命力。如何承担生活中的责任，学会正视现实所带来的逆境和挑战，需要从身体本身探寻解决之道。此外，应对逆境的资源也存在于个体所处的环境中,宛如宝藏一般,需要深入挖掘。

①挫折应对的身体维度

有些人总是幻想着一种没有困难和压力的生活,以为这样才能平静满足。事实上,零压力会令人感到无聊、迷茫和难以忍受。正如心理学家鲍里斯·西瑞尼克（Boris Cyrulnik）所说,"最糟糕的压力形式是没有压力,如死亡之前的无尽空虚和绝望"[109]。大学生在面对有困难、有挑战的事情时,有些人迎难而上,而另一些人却退缩回避。对挫折的态度决定了人们如何应对挫折,这也影响着身心的健康发展。回避挫折和压力并非明智之举。对待挫折的态度不仅是认知层面的事情,而且与心、身、环境之间的相互作用有关。比如,当人们面对挫折困境时,有时会不自觉地进入"战斗—逃跑"的应激反应模式,身体反应影响了行动策略。因此,应对挫折的能力根植于身体层面,主要体现在身体稳定感、平衡感和灵活性三方面。

第一,身体与稳定感。挫折是一种强大的外部力量,它会让人失去稳定感并感受到沉重的负担。稳定感是指身体的重心或核心稳定有力,可以抵御外部力量的影响而不易动摇。这种稳定感不仅仅体现在身体上,也反映在心理上,令人感受到平静和安定。因此,挫折感是身心相互关联的感受。虽人的一生都会经历挫折,会让人感到不安,但生命就是一个从不稳定到稳定、不断螺旋式上升的过程。在每个人的成长过程中,都会有跌倒的经历,这是身体动作发展的重要过程。可以说,如果一个人没有摔过跤,那么他就没法学会走路。在摔倒后重新爬起来对个体的身心发展而言也是必要的学习过程,是身体发展的一个里程碑,为将来身心发展奠定了基础。摔倒的感觉和经验不仅对身体产生影响,也同步反映在心理层面。无论是儿童还是成人,在摔倒的瞬间,身体重心都会失衡,心里都会感到紧张、害怕和惶恐。身体上的疼痛感也会让人感到难过、委屈甚至愤怒,这一过程在身体和心理两个层面对个体都产生了影响。在摔倒的过程中,失去稳定感

第 4 章　创新模式构建——具身化要素和工作新范式 | 183

是关键。摔倒的原因多种多样，由突然作用的外力导致，由于躲避危险而失去重心，因为心神恍惚而忽视障碍物等，但核心在于身体失去稳定态。东方的身体练习非常重视身体核心的稳定。比如，中国传统武术中的站桩，又被称为"坐马"或"扎马步"。与西方"外强"的训练方式不同，站桩的训练主要侧重于"内调"，即调整身体和精神，使周身放松。所谓"未习拳，先站三年桩"，站桩作为稳定感的训练是习武的基础。站桩时，身体如同木桩被扎进地里，稳定而坚毅。其基本的姿势是两脚与肩同宽，两膝微曲，下颌内收，两耳放平，即"虚领顶劲、沉肩坠肘、含胸拔背、松腰敛臀、立身中正、心静体松"。同时，心中的百种念头以当下的一念相抵，沉浸在与天地合一的感受之中。在站桩练习中，寻找身体的重心非常重要，寻找重心时，必须将重心向下，否则很容易失去稳定性而摔倒。此外，就像人的成长一样，学习如何安全地摔倒也很重要，即保护性摔倒。因为如果对摔倒毫无防备，可能会导致严重的后果。总的来说，挫折能力不仅是心理品质，还与身体的稳定性密切相关。如果一个人缺乏身体的稳定感，就很难在外界变化中保持坚定，更无法有效地应对人生中的挫折。

第二，身体与平衡感。挫折不仅会打破个体的稳定感，同时也会破坏其平衡感。虽然平衡感与稳定感相似，但它们在身体上表现出不同的方向和质感。稳定感是重心向下的力量，以腹部为核心带动腿部和足部向下扎根；而平衡感则是在身体的某一点上达到平衡，体现出身体和心理的动态变化。平衡是美的核心，也是生命的本质。从更广阔的视角来看，平衡也是宇宙中万物生生不息的法则。在中医和哲学中，"金木水火土"五行的理论体现在数理、天气、方位、颜色、身体和疾病等方面，五行之间相生相克，以达到内外平衡。五行也与身体的不同脏器相对应。例如，"金"主肺和大肠，"木"主肝胆，"水"主肾和膀胱，"火"主心和小肠，"土"主脾胃。因此，身体与世间万物都有其独特的节律，并保持着平衡。当遭受来自外界的挫折时，原有的平衡容易被打破。个体在平衡状态时，心神安定，呼吸均匀，无论静止还是运动，身体都处于自在均衡的状态。例如，双脚与肩同宽，双膝微曲的站姿既稳定又平衡，不易摔倒。其中，对称是平衡感的关键，但平衡并不止有一种身体形态，它是在稳定的内在控制感的外在呈现，哪怕在身体不能完全对称的动作上也可以达到相对的平衡。平衡和控制息息相关，一般而言，平衡是身体保持肌肉适度紧绷状态下而达到的稳定，但过度的紧绷感会破坏平衡。高度紧张的身体是僵硬的，过度放松的身体是软塌塌的，也无法保持平衡。因此，需要在紧张和放松之间找到恰当的平衡感。通过身体的训练，人们可以形成肌肉记忆，从而更容易获得平衡。身体平衡使人从容笃定，不会扭捏拘谨。因此，身心的平衡可以帮助我们应对生命中不可避免的挫折，获得成长。要在生活中获得平衡，需要运用身体的智慧。

第三，身体与灵活性。在面对挫折时，个体的灵活应对也非常重要。灵活性是一个人成熟的标志，也是心理健康的重要标准之一。灵活性指的是具有变通能力，能够根据现状做出调整和改变，与之相对应的是固执，即不灵活、不变通的状态。固执也是一种人格特质，一些人在生活中表现出非常刻板僵化的态度，对自己、他人和环境都有严苛的要求，一旦现实不符合预期就会感到挫折。灵活的人能够发展出新的应对方式，即使失败也能够转换视角来看待问题，具有心理弹性。相反，固执的人则会坚持己见，用不合理的态度应对现实中的困难，非常脆弱且易受损。拥有灵活性的人不会有太多棱角，在人际关系中会比较受欢迎，在团队中也能够更好地与人合作。缺乏灵活性的人则给人留下不好相处的印象，为人处事表现得比较尖锐、有棱角，遇事容易钻牛角尖，也容易因为观念差异与他人产生冲突，在团队中也很难与他人和谐相处。因此，灵活性是个体心理发展中的重要品质。一个人的灵活性体现在心身两方面，并通过身体表现和塑造，即身体灵活，心理也灵活，反之亦然。在没有疾病或外部限制的情况下，人体的大多数部位都能够在骨骼和肌肉的带动下灵活运动。不同年龄段的人，身体灵活性不同。儿童天生好动，攀爬、旋转、跳跃，勇敢地尝试各种身体动作，就像是在一场身体的探险中。随着年龄的增长，身体的动作受到了教育、习俗、文化的规范和束缚，很多人的身体不再灵活。观念上的束缚让身体承受了多重限制。久而久之，身体的骨骼和肌肉也趋向于僵硬。长期的身体运动模式会在身体上留下深深的烙印，变成躯体记忆。同时，这些身体动作模式也会影响到心理层面，对个体的情感表达、人际互动和身心健康产生影响。例如，拥有开放灵活身体动作模式的人往往更加自信、社交能力强，更容易表达情感。而持有紧缩封闭性身体动作模式的人则在性格和行为方面可能更加保守内敛、自我保护和压抑情感。在应对挫折时，身心灵活的人能够看到多种可能性，不断探索各种资源来帮助自己，具有很好的适应能力。相反，缺乏灵活性的人则会陷入认知狭窄的状态，只看到眼前的困难，忽视了其他解决问题的可能性。只见树木、不见森林。因此，灵活性是身心健康的重要属性。大学生的心理健康教育工作要注重培养学生形成开放灵活的身体动作模式，从而促进身心的和谐健康发展。

②挫折应对的环境维度

挫折感是指将来自外界的攻击性力量内化到心灵中所形成的心理感受。一个人要学习和成长，必然需要经历逆境的考验。因此，挫折感也是人类进步的主要动力之一。除了受到身体形态特质和动作模式的影响，挫折感还与环境因素密切相关，是在个体与环境的互动中形成和发展的。环境维度中包含以下两个主要方面，分别是自然环境和社会环境。

一方面，挫折应对的能力和自然环境因素有关。道家思想倡导道法自然，认为自然界具有强大的力量和既定的生存法则与发展规律。人类在自然环境的大背景下繁衍生存，顺应自然并改造自然。与此同时，他们也必须承受来自环境的挑战，如恶劣天气、自然灾害等。孔子亦有云："岁寒，然后知松柏之后凋也。"在应对挫折方面，我们也应该向所生存的环境学习，向大自然学习。比如松柏，只有经历最酷寒的考验，才能显出它坚定无畏、挺拔不折的特质。在漫长的历史进程中，人类社会经历了无数次的变迁和磨难，自然灾害、传染病、战争等天灾人祸不断威胁人们的生命安全。但即便是再大的灾难，人类也总能在历劫之后重生，铸就更辉煌的人类文明。这种百折不挠的精神和超越逆境的能力也是在与大自然的不断斗争中发展而来的。人从出生到成年，从衰老到死亡，在不断的挫折中成长，在动荡中寻找稳定。挫折无处不在，伴随人的一生。人类群体所经历的挫折很多都来自大自然，但人与自然之间不仅仅是改造与被改造的关系。人是自然的孩子，人融于自然，自然也依赖人。因此，人与自然应该是和谐共生的关系。大自然中的山川、河流、土地孕育了人的精神和筋骨，不同的地域有不同的自然环境特点，形成了不同的生活方式和区域文化，也让生活在这片土地上的人形成不同的群体个性倾向。比如，有的地方土地肥沃，物产丰富，人们安居乐业、达观从容；而资源贫瘠的地方，人们则辛苦劳作、踏实勤恳、朴实无华。大自然也孕育了人类的文明，如美索不达米亚的两河文明、古印度的恒河文明等。人们在自然环境中受到启发，发展智慧，反过来改造环境。自然环境对人们的心理感受有着潜移默化的影响，会影响人们的生活和行为方式。在这种相互依存的关系中，人类才能够生存、繁衍和发展。在面对生活中的失败和挫折时，自然环境也会悄无声息地给予人们抚慰和支持。对于个体而言，大自然扮演着一位具有疗愈能力的母亲角色。荣格学派心理学家埃利希·诺伊曼（Erich Neumann）曾说，"每个人心中都有一个母亲的位置，这个母亲不同于现实中的母亲，而是原始母亲，一种内在的精神力量"[110]。这意味着，即使现实生活中没有母亲，人们也可以在想象层面找到母亲形象。在这方面，大自然和原始母亲的形象紧密相关，成为影响着人类无意识的原型之一。当个体遭遇挫折时，沉浸在大自然中，与自然母亲融为一体，可以得到心灵上的抚慰和疗愈。这种来自大自然的疗愈力可以帮助人们更勇敢、更智慧地应对生活中的挫折，而其来源就是自然母亲。因此，大自然不仅为人类的生存和发展提供丰富的物质资源，同时也是一种重要的精神资源，支撑和抚慰人们的心灵。

另一方面，挫折应对的能力还与社会环境因素有关。挫折不仅是环境中产生的，也需要从环境中寻求资源来应对。除了自然环境，社会环境也为人们提供了现实资源和情感支持。狭义的社会环境可以理解为个体的社会支持系统，包括个体与情感紧密相关的客体，如父母、亲人、恋人和朋友等。人在社会中生存和发展，必须与他人建立联系，依赖于稳定健康的情感支持系统。这样，当其遇到挫折、危机时，才能够更好地恢复。健康稳定的关系成为个体面对人生挫折的重要支持和可利用的资源，在必要的时候能够给予其情感的力量，帮助其渡过难关。广义的社会环境还包括社会文化形态，人们的生活方式和身心健康也必然受到其影响。面对困境时，不同社会文化下的人们都呈现出不同的反应倾向。例如，中国是农耕文化，粮食不仅是吃进肚子的食物，更象征着安全和稳定。所谓"家里有粮，心里不慌"，这源自中国人的集体无意识，饥饿的原始体验在文化和代际间传递。在灾难面前，中国人民有着朴素的态度和积极的行为策略。因此，抗挫折能力与个体的身体和环境因素密切相关。个体只有通过身体与环境的互动，形成独特经验，才能够应对生活中遭遇的逆境和挑战，不断发展抗挫折能力。在高等教育领域中，教育者开始重视学生的挫折教育，以实现高素质人才培养的重要目标。政府也采取了一系列的举措来提升大学生应对挫折的能力，如教育部发布的《关于政协十三届全国委员会第三次会议第3284号（教育类316号）提案答复的函》（教思政提案〔2020〕367号）中明确表示，加强包括挫折教育在内的大学生心理健康教育是新形势下加强和改进大学生思想政治教育工作的重要内容，是促进大学生全面发展的重要途径和手段。真正的挫折教育不是故意制造麻烦或设置障碍，没苦硬吃，而是有意识地培养学生应对压力和承受挫折的能力。英国哲学家约翰·洛克说过："人生的磨难很多，所以我们不可对于每一件轻微的伤害都过于敏感。在生活困境面前，精神上的坚强和无动于衷是我们抵抗罪恶和人生意外的最好武器"[111]。我们还需认识到，挫折教育是一种身心环境一体的教育。一个人的抗挫折能力高低并不只由认知层面决定，也与身体与环境的相互作用有关。

4.1.3 大学生心理健康具身化要素模型的意义

大学生心理健康具身化要素模型是一种新的心理健康教育理论框架，它不仅仅关注大学生心理健康问题本身，更注重身心健康的协调与整合，以促进大学生身心综合发展。这种理论框架在高校心理健康教育方面发挥着重要的作用，具体体现在以下几方面。

第一，该模型为大学生心理健康教育提供了科学的理论基础。相较于促进大学生心理能力的发展，传统的心理健康教育更侧重于帮助学生应对心理问题和处理心理危机，以认知调整和心智发展为主要路径，忽视了其他因素对心理健康的影响。而具身化要素模型的提出，弥补了大学生心理健康教育理论基础的不足，使其更加全面和系统。该模型强调了身心的协调和整合，认为人的健康状态不仅与心理因素密切相关，还与身体和环境因素息息相关。将"心—身—环境"作为一个整体来考虑，使高校心理健康教育更加科学合理、系统全面。

第二，该模型为大学生心理健康教育提供了有效的实践指导。具身化要素模型认为，身体和心理是相互作用的，二者之间相互依存，并嵌入于环境之中。因此，高校心理健康教育不仅需要考虑心理因素的影响，还需要考虑身体和环境因素的具身作用。该模型为教育者提供了具体的工作抓手，帮助他们用多样化的方式和途径提高大学生的身心素质。

第三，该模型还为大学生心理健康教育提供了工作新路径。传统工作模式下，学生的体验性和收获感不明显，心理健康教育的育人效果受限。大学生心理健康具身化要素模型不仅将传统的心理健康教育与身体感知和情境体验相结合，在身体和环境维度上进行了拓展和分析，还突破了传统工作模式的限制，提出了具体的实践策略和方法，指明了促进大学生心理健康的新路径。

综上所述，大学生心理健康具身化要素模型的提出为大学生心理健康教育的发展带来了新的思路和方法，但在实践中仍会遇到问题和挑战，需要不断地完善和创新，这样才能真正实现大学生心理健康教育目标。

4.2 具身化大学生心理健康教育指导思想

随着认知神经科学的发展，具身认知理论已经得到了科学验证。尽管该理论还相对年轻，但它的观点新颖独特，已经成为学界的研究热点。这场认知科学革命在心理健康教育领域的实践应用价值还有待进一步探索与发现。将具身认知理论与心理健康教育工作相结合，可以更加凸显该理论的实践价值，并为心理健康教育的深入创新和发展提供指导思想。

4.2.1 心理健康教育要充分理解人的本质

人类是拥有智慧和情感的高等动物，在历史的演进过程中，人类文明经历了不断的变迁和发展，而教育在其中扮演了至关重要的角色，是个体从"生物人"向"社会人"发展的必经之路。教育伴随人的一生，不仅局限于青少年阶段，也不仅关系到个体的发展，更关系到国家的繁荣、民族的复兴以及社会的进步。教育让人们从无知走向文明，推动着人类社会不断前进。20 世纪 70 年代末，中国出现了严重的人才断层问题。走出这一困境，关键在于科学技术。发展科学技术，不抓教育不行。教育是立国之本、强国之基。因此，我们应该重视教育，尊重人才，培养对国家建设有用的人才,这是教育的根本。

　　教育的关键在于对人的关注。在高等教育中,大学生是教育对象,对这一群体有深入的了解是教育的重要前提。大学阶段是个体身心发展的重要阶段,也是价值观和人格逐渐形成的阶段,需要储备知识和技能,为步入社会做好准备。青年大学生是祖国和民族的未来,肩负着振兴中华的历史重任。如今,国际竞争本质上是人才的竞争,高素质的人才培养决定着国家未来的发展。中华人民共和国成立以来,中国特色社会主义教育事业成就瞩目,高等教育培养出的一代代青年学子成为国家建设的栋梁,焕发出强大的生命力。高等教育成效取决于教育者如何理解大学生群体的特点。教育家福禄培尔(Friedrich Wilhelm Froebel)曾说:"只有对人和人性有了彻底而充足的认识,从而得出教育人所必需的一切知识,才能使教育开花结果。"[112]缺乏对"人"的深刻解读,教育就难以实现其目标。我国高等教育发展至今,已经告别了为人才断层和学科需要而培养人才的补救阶段。如今,高校面临的是培养身心健康的高素质专门人才的挑战,需朝着高质量、内涵式的教育发展迈进。在新的发展阶段中,大学生心理健康教育工作的重要性愈加凸显,但也存在一些问题。心理健康教育是做"人"的工作,但实际工作中,教育者往往会以片面化的观点看待受教育者,忽略了受教育者作为"人"的整体性。要真正实现教育目标,必须建立在教育者对受教育对象充分认识的基础上。

　　首先,教育者需要深刻理解人性的复杂性。在心理健康教育中,教育者需要对人性有深入的理解。人是什么?这是一个相当复杂的哲学问题。在东西方历史上,无数哲人毕生都在寻找答案。人性观也是教育观形成的基础,对于教育者而言,在教育活动中需要不断地觉察自己所持有的人性观,并保持客观的态度,以系统的观点来理解人性以及当代大学生。其中,大学生心理健康教育工作更需要教育者发展出一种开放、深刻、复杂、多元的人性观视角。只有这样,才能理解大学生心理问题的根源,避免认知局限，找到解决问题的多种可能性。在传统的心理健康教育工作中，教育者往往更关注学生的问题或"症状"，容易忽略学生内在的积极品质和潜能。具身化的心理健康教育对人性有更全面、系统和深刻的理解，能够转变视角，聚焦身体和环境要素，以积极的、资源导向的方式理解学生，帮助大学生充分地认知自我，探索生命的真正意义。

其次，教育者需要理解每个人都是独特的。尽管规范化、有规律的教育管理有助于总体教育质量的提升，但教育不应机械地制造和生产产品，那样会忽视学生个体的独特性。世界上没有完全相同的两片树叶，也没有完全相同的两个人。除了基因遗传使人类个体在生理特征上有别于他人，家庭的塑造和教育的影响也使其形成独一无二的人格与个性。心理健康教育者更需要有多样化的视角，不应以"90后"和"00后"的标签来定义当今大学生，更不能被表面的群体特征所蒙蔽。因为每一个学生都是独立而独特的个体，都有着与他人不同的生命轨迹。对个体差异的尊重，也就是对人性的尊重。心理健康教育者需要时刻觉察自己对教育对象的态度，并"平等、公正、真诚、尊重"地对待每个学生，保持好奇心并用热忱和耐心陪伴与引领他们成长。

最后，教育者要理解人是身心统合发展的。在漫长的历史演进过程中，身体和心灵逐渐变成了相互影响、相互作用的整体。然而，在早期的哲学、宗教等领域中，身心被一分为二，割裂成两个独立的部分，身心二元论的思想渗透社会文明的方方面面。身体被视为世俗粗鄙的存在，心灵则被视为复杂而高尚的存在。西方文化中，人们轻视身体，崇拜心灵，认为心灵高于身体，神圣不可侵犯。这种身心二元论的观念也影响了教育领域，教育者重视头脑的培养和塑造，将提高理性认知和获取知识视为教育的首要目标。随后，行为主义思潮兴起，人们提出了"人即动物"的假设，用可度量的方法来研究人的外在行为，将心灵排除在外，这种理论忽略了心灵对个体的影响，同样体现了身心分离的思想。认知主义思潮看似反对行为主义，但其"人脑即计算机"的隐喻同样忽视了身体的重要性，将身心复杂的系统简化为冰冷的计算机模拟。在思想潮流的变迁中，教育受到了身心分离的影响。尽管我国一直强调"德智体美劳"五育并举、全面培养的教育理念，但在实际工作中，偏重"智"育的现象依然存在。人们普遍认为学习是大脑的任务，忽略了身体和环境对提高理性认知、理解客观知识的重要性。如今，心理健康教育仍然遵循传统的教育观和学习观，相对忽视身体和环境因素对心理健康的影响和对健康人格的塑造。

因此，在具身化的心理健康教育工作中，教育者应该始终关注"人"的本质，将大学生看作是独立的、身心统一的、具有无限潜能的个体，而非仅仅将其视为"教育产品"。要想让心理健康教育真正深入人心，就必须先建立辩证、系统、深刻的人性观，并坚持身心整合的教育发展观，以真正帮助和服务大学生群体。

4.2.2　心理健康教育要知行合一地塑造人

真正的教育并非仅仅是知识传授，而是深入人心的深刻感悟和扎根于生活实际的丰富体验。在我国的教育发展过程中，中国古代哲学中"知行合一"的思想一直影响和指导着这一伟大的育人工程。知而不行，是为不知。无论教育方法如何先进，教育内容如何创新，如果没有落到实处，那都是浮于表面、流于形式的，不利于教育的深入和发展。"知"与"行"，一体两面，相辅相成，如同太极双鱼图中的阴阳，无始无端，无好无坏。身与心平衡共存，知与行互为因果。只有在这样的身、心、环境交互作用下，个体才能被充分塑造和发展。高等教育肩负着为社会培养高素质人才的重要使命。随着时代变迁，高素质的内涵也在不断丰富，不仅包括良好的知识储备和专业技能，还包括身心健康、富有创造力与知行合一。

首先，学习是通过经验获得的。人与机器不同，无法将大量信息直接存入头脑,需要经过从感性到理性、从具体到抽象、从简单到复杂的思维加工过程。然而,思维和认知的形成并不仅限于头脑内部。根据具身认知的理论,人的头脑嵌入身体中,而身体嵌入环境中。这三个因素相互作用,形成一个层层嵌套的系统,共同影响个体的心智发展。因此,知识学习必须考虑到身体和环境的影响,从体验出发,获得领悟和反思,形成经验化的知识、常识与见识。如果仅仅局限于头脑层面的"死记硬背",学习效果必然大打折扣。例如,只是"临时抱佛脚""临阵磨枪"的学生,在考试后不久就会忘记所背诵的知识。人本主义心理学家卡尔·罗杰斯(Carl Rogers)曾说:"人类的学习不应只是发生于'脖颈以上'的学习,它应是涵括人的认知、行为、个性、精神、情感、态度和价值观发展的有意义学习。换言之,人类的学习是一种关涉人的整体发展的学习。"[113] 知识是教育的重要载体,而身体体验是获得知识的重要载体。只有当知识对学习者具有独特的意义和体验时,才能真正被内化到心灵深处。这个过程需要身体和环境的参与。在高校的心理健康教育中,知识科普仍然是主要工作内容,而主要的科普方式仍然是讲课、做报告、办讲座等。这些方式虽能直接传播知识,但促进学生心理健康发展的效果有限。一些学生"左耳听、右耳冒",难以入脑、入心。因此,具身化的教育改革势在必行。具身化教育需要利用"心—身—环境"的具身化系统,创造适宜的知识学习环境,探索多样化、现代化的教育教学手段,以拓展具有沉浸体验感的知识学习媒介。

其次,人通过行动来实现改变。改变一直是一个历久弥新的话题,它意味着尝试不同的思考和行为方式。对于任何一个人来说,这都是有挑战性的事情。人性充满着矛盾,既期待改变,也害怕改变,这增加了改变的难度。但人类天生具有向好的愿望,不断挑战自己,尝试新的事物,并将其纳入生活经验之中。大学生处于人生的特殊阶段,面临诸多挑战,如适应环境、建立人际和恋爱关系、发展学业和职业生涯等。因此,改变也成为大学生在这一成长阶段的生命主题。然而,改变并不是瞬间发生的,也不能只靠意愿和想法就能实现。改变是一个具身化的过程，它需要融合心理、生理和环境等方面因素，否则就难以实现。俗话说："吃一堑，长一智。"没有切身的体验和感受，就无法获得改变的动力和能力。在大学生的心理健康教育工作中，很多工作都是以促进大学生的改变为出发点展开的，教育者不能仅通过知识宣教来实现目标。改变对许多大学生来讲，可能是危险的，是一个不可预知的过程。他们宁愿待在舒适圈中，这使改变更加困难。在大学生心理咨询工作中，咨询师需要运用身、心、环境的要素与学生建立安全信任的关系，帮助学生发展新的、适应性的经验，实现心理的发展和改变。

最后，人通过感悟来升华。人性向善向美，即使面对生命的苦难和困境，人们也总能从中获得自我疗愈的智慧。例如，诗歌、音乐、绘画、舞蹈等艺术形式能升华内心的情感并赋予其意义。如同凤凰涅槃，人生的逆境总能成为成长的催化剂。这种升华是建立在感悟的基础上的，而感悟源自身体的经验。人们以身体为媒介存在于外部的环境中，并通过感官通道来感知自我和外在客体，发展出独特的理解和判断。具身认知理论认为，我们的身体及其感知觉系统与形成意识的大脑内部思维活动密切相关。因此，一切都始于经验，脱离身体经验则无法获得感悟。中国传统文化向来重视"悟道"对提高人生境界的作用，老子曾言："道可道，非常道。名可名，非常名。""道"不同于客观常理，我们无法通过间接学习的方式来获得，能够言说的"道"也就不是真正的"道"了。要明心见性，则需要透过身心的感受和经验反观自省，最终参悟，领悟"道"。大学生心理健康教育工作的目标之一，就是提升大学生对自身的感悟和觉察，这也是青年人健康发展的重要标志。由于大学生的个人心智水平和成长经验不同，标准化的知识教育模式难以满足需求，必须探究具身化的教育方式方法，由个体成长的切身体验出发，在心灵感悟中获得有用的知识和精神力量。

因此，大学生心理健康教育深入发展关键在于，教育者具备知行合一的育人理念，并能积极践行。要促进大学生身心和谐健康的发展，就不能将"知"和"行"割裂开来。只有知行并进，才能真正发挥心理健康教育工作的助人和育人功能。

4.2.3 心理健康教育要以全局视角发展人

民族复兴，教育先行。教育关乎国家发展和民族兴衰，高等教育对国家建设和社会发展的意义深远，必须高瞻远瞩，有全局意识。我国大学生心理健康教育工作已开展四十余年，经历了诸多困难和挑战。在起步阶段，工作视野比较局限，主要关注学生心理问题和危机，而轻视心理素质的培养和发展，同时存在"重知识、轻体验"的现象。缺乏全局化的教育理念会影响心理健康教育工作的进一步发展。作为一项育人工作，心理健康教育具有整体性和全局性的特征，肩负着促进大学生身心健康和谐发展的重要使命。它不应仅关注心理问题和疾病，而应在全局化的视野下，重视大学生的全面发展，并从身体、环境和文化等多个角度理解和推进，这也是具身认知理论整体观的体现。

首先，应重视身体的价值。长期以来，身体被视为感官体验的载体。虽然身体健康备受关注，但其对心灵的影响却被忽视。人们习惯于将身体视为追求内在精神世界的工具，认为其不具备主动性。身体被视为被动的、机械的、空洞而没有生命力的肉体，听从于神秘高尚的精神世界。但是，随着科学的发展，人们对身体与心灵的关系进行了重新的探讨，并认识到了身体对认知发展的重要贡献。身体不仅仅是赖以生存的载体和灵魂的寓所，还主动参与并构建人的认知活动。在具身认知理论的推动下，身体的价值被更进一步认识到，身体被视为活生生的、具有认知功能的、复杂的有机体。在日常生活中，我们也可以通过改变身体姿态来改变内在体验。因此，在心理健康教育工作中，需要以身心合一的全局观来指导工作实践，重视身体对心灵的塑造作用。心理工作者应当深入挖掘和探索身体智慧，并将其运用到育人工作中，以身心整合的视角看待学生的心理困扰和行为问题。在这样的工作理念指导下，我们将大学生视为完整的人，并尊重身心发展规律，理解身心系统的内在机制。

其次，应重视环境的影响。教育应该像春风化雨一样，润物无声地影响学生，而不是简单粗暴地灌输知识。如俗话所说，"近朱者赤，近墨者黑"，环境对人的影响是无形的。当排除遗传差异后，环境氛围就成为影响人的发展的决定性因素。中国古代就有"孟母三迁"的典故。为了孩子的良好教育环境，孟母多次迁居，居住地分别从近于墓、近于市、近于屠迁至学宫旁。人类在生存繁衍的过程中，一直与环境交互作用。环境塑造人的同时，人也改变着环境。正因如此，人类社会才能不断地发展和进步。人的发展不仅受到自然和社会的"大环境"影响，也受到家庭、人际和教育的"小环境"影响。心理学中特别强调原生家庭对个体成长的重要作用，即早期形成的依恋和客体关系会影响个体人格的塑造，也影响个体与他人建立亲密关系的模式。因此，在大学生心理健康教育工作中，教育者需要以历史性的视角认识和理解学生，特别是在心理咨询工作中。无论基于何种咨询理论取向，都需要了解来访学生的成长经历和环境，并以此来理解当前的心理困惑。同时，也要注重心理育人环境的建设，让学生在参与活动的过程中感受到宜人的外部物理环境和安全的内在心理环境，增进他们对自身心理健康状况的觉察和理解。

最后，应重视文化的重要性。从分析心理学理论来看，文化是民族的集体无意识。它就像土壤一样，富饶或是贫瘠，都会影响一个民族的发展。中华民族拥有五千年的文明史，一直在优秀传统文化的滋养下不断创新和发展，孕育了独特的民族精神和文化基因。从国家内部的文化差异来看，不同地域和民族之间也存在着不同的文化特征。文化会对个体产生影响，且这种影响不仅是简单的叠加，而是复杂深远的交互渗透。在大学生心理健康教育工作中，文化因素同样深刻影响着其工作的开展及其有效性的发挥，不容忽视。文化为我们理解个体的精神活动和行为模式提供了丰富的背景材料，如果脱离了文化，就难以真正认识心理和行为的形成发展，容易导致断章取义式的解读。

综上所述，具身化大学生心理健康教育是一项系统工程，需要以科学的发展观、积极的人性观和全局性身心观为指导思想来有序推进。这一教育需要具备对大学生的深刻理解和人性关怀，为其提供真正有支持性、疗愈性和发展性的专业服务，助力其心理健康和心灵成长。

4.3 具身化大学生心理健康教育目标

《高等学校学生心理健康教育指导纲要》（教党〔2018〕41号）提出了大学生心理健康教育工作的总目标，即"教育教学、实践活动、咨询服务、预防干预'四位一体'的心理健康教育工作格局基本形成。心理健康教育的覆盖面、受益面不断扩大，学生心理健康意识明显增强，心理健康素质普遍提升。常见精神障碍和心理行为问题预防、识别、干预能力和水平不断提高。学生心理健康问题关注及时、措施得当、效果明显，心理疾病发生率明显下降"。然而，由于社会的快速发展，大学生心理健康教育的工作目标也需要与时俱进，及时调整，以适应大学生群体的现实状况和实际需要。在此基础上，心理健康教育还需综合运用具身认知理论和其他相关学科的理论知识，提出具身化大学生心理健康教育的工作目标，具体包含以下三个方面。

4.3.1 促进大学生身心整合发展

高等教育人才培养是一个系统工程，除了培养大学生的专业知识与技能，还培养其综合素质，发展潜能和创造力。为了实现这一目标，良好的身心素质是重要基础和保障。大学生心理健康教育工作是高素质人才培养的重要一环，对于维护学生身心健康和促进人格发展具有至关重要的作用。因此，大学生心理健康教育工作的重要目标之一是提高学生的心理素质。目前，心理健康教育工作主要通过知识科普、教学培训等认知教育方式来增强大学生的心理健康意识和技能，忽略了身体在心理健康教育工作中的作用，工作思路较为局限。心理和身体是有机的整体，身心二者之间互为基础又相互影响，健康的概念不能偏指身心的某一方面，这一点在心身医学、传统的中医理论以及具身认知理论中得到了充分的论证。身体不只是灵魂的躯壳和容器，它还驱动着个体的心理发展。只有意识到个体发展的整体性，并以系统观为视角，才能真正探索出促进大学生个体健康发展的有效机制。

根据工作现状，大学生心理健康教育应更加重视身体和环境因素的影响，以促进大学生的心理健康发展。这种以身体为基础的心理健康教育以促进全人发展为目标，改变了传统的教育观念和视角，将学生个体的身心健康作为整体来看待，并通过身心交互作用原理，注重身体和环境因素的影响，提高体验性和情境性。因此，具身化的心理健康教育的工作目标应不仅仅聚焦于大学生的认知发展，还应关注身心整体的发展。脱离身体和环境，大学生的心理健康发展就无从谈起。实现这一目标的具体方法主要有以下三个方面：在观念层面，使大学生理解身心健康的重要性，提高自我保健的自觉性；在理论层面，使学生了解身心一体的思想，认识到身体对心理的影响和作用；在能力层面，让大学生学习和掌握身心调节的方法和技巧，积极利用身体和环境资源改善心理健康状况，最终实现身心协调一致、与环境相适应的统合发展，提高综合心理素质和心理健康水平。

4.3.2 构建系统观的工作新格局

大学生心理健康教育的工作目标需要结合教育理念和工作格局来制定。在"社会—心理—生物"新视角的基础上，大学生心理健康教育也需要发展新格局。大学生处于人生发展的重要阶段，需要学习知识文化，掌握生存技能，规划生涯并为之做好准备，肩负起个人、家庭和社会的责任。同时，更重要的任务是在学习和生活中发展对新环境的适应力，在面对挫折和挑战时具备心理弹性，在人际关系中发展健康的互动模式，尝试与他人建立和发展亲密关系。个体的发展是在身心和环境的系统中的，为了实现这些教育目标，需要以系统的教育观和发展观为基础，促进学生的心理健康和全面发展。

具身化的心理健康教育是以系统观为哲学依据，在培养目标和工作目标两个层面上，都强调全局化和系统性的视角和观点，避免了心理健康教育工作内容和方法上的单一和局限，并构建了新的工作格局。这种新格局在具体的工作中得以体现，打破了原有的工作模式，将身体和环境要素纳入其中。它重视大学生的身心体验，将身体作为心理调节的重要影响因素和途径，开展情境化和具身化活动。同时，它也重视环境对心理健康的影响，拓展了心理健康教育工作的内涵和外延，涵盖了大学生在校园生活中的方方面面，如校园绿化工程、景观设置和公共设施配备等。系统观的工作格局需要与时俱进。当今社会，由于工业和科技的快速发展，人类生存环境发生了巨变，身心健康受到威胁。同时，工作和生活的节奏加速，人们被裹挟前行，难以慢下来体验当下、享受生活，导致身心分离。长此以往，会出现严重的心理健康问题。此外，科技信息和智能产品的普及，打破了人与人之间健康的边界，人们被智能手机和社交软件捆绑，海量的网络信息导致信息过载,人们越来越紧张和焦虑。大学生的学习、社交和生活方式也在改变,引发了心理困扰。因此,面对新时代的新挑战,我们需要寻找新方法来帮助大学生恢复身心平衡,促进心理健康发展。在开展具体、有针对性的心理健康教育工作的同时,我们还应该从"心—身—环境"的宏观系统中探索应对策略,创造具身化的心理育人环境,满足大学生群体心理发展的底层需求,为心理健康发展提供肥沃的土壤。

4.3.3 完善全人健康的方法体系

具身化的心理健康教育旨在促进大学生身心整合发展,采用全局和系统观的方式构建全新的工作格局,并不断创新和完善心理健康教育方法体系。它强调"全人健康"理念,从"心—身—环境"的系统角度出发,探索适合大学生的创新方法与途径。传统的大学生心理健康教育主要采用测评、课程、咨询、讲座等途径,以心理咨询理论为基础,注重受教育者知识和技能的掌握。而具身化的心理健康教育则以全人发展观为依据,在现有基础上进行创新,以完善和拓展心理健康教育的方法体系。

这一方法体系的构建,需要从个体身心发展的特点和规律出发,采用非认知教育的方式,在教育活动中融入身体动作和情境体验,拓宽心理健康教育的环境场域,打破传统方法的局限,使大学生在参与和体验中能够感知、觉察和领悟。具身化心理健康教育方法体系的构建主要围绕两个核心要素,即身体和环境。传统的教育过程中也曾涉及这些要素,但它们并未得到应有的重视。然而,人们的认知不能脱离身体及其所处的环境,因此,将头脑与身体隔离是一种错误的做法。人总是在与世界的互动中认识了解自己,在真实的身体经验中感知自我。因此,全人发展必然要将心、身和环境整合起来考量,系统地推进大学生心理健康教育工作。具身化的心理健康教育正是帮助大学生重建和发展"心—身—环境"之间联结的重要途径。在教育中，倡导从身体出发，帮助大学生在与环境的互动之中重新发现和塑造自我。

因此，创建具身化的方法体系需要紧密围绕身体感官知觉，探索一系列具有情境体验性的方法。例如，在心理咨询与治疗中，表达性艺术的方法就很好地体现了具身化的特点。通过舞蹈、绘画等方式，人们可以用身体投射、表达和改变内在的心理状态。具身化的心理健康教育创造性地探索多元方法，以环境作为心理资源，促进身心的联结，形成了独特的方法体系。

4.4 具身化大学生心理健康教育原则

大学生心理健康教育的具身化发展强调全局化、整体性和系统观，要遵循其特定的工作原则，体现在以下三方面。

4.4.1 身心整合原则

"具身化"或称"身体化"，是将个体看作是身心联结、互相影响的有机体。近年来，医学界越来越重视心理对身体的影响和作用，提出了"心身疾病"的概念。心身医学也成为重要的研究领域。人们逐渐认识到心理健康对身体健康的影响，身心并不是割裂和分离的。这一新观念挑战和颠覆了传统的身心二元论。然而，在对身心关系的理解中，身体对心理的影响并没有得到足够的关注。身体仍被看作是心灵的容器，其主体性容易被忽略。相对而言，"具身观"是对身心关系的补充和完善，让人们认识到身心之间是双向的通路，即心理影响身体健康的同时，身体对心理的影响也同样重要。在具身观的视域下，身体不再被视为机械被动的接收器，而是对个体内部心理机制运作起到主导作用，即身体塑造心理。这种观点具有颠覆性，不仅在理论层面开辟了崭新的研究视域，也打破了大学生心理健康教育工作的传统理念和格局，提供了新的工作框架。因此，我们需要用身心整合的视角来理解大学生的个体发展，从全人教育的理念出发开展心理健康教育工作，探索心理健康教育的多元工作方法，培养出身心一致、协调发展的高素质人才。

4.4.2 环境塑造原则

人与世界的关系一直是人类学、社会学、哲学、心理学研究的重点问题。随着环境心理学的发展，这一课题越发受到学者关注。此外，具身认知理论也对人与环境相互作用的关系进行了新的探索。该理论认为，人的心灵嵌入身体中，身体嵌入环境中，人不能脱离环境而独立存在。因此，身体所处的环境也会影响心理发展。从孕育到出生，人经历了脱离母体的环境变化。同时，在成长的过程中，也会不断受到来自物理环境、文化环境和社会人际环境的挑战。这些环境对个体的身心发展产生了深远的影响。大学生心理健康教育工作关注受教育者的心理发展，但忽略了影响其发展的环境因素。特别是物理环境的影响，往往不受重视，甚至被认为与教育无关。然而，环境与个体心理健康的关系非常紧密。例如，校园绿化程度会影响学生的认知、情绪和创造力，公共座椅的设置会影响大学生的生活节奏和情绪压力状态，教室座椅的软硬度会影响学习专注力等。

同样，社会人际环境也是不可忽视的因素。大学生所处的社会人际环境对其心理健康会产生非常大的影响，甚至可能成为心理危机的重要诱因。在理解和接纳的人际环境中，大学生往往会形成较好的自我认同感，情绪也相对稳定，反之，缺乏理解和接纳的人际环境将会影响大学生的身心健康。另外，文化环境是影响大学生心理健康的重要因素，也应纳入研究范围。

文化是人类的集体无意识，是社会发展的基石，不同的文化环境孕育的群体心理特征也不尽相同。在大学生心理健康教育工作中，我们不能忽视文化的育人作用，要深入挖掘中华传统文化中的价值观，对大学生开展文化观、生命观教育，培育优秀品格，提升文化自信。因此，具身化的心理健康教育工作要将环境因素纳入系统中，以大学生群体为对象整体考量，从身体与环境的互动中找到方向和方法，拓展大学生心理健康教育工作的内涵和外延。

4.4.3 资源取向原则

大学生心理健康教育的核心任务是促进人格完善、维护身心健康。在传统的工作模式下，将心理危机的识别干预和心理咨询作为基础与核心。高校心理工作更注重"堵漏"，确保学生少出问题或不出问题，但在积极发展学生心理潜能方面的投入却十分有限。这种视角和理念的局限使得大学生心理健康教育工作的功能未能充分发挥。随着时代和科学的发展，现代心理学已经不再只关注心理和精神疾病，而更关注如何促进人类的生活更积极、健康、幸福。积极心理学的视角下，人们更多地利用和扩展个体资源，以提升应对挫折的能力，改善社会功能，提高心理健康水平。具身认知理论就是一种资源取向的心理学理论，它突破了传统心理学中对身心关系的理解局限，将身体与环境因素整合纳入，作为促进心理健康的有效资源。因此，在大学生心理健康教育工作中，教育工作者需要更加注重发掘和利用大学生群体和个体心理发展中的资源，将消极的问题取向转变为积极的资源取向。

具身化的心理健康教育工作需要聚焦于两方面的资源，即内在资源和现实资源。从身体层面思考，身体本身就是心灵成长的重要基石。俗话说："留得青山在，不怕没柴烧。"健康的身体可以拓展心灵的边界，为心理成长提供更多的可能性。从环境层面考量，个体的发展过程中必然需要环境的支持，外在环境、人际环境和文化环境等都是增强个体心理功能的重要保障性因素。因此，在大学生心理健康教育工作中，我们应该深入探索和充分利用这些资源，从而找到工作的新方向，有效地帮助大学生提高心理健康水平。

4.5 具身化大学生心理健康教育内容

具身认知理论强调，人们通过身体与周围环境的互动来认识和理解世界，个体的心理发展也受到身体、环境和文化因素的影响。在大学生心理健康教育中，具身认知理论可用于指导教学内容的设计和实施。因此，具身化的大学生心理健康教育注重心理与身体、环境的关系，不再将心理健康与身体健康割裂开来，而是以整体性的视角和理念来制定教育内容。

4.5.1 身心健康观念教育

身心健康是个体发展的必要条件，也是综合素质的重要组成部分。尤其对于大学生来说，他们需要面对来自学业、社交、生活和生涯发展等方面的挑战和压力，保持健康的身心状态至关重要。然而，传统的大学生心理健康教育往往将重点放在心理健康方面，忽略了身心的同步发展和相互作用。在这样的教育模式下，教育内容有所偏重，难以满足当前社会对大学生身心健康和素质培养的要求。因此，开展身心健康的观念教育尤为重要，是大学生心理能力培养的第一步。帮助大学生形成正确的身心健康观念，使身体回归教育，让大学生真正认识到身体的意义和重要性——身体并非如卢梭所说的是"心灵之仆"[114]，而是与心灵同等重要的存在。

首先，身心健康的观念教育能使大学生认识到身心一体性。健康观会受到社会环境、文化环境的影响，传统的教育往往存在两极化现象。一方面表现为重视身体健康，忽视心理健康的重要性。这种现象在社会中广泛存在，并持续影响着人们对健康的理解。在大学生心理健康教育中，也会遇到这种健康观带来的工作阻力。大学生受传统社会文化的影响，对心理问题存在误解，有病耻感，对其避而不谈；或认为心理健康不重要，进而轻视和忽略。这都会影响大学生心理健康发展与心理健康教育工作的有效开展。另一方面，关注心理健康，忽视身体对心理的影响，这也是大学生心理健康教育中存在的典型现象。无论是大学生，还是心理健康教育工作者，对心理健康问题的认识都比较有限，容易从认知的角度去理解和应对，没有认识到或忽略了身体和环境因素对心理健康的重要影响，这会使心理健康教育工作的内容、形式和方法受限。综合来看，以上这两种现象都会影响大学生健康观的树立，割裂的身心健康观使心理健康教育的功能得不到充分有效的发挥。因此，大学生身心健康观念教育的第一步是让学生意识到两者是紧密关联的，如果忽视身体健康，就无法保持良好的心理健康。具身化大学生心理健康教育的重要内容就是重塑身心一体的健康观念，将身心整合的具身观融入教育过程中，为大学生身心和谐健康的发展打下重要基础。

其次，身心健康的观念教育能使大学生了解身体对心理健康的影响。在身心一体的观念基础上，心理健康教育要使学生进一步认清身体与心理的互动关系。在社会文化和生活常识层面，人们开始认识到心理健康对身体健康产生的影响。这一认识也被心身医学领域的研究所证明。例如，有些人感受到身体不适或疼痛，经过系统的医学检查后发现并没有器质性疾病，因此，这种不适或疼痛感被认为是心因性原因导致的。然而，关于身体健康对心理健康的影响，人们认识得还不充分。能够被认识到的部分是，身体的健康状况影响个体的情绪情感体验、人际互动模式。例如，久病卧床的患者，其心理健康状态也可能会受到身体疾病的负面影响，容易感受到抑郁、愤怒等负性情绪。然而，身体对心理的影响远不止于此。具身认知理论强调，身体的结构、感觉和运动对认知过程的形成和发展有构建作用。在心理健康方面也是如此，身体健康也会对个体的心理健康发展产生直接影响，不容忽视。因此，在大学生心理健康教育工作中，教育工作者要高度重视身体对大学生心理发展的塑造作用。通过多元的教育形式，让大学生认识到身体不只是心灵的有形载体，也不只是内在心理的外在机械呈现，而是对心理发展有主动和建构作用的存在，从而重视身体，通过身体来深化对自我的认识，提高心理健康水平，实现身心协调与统合发展。

最后，身心健康的观念教育能使大学生意识到身心处于环境之中。环境的影响作用往往能够被认识，但却不被重视。在传统健康教育观念中，健康是个体主体性的状态，和外界客观环境是相互独立的，环境只是个体发展的背景因素。这样的观念忽视了环境对人的潜在影响，将人从系统中抽离出来。传统大学生心理健康教育工作也受到这种观念的局限，忽略环境的心理育人功能，影响教育效果。具身认知理论认为，人的认知嵌入身体中，身体嵌入环境中，"心、身、环境"之间形成彼此连接、相互作用的系统。因此，人的认知和行为不仅受个体自身的影响，还受到环境的影响，如自然环境、社会环境和文化环境等。环境对个体的影响不仅限于改变个体的认知和行为，还包括对个体的生理状态和心理状态的影响。因此，具身化的大学生心理健康教育要注重培育学生的环境观，使其认识到个体与环境是紧密连接在一起的，环境对自身的成长成才有重要的影响。在身心一体的观点基础上，整合环境因素，充分调动有利于大学生心理健康发展的内外资源，以实现教育目标。

综上所述，具身化大学生心理健康教育需要以身心健康观念教育为主要内容，帮助大学生树立科学的健康观，培养身心和谐发展的健康意识，积极营造有利的教育环境和氛围，让大学生在潜移默化中接受身心健康的观念教育。

4.5.2 身心健康知识科普

具身化大学生心理健康教育不仅要进行身心健康的观念教育,还需要以身心健康的知识科普为主要内容。这与传统大学生心理健康教育有所异同。相同之处是都将知识科普作为心理健康教育的重要内容,使大学生具备必要的健康知识储备,提升健康意识,提高健康水平。不同之处体现在教育理念和工作视角的差异上。具身化心理健康教育在传统教育的工作基础上,将身体和心理作为一个整体,以身心健康为知识科普的主要内容,帮助大学生更好地维护身心健康。具体表现在以下几方面。

一是将身体健康的部分纳入知识科普内容中。身与心是健康的一体两面,缺少任何一部分,健康的目标都不能真正达成。二者必须有机地结合在一起,维护并促进整体健康的发展。传统心理健康教育强调心理保健知识的科普,而将身体健康的部分排除在外,这种教育内容的设置本身就体现了身心二元的传统观点。具身认知理论强调人是身心一体的,忽视哪一部分都会对个体的发展产生负面影响。具身化的大学生心理健康教育也遵循这种身心健康观,在教育内容中整合了身体健康与心理健康两部分,弥补了传统教育内容的不足,也丰富了健康的概念。身体健康的知识科普对改善大学生整体健康状况有积极的作用。通过学习,知识可以转变为常识,大学生从而能够在日常生活中采取更有效的保健措施,对于一些常见的健康问题可以做到早发现和早治疗,避免出现更严重的健康危机。同时,具身化的大学生心理健康教育还要帮助学生养成良好的生活习惯和身体习惯,如良好的饮食、睡眠、锻炼和放松等,以更好地改善学生的身体运动机能,增强身心免疫力,应对生活中的各种压力和困境,这也会对心理健康产生积极的影响。

二是将环境健康的部分纳入知识科普内容。传统心理健康教育的关注点在个体心理状态方面,不太注重环境因素。具身认知理论强调环境对个体身心发展的影响,将人置于"心—身—环境"的系统之中。心理健康与身体健康相互依存,而身体健康以环境健康为基础。具身化大学生心理健康教育在重视科普心理健康知识的同时,也将心理健康的内涵扩展到环境健康的范畴,使大学生认识到保持良好的环境对维护心理健康的重要性。环境健康可以激发大学生的积极心态和健康行为,如参与户外活动、保持健康饮食等,使其获得平静、轻松和愉悦等积极情绪,增强自信心,提升挫折应对能力,有助于提升心理健康水平。同时,环境健康的知识科普还须让大学生了解到,环境与人之间的关系是复杂的,二者之间相互作用。环境塑造人的同时,人也塑造环境,即人对环境的反应和调节也是改造环境的过程。因此,在具身化大学生心理健康教育中,充分利用课堂、户外活动等不同教育方式科普环境健康知识,使学生获得感性经验的同时,强化理性认知,以系统观的视角来理解身心健康与环境的关系,并积极关注环境因素,增强责任感,自觉维护并主动创造良好的环境,利用环境资源以发展身心。

三是将"心—身—环境"之间的具身化关系与规律纳入知识科普内容中。传统的大学生心理健康教育聚焦于"心"的部分,不会关注"心—身—环境"之间深层、复杂的关系,大学生也自然形成了对健康的片面认识。具身化大学生心理健康教育在身体健康与环境健康的知识科普基础上,帮助大学生了解"心—身—环境"之间的具身互动,即身体和环境对个体心理的塑造作用,从而更好地理解自己、他人和周围环境的关系,并利用身体和环境要素帮助自身获得身心健康。例如,开放性的身体姿势可以增强自信心,降低焦虑感;大学校园中的树林、绿地等自然环境对认知能力有增强作用,并能够调节心率,改善情绪健康;久坐不动会限制脑力,而散步可以激活创造力。因此,大学生需要理解和学习生活中的具身知识,采取科学有效的方法帮助自己缓解身心压力,维护健康状态。

综上所述,具身化大学生心理健康教育扩展了知识科普的内容范畴,为大学生心理健康的维护提供了更丰富、更有效的方法。

4.5.3 身心健康能力培养

大学生不仅需要有丰富的健康知识储备,更需要有维护和促进健康的能力。在能力培养方面,传统的心理健康教育以培养大学生的认知能力、情绪情感能力和人际沟通能力等为主要内容,关注大学生的内在心理特质培养。具身化大学生心理健康教育不仅拓展了健康观的内涵,在能力培养方面也整合了心理、身体和环境三方面要素,扩充了教育内容。身心健康能力主要表现在以下几方面。

一是身体的情感能力。老子在《道德经》中提到,"虚而不屈,动而愈出"。获得生命的真正智慧,发展心灵的健康,归其本源都要从身体上入手。身体的情感能力是指通过情绪情感体验的方式来理解和表达自己的能力,它包含情感的感受力和情感的表达能力。传统的心理健康教育虽然也关注情感,但更多是帮助大学生在意识层面形成对自我情感的认知。这样的教育效果有限,因为情感离不开身体的参与,情感的感受和表达都需要从身体体验出发。相对来讲,个体的心理感受是无形的、流动变化的、难以捕捉的。但身体体验有迹可循,有形可依,它依赖于感觉器官和神经系统,即"眼耳鼻舌身"。具身化心理健康教育以大学生的身体感官感受为主要线索,通过体验性的教育活动方式帮助大学生提升对身体感受的觉察,并以此理解内在情感变化,提升情感的感受力,恢复身心连接。情感感受力的培养能够帮助大学生更好地了解自我、他人以及所处的环境,丰富内在世界,培育积极情感,发展与他人和环境更积极健康的互动方式。在情感感受力的基础上,具身化大学生心理健康教育还注重培养学生的情感表达力,鼓励大学生以言语、身体动作等艺术化的方式来多元地表达内在情感体验，更好地处理内在压力和负面情绪，发展与他人沟通和合作的能力。

二是身体的创造能力，这是具身化大学生心理健康教育的重要内容。人类的身体是创造之源，拉尔夫·沃尔多·爱默生（Ralph Waldo Emerson）曾说："身体是心灵的仆人，工具是人类身体能力的延伸，犁是手臂的延伸，车轮是脚的延伸，语言是听觉的延伸，电话是声音的延伸，留声机是耳朵的延伸，每一种工具都带着其创造者的精神。"[115]创造力体现在一切艺术活动和身体活动之中，可以说身体时时刻刻进行着自我更新，从机体组织到身体样态，再到内心活动，无时无刻不在发生着改变。换句话讲，身体是最伟大的创造，它天然拥有解决困难的智慧，也提供了改变和创造的最佳范本。英国精神分析师唐纳德·温尼科特（Donald.W.Winnicott）认为，人只有在创造中才会发现自己。具身化大学生心理健康教育重视身体的创造性，通过身体动作模式来探索和改变自我，以艺术化的方式升华心灵。灵活的身体动作也会作用于心灵，帮助大学生调整认知过程，激发创造灵感，拓展内在心理空间，发展身心潜能。

三是环境的适应能力。具身化大学生心理健康教育以系统观为视角，不忽略其中的任何影响因素。除了身体和心理之间的相互作用，大学生对环境的适应能力也关系到身心健康发展和成长成才。环境适应能力是指个体适应不同的环境和情境的能力，它反映了心理、身体和环境之间的相互作用。一个人对环境的适应能力是其心理健康水平的重要体现，表现在对自然环境、人际环境、文化环境的适应方面。适应能力是心理健康教育的重要内容，却往往被传统的心理健康教育忽视。具身认知理论认为，人通过身体与外在环境互动，并受到环境的塑造。具身化大学生心理健康教育重视培养学生对环境的适应能力，通过身体性、情境性的教育方式激活学生的身心体验，转换身心视角，以身体为核心重建认知模式，提升对环境协调应变的能力。

综上所述，在具身化大学生心理健康教育中，学生不仅要有科学的健康观念和必要的知识储备，还要有维护身心健康的实际能力。身心健康的观念教育、知识教育和能力教育共同构成了具身化大学生心理健康教育的重要内容，传统心理健康教育的内涵被充分拓展。

4.6 具身化大学生心理健康教育方式

如何开展具身化的心理健康教育工作？这是一个需要从全局性、系统性的角度来思考的问题。从具身观点出发，身体的健康发展也能促进人格的完善。这种从身体到心理的方向和路径可以拓展心理健康教育的工作思路，为工作创新提供更多的可能性。具身化大学生心理健康教育方式主要有以下三方面（图 4-2）。

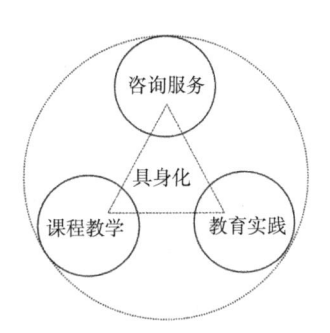

图 4-2 大学生心理健康教育具身化主要方式

4.6.1 具身化的咨询服务

心理咨询是一种提供专业心理健康帮助的服务方式，旨在协助来访者提高心理能力，维护心理健康。在西方国家，心理咨询已经相对成熟，部分国家将心理咨询和治疗纳入了社会医疗保障体系，心理咨询和治疗成了大众心理健康的一项常规服务。在中国，随着社会经济的发展，人们对心理健康问题的关注度日益提高，心理咨询行业也像雨后春笋般快速发展，全国各地涌现出越来越多的专业机构，心理咨询师队伍也不断壮大，心理咨询在公众中的认知度也逐渐提高，越来越多的人开始寻求咨询，并且通过专业帮助获得更加健康的生活。虽然传统文化的固有影响依然存在，但心理咨询的污名化问题逐渐减少。目前，我国大部分高校都提供免费的心理咨询服务，这对维护大学生心理健康起到了积极的作用。然而，当前大学生心理咨询工作存在一定的问题和困难，需要突破和创新。因此，具身化的咨询服务是对传统咨询的有益补充，具体内容如下。

（1）具身化心理咨询的特点

目前，高校心理咨询工作逐渐稳定成熟，也取得了一定的成绩，这为大学生的心理健康发展提供了专业支持。然而，咨询工作也面临一些局限，如受众范围有限，咨询方式方法单一，咨询效果不持续，等等。作为一种助人工作，高校心理咨询工作需要以学生为本，重视身体和环境因素对大学生心理健康方面的重要作用。

①咨询中身体的影响

心理和身体之间的关系一直备受争议，但随着具身认知理论的出现，人们对二者关系的理解逐渐变得清晰。具身认知理论认为，人是身心一体的，并受到环境的作用，三者之间层层嵌入，相互作用，互相影响。心灵的健康可以疗愈病中的身体，反过来，健康的身体也可以让受困的心灵得以修复。卡尔·荣格（Carl Jung）认为，我们不仅可以从身体构成中推论出心理的结构，而且能够从个体的心理特征层面推断出相应的身体特征[116]。荣格强调了身体和心理之间的密切关系，认为身体和心理是相互联系的。身体状态可以反映内在的心理结构，同时个体的心理健康和精神状态也常常以身体隐喻的方式表达，如疲于奔命、垂头丧气、站不住脚、气急败坏、低人一等、灰头土脸等。身体语言从整体姿态到具体的某一个手势、动作，都在传递一种先于语言的信息，这些信息往往比口头上表达得更加真实，更接近潜意识。身体也是自我个性特征的直观呈现，人们可以通过身体形态、动作等方面来理解彼此的内心世界。

心理咨询与治疗已经有一百年的历史，从弗洛伊德的谈话治疗开始，逐渐发展至今。然而，在长期的发展中，身体在心理咨询和治疗中一直处于从属地位，主要用来标定来访者的问题和症状，尤其是行为上的反常表现，如压抑、躁狂、自我伤害和攻击等。身体的状况往往被视为心理状态失衡和紊乱的附带影响，因此被置于相对次要、被动的位置。在临床咨询工作中，大多数咨询师认同心理问题存在于心灵中的假设，因此会努力在心灵内部查找线索，忽略对身体的探查。同时他们也会认为，身体和行为问题只是心灵受损的表征，心理和身体之间是因果关系，其中，心理是"因"，身体是"果"。诚然，心理免疫学的研究证明了心理状态会对身体健康产生影响。例如，长期抑郁的人容易感冒，过敏性皮肤病和一些其他的慢性疾病，这与病人的情绪或人格类型有关。然而，心理和身体谁是"因"、谁是"果"不能简单下结论。我们需要重新认识心理和身体之间的关系，它们是相互联系和影响的，不是简单的因果关系。此外，更普遍的观点认为，人类心灵所承受的痛苦超越了身体范畴，这种哲学上的"二分法"导致心理咨询将心理痛苦与身体痛苦之间划清了界限。基于这种身心分离、心为主体的二元视角，身体常常被视为心灵的容器或灵魂的外壳，只具有生物和物理属性。这种理解贬低了身体的重要性，将身体视为简单粗俗、机械且无生命力的存在，而将心灵理想化。这种观点并不利于对心理问题和精神疾病的理解，也阻碍了对个体心理发展的支持。在探索人类心灵本质的过程中，这种二元思维使心理咨询陷入僵局。身体并非心灵的附属品，也不能将其置于心灵的背景之中。在探讨健康议题时，身体和心理同样重要，需要将二者整合起来进行思考。

　　随着现代哲学、神经科学和心理学的发展，我们重新认识了身体的意义和作用，并逐渐将其从心理咨询与治疗的背景转向前景。身体与心灵之间的关系是复杂的，重视身体在心理咨询与治疗工作中的作用，并不是否定传统理论与方法，而是承认身体的主体性，这是对人的复杂性的深刻理解。理解身体与心灵的关系也让我们回到了生命的早期，那时，个体的主要发展任务是通过身体确认自我。生理的发育和心理的发展是一个自然而然的过程。婴儿需要学习控制自己的身体，实现身心的经验统整。在这个身心协调的过程中，来自外在环境的反馈十分重要。父母的照顾和陪伴，生理需求及时被满足，以及玩耍、抚摸、拥抱等身体的接触与互动，都可以帮助婴儿感受到身体的存在。正如精神分析学家温尼科特所说，婴儿最初的迫切任务就是将自己的心灵放置于自己的身体之中。身体既是生命的起点，也是唯一的目的地。它不仅是物质实体，还是精神的投注对象，并对心灵世界产生主动性的影响。虽然越来越多的心理临床工作者认同身体主体性的观点，但在具体的心理咨询工作中，很少将身体作为重要的工作媒介和内容，甚至采取回避身体的态度。主流的心理学家与精神病学家更倾向于选择针对头脑精神层面的方法或借助改变大脑中神经递质的药物来工作，而非运用身体层面的技术。这种脱离身体谈心理的倾向与精神分析理论的发展历史有关。由于身体和性驱力之间的暧昧关系，心理工作者们为了避免在咨询中产生移情而将身体的感受和话题搁置。相比之下，言语则作为心理咨询的工作媒介被看重，从而导致了心理咨询远离身体的工作倾向。

　　如今，我们需要重新构建心理咨询的工作视角，将身体纳入对来访者心理问题的理解中，通盘考虑。每个人在成长过程中都形成了与身体的独特关系，因此寻求心理问题的答案必然不能忽视这种隐秘的身体线索。从本质上来说，心理问题与疾病的根源之一恰恰是身心的分离。因此，高校心理咨询工作更应该关注身体与心理的关系，让那些断裂的、受到阻碍的部分重新连接。通过身心统合的方法，帮助大学生实现二者的协调发展。

②咨询环境的重要性

与被忽视的身体相比，咨询中环境的作用被临床工作者所认同，具身化的心理咨询更加重视环境因素的作用。咨询中的环境包括物理环境和人际环境。物理环境指咨询场所的位置、空间大小、光线、温度、湿度、家具物品的摆放和装饰等，主要为咨询师和来访者提供工作空间，营造安全的咨询氛围。咨询环境受到多种因素的影响，如不同理论流派的咨询理念、咨询师个人阅历、风格偏好以及社会文化取向等。虽然咨询空间没有一定之规，但它们遵循着共同的伦理和规则。咨询空间的设置要以保护来访者个人隐私为前提，确保咨询工作不受外界干扰，同时也能够积极促进建立信任的咨询关系。此外，咨询室是专门为咨询工作设置的场所，对于咨访关系的界限作出了有形的划分，确保咨询师在其角色下开展专业工作，保护来访者的利益。

咨询的环境设置需要帮助来访者体验到安全的、被抱持的感觉，同时也需要为咨询师提供稳定的工作场域。心理咨询关注咨询环境对身心感受的影响，如整洁安静的场地、适宜的座椅硬度和距离、柔和的光线和合适的温度等。根据不同的咨询理论取向和使用方法，咨询场地的设置也有所不同。例如，在团体咨询中，带领者和团体成员需要围坐一圈，形成互动的团体；在艺术治疗中，场地需要灵活布置，同时需要配备艺术媒材和设施。此外，心理咨询不仅要关注物理环境的作用，更需要重视人际环境。咨询师与来访者之间的特殊人际环境是影响咨询效果的核心因素，这一点在任何理论中都得到了证实。建立稳定的治疗联盟需要让来访者感受到安全、温暖和信任，而这种特殊的人际环境不仅需要以稳定安全的物理环境为基础，还需要咨询师以专业的态度来工作。西方有句俗语："篱笆筑得牢，邻居处得好。"在心理咨询中，物理环境构筑了外部框架，但来访者内心的安全稳定感更重要的来源是咨询设置，如咨询频率、时间、咨询师的专业背景和理论取向，以及咨访双方的权利和义务等。与咨询有关的信息应当清晰地告知来访者，特别是咨询的保密性，因为这是咨询得以进行的前提。此外，来访者的安全感还源于咨询师的共情、中立和不评判的态度。这种态度是咨访关系建立的基础，对创设安全的咨询环境起到了重要作用，成了心理咨询的核心原则。

由此可见，身体和环境要素在心理咨询中各具有不同的意义，并且随着临床工作的不断发展，越来越受到重视。因此，如何在大学生心理咨询工作中应用具身化的方法，是一个值得深入探讨的问题，这不仅对心理咨询理论技术的发展具有重要意义，而且也为提高大学生心理咨询服务效果和水平提供了创新思路。

（2）具身化心理咨询的运用

具身认知理论认为，身体不仅反映着心理世界的运作方式，也主动地影响和塑造着心理健康。在心理咨询过程中，咨询师需要通过来访者身体状态和身体语言来获取信息，而不仅仅停留在言语层面。人的重要经历、隐秘的感受和压抑的愿望都隐含在身体之中，无法言说，但可以通过身体语言无意识地呈现出来。咨询师需要提升观察的敏锐性，以更好地理解来访者。然而，大学生的心理咨询工作常常忽略身体的作用。因此，在大学生心理咨询工作中，如何利用身体促进学生的人格发展和心理健康，是值得探索的问题。

①在咨询活动中补充身体行为视角

在过去的百年中，以言语为媒介的会谈一直是心理咨询与治疗中的主要方式，从弗洛伊德时期一直延续至今。主要的心理咨询与治疗流派，如心理动力学、认知行为疗法、家庭治疗、存在—人本主义治疗等，大多是通过言语信息工作。咨询师通过提问来搜集资料，来访者则回答问题，从中咨询师可以搜集到足以用来理解和分析来访者的信息资料。因此，在大多数咨询与治疗流派的咨询师培养过程中，言语访谈是重点训练内容。咨询师通过言语的提问、澄清、反馈、面质、解释，搜集必要资料，帮助来访者理解和探索心理困扰。语言在咨询过程中起到了非常重要的作用，促进了咨访双方的沟通，加快了咨询进程。但是，语言有时也会对咨询产生负面影响。例如，它受意识的控制而掩盖了潜意识中真实的感受和愿望。此外，言语的表达有时比较表浅，不足以清晰地描述内在复杂丰富的感受和生命的真相，甚至与内心真实的感受相悖。法国现象学家莫里斯·梅洛-庞蒂对人类的语言持有类似观点，他认为凡是被言说的东西都变了味。在咨询过程中，咨询师仅凭言语信息来揣度来访者的内心是十分困难且危险的事。因此，对来访者身体语言的关注是非常重要的。

　　首先，身体在咨询中的运用体现在倾听上。倾听不仅是一种会谈技术，还体现了咨询态度，影响咨访关系的建立。与其他言语访谈技术不同，倾听要求咨询师从多个角度倾听来访者的信息，不仅仅是从言语层面。正如在中国汉字体系中，"听"的繁体字为"聽"，由其构成可知，真正的倾听并不是急于言表，而是要发动身心。咨询师要用耳朵听来访者说了什么，以获取言语信息，还要用眼睛观察来访者的非言语信息，如眼神、表情和肢体动作。只有这样的倾听才更全面、更深刻，咨询师才有可能真正理解来访者所表达的含义。可以说，倾听具有具身特性，它基于咨询师对来访者身体动作的细致观察。在咨询工作中，了解来访者的个人历史是十分重要的任务。除了言语问询，身体也是一个重要的信息来源，甚至比言语更可靠，它呈现出来访者的潜意识。一个人的全部历史和未来都印刻在身体中，同时身体也成为理解和感受当下的唯一途径。因此，在咨询工作中，咨询师对来访者的观察不止于言语，而应该扩展到全身心的观察。在整个咨询过程中，来访者通过身体姿态展示自己的身心状态，如交叉双臂、含胸驼背、轻声细语、低头、急促的呼吸、腿不自觉地抖动、双手互相摩挲等，需要咨询师留心观察。如果咨询师能够敏锐地觉察身体传达的非言语信息，就可以利用这些资料进入来访者的内心世界。非语言信息是倾听的重要内容之一。每个人在生活中以不同的方式倾听，但在咨询中，重要的不是听来访者的言辞，而是要听无声之处。咨询师必须全身心地倾听来访者，才能接收到丰富而有层次的信息。在倾听来访者的过程中，要体察来访者的情感、防御机制、无意识的幻想和冲突。因此，倾听的过程就是咨询师自身作为情绪感受器和信息接收器，在咨访双方之间进行交流和沟通的过程。可以说，倾听是咨询过程中一种重要的具身化技术。

其次，身体的动作、呼吸和感受也可以作为心理咨询的具身化工具，帮助咨询师更好地理解来访者。具身认知理论强调身体意识，将身体从一个仅具客观物体属性的存在转化为一个具有主观能动性的存在，这种转化为个体的改变提供了更多可能性。面对复杂多变的生活环境，具身化使人们能够自由灵活地感受、与人联结，以及采取行动。因此，它是一种存在方式，人们无时无刻不在利用身体进行情感、意图、愿望等内在信息的交换。咨询师也同样具有复杂的情感体验，可以借助人类集体无意识和情感文化的共通性，在镜像神经元（mirror neuron）的作用下，共情地理解来访者的身体反应，并通过自身的身体感受帮助来访者觉察其内在状态。

最后，咨询的另一具身化表现是咨询师与来访者之间的情感互动，即"移情"（transference）和"反移情"（counter-transference）。其中，移情是来访者将早期重要关系中形成的情感模式无意识投射到咨询师身上（如依赖或敌意），而反移情是咨询师因来访者的移情或自身未解决冲突所产生的情感反应。二者是精神分析治疗中理解潜意识动力的核心工具。咨询师的工作重点是识别和利用移情和反移情，帮助来访者理解人际的互动模式。移情和反移情同时包含意识和无意识的部分，意识层面的内容可以通过言语进行交流，而无意识的部分则更多隐藏在身体中，需要通过身体来觉察和呈现。无意识的部分往往对心理咨询非常重要，它包含着来访者最真实的信息。因此，身体成为咨询中的重要中介，可以感受和传达咨询双方的内在情感，促进咨询关系的建立。

②扩展以身体为中介的咨询方法

在临床工作中发现，许多来访者的问题往往在于心灵与身体失调。例如，抑郁症患者不仅身心失调，同时也和他人、周围的环境失去了联结，严重者甚至对任何事物都丧失了兴趣。抑郁症患者会感觉身体沉重无力，无法自发的、协调的运动，这也是心理健康受损在身体上的体现。亚历山大·罗文（Alexander Lowen）曾说："当我年轻的时候，'脚踏实地'被誉为一种美德，如今我再也没有听人这么说过，根植于大地已经失去了意义吗？我认为是如此。对现代人更恰当的描述是'好高骛远'，当文化本身没有根基，是很难扎根的。"[117] 这预见了三十年后的今天，信息网络和智能手机加剧了人类社会精神属性的转变。人们沉迷网络，精神世界被闪烁的屏幕吞噬，碎片化的信息使头脑愈加混沌，身体也越来越被忽视。人们花在电子设备上的时间越长，身体的活动就越少，这种转变也削弱了身体能动性和心理自主性，使人们逐渐脱离了现实生活。缺少了必要的身体活动，心理也会更加焦虑。因此，人们需要从身体出发，重新恢复身心平衡。

大学生处于心理发展的重要阶段，面临学业、生涯、人际、情感等多方面压力，心理健康状况遭遇了诸多挑战。对大学生开展心理咨询工作需要依据群体性特点，拓展更有效、更多元的方法，以促进大学生的身心全面发展。通过外在身体来改变和塑造内在心理的具身方法有很多，可以通过改变身体的姿势、运动方式，以及加强身体锻炼、调节呼吸和改善饮食等方式来实现。躯体感觉会渗透到内心之中，进而转化为情感体验。因此，可以通过"眼、耳、鼻、舌、身"的不同感觉通道来改善身心健康。在日常生活中，身体感官的探索方式多种多样，如绘画、舞蹈、书写、演奏、运动、手工以及烹饪等，这些活动都有维护健康的作用。

在大学生心理咨询工作中，咨询师可以尝试以非言语的方式与来访学生之间进行互动，如在咨询中融入身体动作，以纸笔练习来替代言语交流，以咨询室内物品的灵活摆放来呈现关系动力，等等。无论哪种方式，都要以身体为中心。因为身体作为咨询中咨访双方之间觉察体验、建立关系的重要媒介，发挥着不可替代的作用。来访学生通过和身体建立联结来探索内在，重塑自我。在这个过程中，咨询师起到的是陪伴和引领的作用。咨询师全身心的投入，真诚一致的感受，提供恰当的身体、情感和言语反馈，是影响咨询效果的重要部分。在实际的临床工作中，做到这一点是非常困难的。以身体为中心进行感受、觉察和表达往往被认为是原始的，不重要的。因此，咨询师和来访学生双方都容易聚焦认知的部分，而忽略身体在咨询中的信息接收与反馈功能。更重要的是，咨询师在帮助来访者建立对身体有意识的觉察前，必然要清楚自己的身心感受，通过不断的练习和体验探索内在，对自己的身心感受进行整合与修通。这种练习和体验的方式也需要通过身体，例如进行呼吸的训练，提升自己的临在感，增强身体的感受力和情感的耐受力。这样会有利于更好地开展咨询工作。比如，对咨访双方的语气语调、面部表情、身体动作以及身体舒适或不舒适的感受等有清晰的觉知会营造更加安全、稳定、放松的氛围。此外，还可以融入以身体为中心的咨询与治疗方法，比如，鲁尔夫治疗（Rolfing）、费登奎斯法（Feldenkrais Method）、亚历山大技术及舞动治疗等，这些方法倡导认为动作即生命，提高身体动作的品质就会提高生命品质。以上这些身体层面的方式都有助于咨询工作的推进和咨询目标的实现，更好地服务来访学生。

③注重咨询中环境因素的运用

人的身心会受到环境的影响，心理咨询中环境因素对工作的影响也是十分显著的，值得细致探讨。相较于身体，各个理论流派在环境要素上都非常重视，在有限的咨询空间中尽可能为来访者提供安全稳定的身心感受。同时，咨询空间也形成了真实、安全、可信赖的场域，为来访者提供更多自我探索的机会。大学生心理咨询工作也需要注重咨询环境的助人与育人作用。

　　首先，咨询室的物理环境是重要基础。咨询室要有必要的配备，如沙发、茶几、时钟、纸巾和垃圾桶等，形成安全保密、不受他人干扰的工作环境。目前，我国高校几乎都设有专门的心理咨询室，为心理咨询工作的开展提供了必要的场地和物资保障。咨询室的空间感、光线明暗度、防噪声和家具物品的摆放等方面都需精心布置，从而为咨询工作服务，提高工作的便利性。在干净整洁、功能完备的基础上，空间美感也需要被考量，它会以具身化的方式对来访学生产生心理上的影响。例如，简洁雅致的咨询空间会让来访者感觉到舒适，反之，过分花哨复杂的布置则会让人感到视觉疲劳，或产生负面的审美评价，分散了注意力。因此，咨询室的空间布置应减少易引发个人主观评判的装饰性物品，化繁为简。

　　其次，扩展疗愈性空间的概念。通常来讲，我们把咨询空间限定为咨询室本身，但事实上，应扩大范围，考虑整个咨询服务机构的空间环境对大学生的影响。我们还应从学生的感官体验出发，注意以下几个方面：一是从视觉角度引入适当的光线，避免昏暗阴郁的空间感；二是保持通透性和良好的空气流通性，降低嗅觉的不良刺激；三是在听觉上营造放松舒适的感受，在非咨询区域可播放背景音乐；四是多使用原木、棉麻等天然材质的家具物品，在触觉上让人感到温暖舒适；五是装饰上多增加些绿色植物，给人以生机勃勃的美好感受，以植物抚慰心灵。以上从视、听、嗅、触的不同感觉通道出发，营造自然、清新、安全、包容的环境氛围，使来访学生踏进咨询机构时就能获得身心放松的愉悦体验。

　　此外，咨询工作的环境性因素不应局限于咨询室和咨询机构，整个大学校园都需变为咨询空间。校园环境对学生情绪状态、身心健康以及学习生活方式的影响不容小觑，高校需要以环境为引导，潜移默化地促进大学生心理健康发展。大学生群体在校园中学习和生活，也在时代、社会的大背景之下成长，其心理状况与社会整体氛围密不可分。当前的社会环境下，人与人之间的竞争不断加剧，压力随之而来，焦虑、抑郁等心理问题高发。身在"象牙塔"中的大学生也无法幸免，越来越多的学生感到焦虑、抑郁，心理危机也时有发生。在思考应对策略时，心理健康教育者和高校管理者容易忽视校园环境。环境不仅影响人，同时也塑造人，校园的自然环境具有天然的疗愈力，它对大学生心理健康有重要影响。大学校园有明确的分界，保障了安全、独立、不受侵扰的治学环境，让学生能够专心求学。在校园之内，除了满足教学、后勤需求的建筑，高校也应依照学校定位、属地文化和气候特点积极规划，营造出良好的环境氛围。在校园建设历程中，高校曾陷入"建大楼"的误区之中。教育家梅贻琦先生曾说："所谓大学者，非谓有大楼之谓也，有大师之谓也。"因此，在校园建设方面，教育管理者应思考将自然环境与人文环境融合，探索环境对学生身心健康发展的积极影响，了解自然景观具身化的育人作用。

最后，利用助人环境中人的因素。疗愈性的助人环境除了包括咨询环境、机构环境和校园环境，也包括咨询师为来访者提供的抱持性关系和校园的人文氛围。首先，在咨询工作中，咨询师需要看到咨访关系的不平等性，避免自身的工作胜任力和咨询态度的问题对来访者造成剥削和伤害。咨询师需对自身身体、情绪反应和环境状态有清晰的觉察，利用"心—身—环境"的具身资源来建立安全、抱持的咨访关系。咨询师应在咨询的全过程积极关注"此时此地"（here and now），即当下在咨询室中、咨访关系中发生的重要事件。"此时此地"蕴藏着丰富的讯息，也提供了更好的工作方式。比如，在个体咨询中，不同的来访学生面对同样的咨询环境反应不同，其主观感受和投射出的观点态度有所不同。咨询师需要留意来访学生与环境的互动状态，并利用环境要素来提供心理支持。另外，校园人文环境也对其心理健康有重要的影响。这超越了心理咨询的范畴，也超越了心理健康教育工作的范围，会从更宏观和长远的角度影响大学生的成人成才。文化艺术是心灵的土壤，能培养出更加优秀的心理品质，也为累积的负面情绪、压力提供释放和缓冲的空间。学生可以在书画、舞蹈、音乐、戏剧、诗歌等这些人类的伟大智慧和创造中汲取智慧,理解生命的意义,找到发挥自我潜能的新契机,逐步理解、接纳和释怀当下的挫折和困扰。因此,教育管理者需要有全局化和系统化的眼光,建立文化育人的人才培养理念,加强人文艺术教育。在优美的校园自然环境中融入人文气息,陶冶学生情操。当校园的人文底蕴累积起来后,大学生的心理弹性和支持性资源也能得到更大程度的拓展,其成长环境也得到优化。

4.6.2 具身化的课程教学

心理育人作为高校思想政治教育体系的重要组成部分,一直被政府、高校管理者高度重视,其中,课程教学一直是心理健康教育的主要载体,倡导以课堂为主阵地开展心理健康知识的科普工作。目前,我国高校心理健康教育课程以"大学生心理健康教育"为主。2011年教育部印发的《普通高等学校学生心理健康教育课程教学基本要求》(教思政厅〔2011〕5号)明确提出了课程教学的目标、内容及方法,指出了课程建设的发展方向。经过多年教学实践,我国高校探索出相对成熟的"大学生心理健康教育"课程教学体系,大学生群体广为受益。具身化的课程教学旨在进一步完善现有的教学体系,在教育形式和方法上大胆创新,使其更能够真正入脑入心,切实地促进大学生的心灵成长。

(1) 具身化教学的主要原则

孟子认为,"君子有三乐",其中的一乐就是"得天下英才而教育之"。古希腊哲人亚里士多德认为,人生最终的价值在于觉醒和思考的能力,而不只在于生存。教育给出了实现人生价值的实质性办法,那就是师生之间的"教与学"。教育教学是人类文明、艺术科学世代传承和发扬的重要方式,教书育人也成为教师的神圣使命。在中国几千年的历史文化发展过程中,从老子、孔子等先贤口口相传的游历布道,到近代逐渐形成独立的教学体系,再到发展为现代教学的多样化模式,教学方式的变革经历了漫长的发展,逐渐演化为融合多元的新态势。我国也逐渐形成"以学生为中心"的教学模式。认知教育通过向学生传递知识,传授技能,培养出了一批又一批对国家建设和社会发展有贡献的合格人才。在心理健康教育工作中,课程教学是实现育人目标的重要途径。在教学改革浪潮的推动下,大学生心理健康教育课程也面临着新一轮的变革。高校在教学创新中,可将具身思想作为理论框架,在传统认知教育基础上融入身体、环境要素,以身体为中心,以环境为资源,提高心理健康教育课程的教学效果。

①体验性:以身体为中心

教学是理性的活动,在教与学之间,受教育者不断通过知识的学习和技能的发展来增长见识,获得本领。教学的理性源于人类的理性部分,教学活动中探索和发展这一理性的智慧也是教育教学的重要任务。借助理性智慧,人们可以探索自身潜能,完成自我超越,实现人生意义和价值。但人也兼具感性部分,这大部分来自身体的丰富感受。在实际的教学活动中,教育者与受教育者在"教"与"学"的互动过程中实现感性与理性的平衡,从而学习理性知识,获得感性经验。另外,从高等教育的角度出发,大学阶段的教育更注重鼓励受教育者发展自我独特的人格和观点,提供自由的学术研究和生活场所,助力其实现当下人生阶段的身心发展任务。正如教育家约翰·纽曼(John Henry Neman)所提出的,大学教育首先应提供"一种才智增长"或者说"一次心灵拓展",其次,它试图引发"一种性格的形成",即通过"心智的磨炼"发展一个人性格的各个方面。更重要的目标是"开阔心智,让心智得到修正和净化,使它学会去了解、消化、掌握、驾驭并使用知识,让它有能力驾驭自己的才能,包括应用、灵活性、方法、准确性"[118]。因此,教育不只是知识的传授,更推动了全人发展。

现代大学的主要功能之一就是教学,正如德国存在主义哲学家卡尔·

雅斯贝尔斯（Karl Theodor Jaspers）的观点，虽然大学的本质是学者与学生探求知识和真理的共同体，但高等教育的使命又远不止单纯知识的获取。他在其著作《什么是教育》中谈道："所谓教育，不过是人与人的主体间灵肉交流活动（尤其是老一代对年轻一代），包括知识内容的传授，生命内涵的领悟、意志行为的规范、并通过文化传递功能，将文化遗产教给年轻一代，使他们自由地生成，并启迪其自由天性。"[119]因此，教学将知识作为重点与核心并不为过，但不该只针对认知层面。仅仅将知识填充进头脑的教学是机械生硬的。正如生物学家、教育家卡拉·汉纳福德（Carla Hannaford）所说："学习、思考、创造和智慧都不只是大脑独立运作的事，而是全身心的事情……记忆不仅储存在头脑里，也储存在遍布全身的神经回路中。"[120]真正的教学不只以知识的传授为目标，而是注重这一互动过程里学生的体验和成长，从而促进个体的健康成长。在全人发展的教育方向指引下，教学由被动变为主动，从而实现其更大的功能和价值。根据教育学家约翰·杜威的理论，他认为教育应该以学生为中心，强调学生的主体性，重视学生的经验和兴趣，鼓励学生通过自我实践和实践经验来掌握知识和技能。杜威强调教学应该以学生的实践活动为主导，让学生通过实践探究、发现问题、解决问题，从而获得知识和技能。他认为教师应该是学生的合作伙伴和指导者，而不是单方面的知识传授者[121]。

目前，在教学理论层面，学生一直被认为具有主体性地位，教师的言传身教对于学生学到知识和技能来说非常重要，教师的"教"和学生的"学"之间密切联通，可谓教学相长。而在教学实践层面，这样的愿景并未真正实现。包括心理健康教育课程在内的多数课程教学方式还停留在知识性和认知性的教育，学习仅限于头脑内理性知识的加工。虽然教学并未直接沿袭经院式和师徒制的教育形式，但教师仍处于教学中的主导地位，具有权威性。学生敬畏于教师的权威而非知识本身，机械盲目地完成学习任务，将未经自己思考和加工的知识内容照单全收。教学也成为考试的附庸，失去了整体性的目标。目前，高校中的大学生心理健康教育课程也多以考试成绩为学习效果的评估依据，学生也不可避免地使用一些机械性的学习方式，哪怕是取得了很高的分数，也未必有助于其身心健康。

如果想要充分利用课程来实现助力学生成长的目标，则必须从多角度出发，利用多元化的手段来提升教学效果。其中，身体为教师教学、学生学习过程中的主要媒介和重要资源，教学活动和教学关系都必然基于身体的感受、身体间的互动以及身体在环境中受到的影响。首先，在教师教学的活动中，看起来是通过言语传递知识，通过理性的思辨来向学生表达观点，而实际上，身体超越言语层面在更大的场域发挥着微妙的作用。课堂上，学生可能默默地观察教师的身体状态和身体动作，并以同调的身体动作行为来回应，从而形成教与学的无意识互动。比如，当学生对身体呈现出权威感和控制感的教师感到敬畏时，可能采取迟到、旷课及在课堂上表现出阻抗性的行为，这会影响教学效果，也会破坏师生关系。这个过程是双向的，学生和老师之间时刻上演着无声的互动，你来我往间形成课堂独特的教学氛围。其次，教学活动需要以身体为中心，依托身体的体验来开展。所谓体验，必然是需要受教育者亲身去经历，通过身体来形成丰富的感受，把感性的体验凝结升华为理性的认识。在大学生心理健康教育课程中，情感与感受更是非常核心的议题。它不只是概念范畴，而是学生能够真切体验到的内容。这种从身体到心理的体验可以细化为五个感官层面，包括眼、耳、鼻、舌、身，即通过视觉、听觉、嗅觉、味觉和触觉来接受和消化信息，形成全面立体的深刻体验和身体记忆。我们会在生活中发现，知识容易被遗忘，但是生活中所经历的总是留有痕迹，如环境、光线、气味等，这些都作为原始记忆隐藏在身体之中。在心理健康教育课程的教学中，教师更应该重视学生的身体经验，利用学生的感官经验将抽象的理论知识转化为具象、可感知的教学内容，借由亲身经验来形成新的认知，促进自我觉察。最后，身体不仅是接收信息的中介，而且主动生成着经验。心理健康教育课程的基本任务是科普知识，增加常识和发展见识。知识和常识都可以通过讲授来实现，但增长见识却很难。所谓见识，是一个人的眼光和境界，其中凝缩了人生经验、生活阅历及胸怀气度，很难通过灌输的方式来让学生获得。见识不仅仅通过读书学习获得，还以身体为中心发展。例如，我们想知道世界有多大，这种大的感受不能从地理书上的数字来获得，而需用脚步来丈量，身体的移动赋予客观数字以主观感受。再比如，有些人虽然有知识，但无见识，因为都是他人经验，自己未曾亲身体验，只是纸上谈兵。抽象的知识只提供间接经验，无法与真实的体验画等号。倘若一个人从未有过某种体验，别人怎么跟他解释也没办法使其真切地感受到。因此，知识的学习、常识和见识的增进都要以身体体验为先。大学生心理健康教育课程要将书本知识转化为生命体验，以真正提高学生的心智水平，改善其身心健康。

②情境性：以环境为资源

具身认知理论强调，人的大脑嵌入身体中，而身体嵌入环境中。大脑的任何活动都不是独立于身体的其他部分的，同时，人的身体更不能脱离环境而存在。在心理健康教育课程中，除了以身体为中心开展教学，还需要积极地利用环境资源。身体感官与环境的互动，可以促进个体情感的发展和认知水平的提高。环境不单指课堂环境，还包括课堂以外的自然环境。俗话说，大自然是最好的老师。知识不应只从书本中获得，教育要冲破教室和学校的围墙，山林、湖泊、河流、海洋是天然的教育场。与山对话，学习山的笃定；与海对话，学习海的涵容；与流水对话，感叹时间与生命的流逝；与大江大河对话，看到历史在眼前奔腾……人在自然之中会默默地将草木、山川、河流之精神力内化，成为自己的一部分。如庄子所说，"天地有大美而不言，四时有明法而不议，万物有成理而不说"。大自然化有形于无形，融入人的精神世界，如生命的不竭源泉，滋养人的身心，使其获得和谐与平衡。

现代社会，人们走进都市，脱离了自然，获得了生活的便利，但失去了向自然学习的机会。因此，人需要适当地回归自然，教育与教学也需要回归自然。心理健康教育是人才培养的重要内容，大学生心理健康教育课程是进行健康知识科普的主要渠道。大多数高校都很重视课程的建设，在教育部的政策引导下，大学心理健康教育课程被列为全校学生的必修课程。全国多地也都进行心理健康教育课程教材研发、教学示范及成果评比等相关活动，加快了课程建设和发展的速度。从总体上来讲，教学方式并未脱离传统模式，依然是以"教师讲、学生听"为主，是单向的知识传授。这种教学方式的演化从东西方智者游历讲学开始，历经千年，仍旧是东西方教育中最多被使用的教学法，在认知层面促进了学生的知识学习。与之相配套的就是以考试的形式对教学效果进行核验，成绩也作为学习成果的主要标志。心理健康教育固然有认知教育的部分，但更需要学生"有所思"的同时"有所感"，而感觉、感受的部分除了需要身体的参与，也必然离不开身体所在的环境影响。正是在身体与环境的互动之中，知识由模糊抽象变得生动具体。知识融入身心之中，更加扎实和牢固。因此，创新教学方式，提升心理健康教育课程的丰富性和有效性，就需要以情境化的教学为主要原则和发展方向。

情境性指的是从教学环境设置、教学内容和教学方法等方面都积极利用环境资源，创造能够更利于学生理解感悟的教学氛围，避免枯燥乏味的说教式教学，以自然环境、生活情境为教育媒材，提升教学的生动性和真实感。教师在心理健康教育课堂上应积极创造情境来提高学生的参与度，加强体验感，使心理健康知识与生活实际紧密结合，变得更加生动有趣，易于掌握。此外，教学还要利用校园自然环境，发挥校园环境建设优势为教学服务。比如，教师可以拓展教学空间，让心理健康教育课程走出教室，走进大自然，利用自然景观增强学生的身心感受，感悟生命，唤醒活力。正如庄子所言，"天地与我并生，万物与我为一"。与天地一起，个体逐渐超越小我,扩展内心的容量,提升心灵的境界。人是自然界的一部分,脱离了环境也就失去了自我探索的重要渠道。因此,大学生心理健康教育课程需增加与大自然互动的情境,给予学生在天地间观察、在自然中感悟的机会。

③隐喻性:以故事来表达

身体本身就具有隐喻性,它形成无声的语言,表达和塑造着心灵。作为身体活动的言语和艺术也基于这种隐喻性来发展,它丰富了精神世界的内容。除了语言和艺术的方式,人类还习惯以寓言、神话、童话等故事来表达对世界的看法,并对生命经验进行总结,神话的力量指引着人类发展的方向。在东方,庄子的著作满足了人类原始的幻想,让思想不被束缚和限制。《逍遥游》里,庄子以超越现实的描写手法,以比喻、寓言故事来启迪人的心智。在充满想象力的文字中,人们看到了自我与世界、宇宙的关系,也开始探索生命的意义。事实上,人类共同的故事原型就是神话,神话通过象征性的符号传达信息,指引其转向内心,探索内在的自我。神话故事是关于生命的智慧,其永恒不朽的主题在不同的文化中呈现出不同的故事样貌。神话和全人类的重大主题相关,包含了人生每个阶段的议题,也提供了遭遇人生危机的应对范本。它具有隐喻性,呈现了隐秘的潜意识,同时也塑造着心灵。如梦境一般,将人类的集体无意识通过故事传达出来,正如神话学家约瑟夫·坎贝尔(Joseph Campbell)所说,"神话是公开的梦,梦是私人的神话"。在他的《神话的力量》一书中,他进一步提出神话的四个基本功能:第一个功能是神秘性,神话为人类开启了广阔的奥秘世界,让人觉察到潜藏在万事万物之下的奥秘,认识到自身就是一个奇迹,也会在这种奥秘前体会到敬畏感;第二个功能是物理宇宙观;第三个功能是社会性;第四个功能是教育性,它教导人们如何适应环境的变化以及如何生活[122]。神话不同于民间传说仅供消遣娱乐,它的存在是为了引领精神。

心理学理论认为,神话在潜意识层面工作,它并非具象地指向某一具象的人物或事件本身，而是一种象征和隐喻，其背后隐藏着世界的真相。神话的象征和隐喻性往往是和身体有关的，构成人类的神话、幻想与梦的基础就是身体。西方神话尤其强调身体色彩，并颂扬青春美好的身体。同时，人类拥有共同的身体结构，也带来相似的身体体验，进而会对共同的意象做出相似的反应。神话隐喻了人的一生，从出生到死亡，每个阶段的生命议题都会通过神话的隐喻来传达，人们在潜意识层面接受着讯息，以神话的精神力量协助自己做出人生选择。神话存在于个体的内外世界交接之处，也就是将人的外在身体与内在心灵进行整合。约瑟夫·坎贝尔曾说："心会乱跑并且妄想一些身体不需要的东西，神话和仪式都会帮助将心抓回来，使其和身体保持和谐一致，同时也使我们的生活符合自然之道。"神话能引导人们深潜于自己的内心世界，并恰到好处地与外在世界进行平衡。同时，它也教导人们向身体所处的大自然学习智慧，帮助个体与社会融合，与自然融合。神话无处不在，且以不同的形式融入人们的生活。其中，仪式就是神话的一种常见形式。它不单指重大的节庆和典礼，还包括生活中看起来平常的时刻。大学生心理健康教育的课堂同样存在着隐形的仪式和无形的神话，这是由教师与学生共同建构的。因此，除了身体和环境的资源，心理健康的教学还可以通过寓言、神话、传说等具有隐喻性的故事作为媒材，以生动的教学形式引发学生的好奇心，促使学生更深地思考个体的生命意义，理解自我超越的人生哲学，从而更加健康、自在、从容地生活。

除了上述三项原则，在心理健康教育的课堂上，教师还要坚持以学生为主体，尽可能地为学生提供知识学习、情感体验和行为实践的试验场。在教学过程中，教师需根据学生的身心发展特点，循循善诱，为学生提供必要指导。在教育方法上，也要尽量灵活丰富，使受教育者独特的个性、想象力与创造性不受压抑。

（2）具身化的教学体系内容

心理健康教育课程是以提升学生心理能力、维护身心健康为目标的知识普及性教育，是一门将知识传授、心理体验和行为测验为一体的公共课程，其内容与大学生心理发展密切相关，对此，教育部于2011年提出了《普通高等学校学生心理健康教育课程教学基本要求》（教思政厅〔2011〕5号），其中明确提出了课程的教学内容。课程共分为三大部分，十一个模块的内容，涵盖了心理咨询、大学生异常心理和常见困扰，还包括自我、人格、情绪、人际、压力、恋爱、性心理、心理危机与生命教育等内容。其内容全面，基本覆盖了大学生心理健康的全部子命题，满足了个体在大学这一阶段对心理健康知识和实践能力方面的需要。具身化的心理健康教育课程并非要否定现有的教学内容和课程建设基础，而是在此基础上对课程内容进行拓展，将身体和环境作为教学的核心要素，以促进心、身、环境的和谐平衡为目标，融合自然环境，增加身心健康的内容。此外，具身化的心理健康教育课程强调系统观，扩展课程内容范畴和教育视野，融入人类历史上所积淀的厚重的文化艺术精髓，使学生能从丰腴的土壤中汲取养分，提升心灵境界，探索内在自我。因此，具身化的课程教学应以大学生心理发展核心议题为主线，满足其大学阶段的身心成长的需要的同时，适当扩展课程外延。以与心理健康相关的几个维度关系为主线，重点增加并融入以下几部分内容。

①身与心的关系

大学生的心理健康受到心、身、环境的综合影响，这种具身化作用体现在其心理能力发展的方方面面。在心理健康教育的课堂上，教师会更加专注于"心"的部分，围绕心理活动来展开，对身体健康以及身心之间关系的内容鲜有涉及。心理健康课程的教学中普遍存在就心理谈心理的现象，不太关注心理以外以及与其健康密切相关的因素，使心理健康成为抽象和孤立的概念。

具身化的心理健康教育课程不只关注心理，更强调与身体、环境的关系，从更系统的视角来探讨心理健康的话题。其中，心理与身体的关系最为密切。人的心灵世界是无形的，但拥有着实实在在的、有形的身体。这些活生生的有机体不仅具有物质属性，更具有精神性，以直接抑或隐秘的方式显现着个体的内在世界。如果我们想要理解一个人复杂神秘的心理及其运作方式，就需要从外在身体和行为入手。学生以身体为主体，借由身体的结构、特征和经验来对知识进行学习，这一切的基础应该是对身体本身的了解。身体的教育是传统教育中被弱化的部分，教育很少从身心系统的角度来帮助学生了解认识身体。在大学生心理健康教育的课程中，身体知识的科普是必不可少的，了解身体的演化、构造及其功能能使学生认识到身体的重要性，了解到身体不是供心灵附着的空洞躯壳，也并非情感被动的承受者和反应器，而是通往心灵世界的重要渠道，对内心世界起着重要的构建作用。固有的身心观倾向于二元论，身体和心灵被割裂开，且看不到二者之间的相互作用。具身化的心理健康教育课程则需要重新树立身心一体的观点，课程内容中引入对身心关系问题的探讨能让学生了解到人的身体与心灵二者是不可分割的，进一步意识到身体对个体心理的塑造作用，从而找到维护心理健康的有益方法。这部分内容可以融入课程的每一个主题之中，让身心一体的理念贯穿课程始终。

②自我与他人的关系

个体心理健康的重要标志之一是拥有与人交往的能力和健康的关系。人终其一生都是活在关系中的，且与他人之间存在着多样复杂的关系，没有人是孤立的。一个人如果没有能力与人发展亲密的情感，或与他人维系稳定的关系，那么他或她就无法从关系中获得探索与发展自我的机会，心理的和谐和健康也就无从谈起。

人在认识自我的过程中，也需要借助他人的力量，以他人为镜，才能跳出自身的局限，多角度地了解真实的自己。对于年轻人来说，自我探索是一个十分复杂且艰难的课题，需要在与人的互动过程中逐渐进行。心理健康教育课程的教学对象是大学生，大学生在这一人生阶段的主要任务是发展亲密关系，这对大学生的心理健康发展非常重要。心理健康教育课程的目标之一，就是帮助大学生认识自我，并学习处理生活中与他人的互动关系。因此，在大学生心理健康教育的课堂上，自我成长的话题与人际关系的话题密切相关。人是社会关系的产物，一个人的人际交往能力也成为衡量其心理发展水平的重要标志之一。目前，现有的教学内容重点在于人际交往的理论知识，对具身化的身体行为实践鲜有涉及，对自我与他人之间具身关系的探讨不够深入。

在具身化的大学生心理健康教育课程中，不能孤立地谈论自我，而是要将其置于与他人互动的关系情境中来讨论和探索。所谓关系，是双方互动的状态和结果。它真实地存在于人类群体中，以社会角色、身体互动、情绪情感等方式呈现。虽然个体在与不同对象的交往中，会有不同的行为，但在其行为的背后也隐含着其个性特质与处事态度，这二者在成长的环境中逐渐形成，并形成个体独特的人际互动模式。因此，人际交往有具身性的特点，既影响他人，也塑造自己。大学生心理健康教育课程可以通过情境化的教学方式，让学生在真实的人际场域中与他人互动，并在这一过程中反观自己，体验和觉察自我的复杂性、多面性和独特性。因此，课程教学内容需要符合大学生身心成长的阶段性特点，将生活实际情境融入教学，以角色扮演和行为训练等方式呈现自我与他人的关系模式，倡导大学生全身心地投入课程教学活动中，学习心理知识，体验内在情感，并有觉察地以身体行为来表达。课堂上，要尽可能地为学生提供人际互动机会，使其不只从书本上学习如何与人交往，而是在彼此真实的互动中，经由身体学习的方式体验和领悟与人的关系。这样的学习将知识和经验转化成身体的记忆，长久地保存在心灵之中，成为健康成长的重要资源。

③人与环境的关系

庄子说:"独与天地精神往来。"自然环境有天然的疗愈力,也给予人们关于生命意义无尽的启示,这些是很难从课本中学到的。人的精神健康和心理和谐必然要在与环境的互动中形成和发展,无法脱离环境来谈论心灵。在大学生心理健康教育的课程教学中,现有的内容体系往往只将环境作为个体存在的大背景,忽略了人与环境之间的互动关系,更未充分考虑环境对大学生心理健康的影响。

具身化的心理健康教育课程以个体心理为内核,沿着身心、他人及环境之间的关系主线进行延展和讨论,其重视个体与环境的关系,将大学生心理健康的议题放在自然与社会环境的系统之中,形成更全面和客观的理解。结合情境性、体验性的教学方法,具身化的课程在内容层面进行了扩展,将视角放在大学生个体所存在的多样复杂的环境因素上,探讨社会文化环境对人类心灵的塑造,以及自然环境对个体心理产生的影响。它以人类整体的进化和发展为线索,让学生们了解在不同的历史时期、不同的地理区域、不同的民族文化中,人的心理呈现出不同的特点,且要求学生以系统性、发展性的眼光来看待。其中,重点的内容是环境与个体心理之间的关系,让学生认识到二者是相互影响的。其一,环境对个体心理的影响是容易被理解的,但课程尚需进一步对环境的影响进行细致剖析,以及对如何利用环境资源提高个体心理健康水平的关键性问题进行讨论和探索。使学生充分认识到环境对个体身心的塑造作用,并学习到如何从"心—身—环境"的具身化体系中找到维护心身健康之法。其二,需要引导学生探索个体心理对环境的作用,这部分内容通常容易被忽略。在忽视环境因素的教育体系下,个体心理往往被看作是独立于外界的机制,教学的重点则仅放在心理的内部运作过程,失去了心理发展的多元化视角。具身化的课程则更关注系统内的相互作用,学生需要理解的是,人类社会的发展变迁正是由于个体心理对外界环境具有投射和改造的作用。个体与环境之间不是单向的作用关系，心理也并非被动地受到环境的影响，而是从心理现实和物质现实两个层面对环境进行主动创造。当大学生对二者之间的互动有了清晰的觉察和了解后，就会知道自身如何与环境和谐相处，变被动为主动，在接受环境带来影响的同时，也有觉知地利用环境资源进行自我发展。

综上所述，大学生心理健康教育的课程以"心—身—环境"的具身作用为主线，将教学内容进行系统性的拓展与创新，使大学生能从更广阔的视域下理解个体心理健康的影响因素和作用机制，找到维护身心健康的多元化方法。

（3）具身化教学的主要方法

教学是教育的基础，心理健康教育课程的教学更是会影响到心理育人的全局性工作效果。除了课程本身的重要性毋庸置疑，其特殊性也是显而易见的。不同于其他受教育群体，作为教育主体的大学生在这样的一个年龄阶段和社会文化背景之下，其身心发展方面都有其阶段性的特点，即身体发育上仍处于蓬勃状态，心理上则从青春期的动荡不安朝着成人阶段的稳定平衡发展。同时，由于教学目标和内容的特殊性，大学生心理健康教育课程不应只重理论讲授，而应探索多样化的方法，提供对自我、他人和现实生活的多元化理解思路和观察视角，增强大学生的自我觉察力。在此基础上，具身化的心理健康教育课程以促进大学生的全人健康发展为目标，以身心一体的具身观为教学理念，拓展新思路以弥补传统教学在方法上的不足。具身化的教学方法重视学生的主体性和主动性，更强调利用身体和环境的要素，从系统的视角出发来促进大学生身心健康的发展。

①侧重感官体验的教学法

从人类历史发展的角度来说，知识的学习总是和身心体验连接在一起，脱离了身体的感官体验，知识就难以扎根。哲学、心理学、教育学等相关学科就人类学习的过程进行了长期的研究与探索，发展了多样化的学习理论。其中，建构主义理论认为，学习不是被动接受的过程，而是主动地探索发现和积极建构的结果。在这样充满创造力的学习活动中，身体总是作为先导和重要媒介的。人本主义教育观相信每个人都是独一无二的，且有自我发展和自我超越的能力，这种独特性和发展的潜能也蕴藏在身体中。格式塔心理学认为，人的存在具有一元化的本质，因此身体活动常常会引发心理活动。人通过身体感官和运动来感知，否则就会丧失与自我、他人和环境的联结。鲜活的体验不是在言语中能获得的，而是来自身体的感觉。同时，人类的身体构造是在不断适应环境的过程中进化而来的，它是独特的、活生生的，具有丰富感官体验的有机体，承载着文化的印记。在受到外界刺激的状况下，身体总能快速敏感地做出反应，产生细腻生动的感官感受，并对环境作出判断，形成心理体验和行为应对策略。这一系列的变化都在身体中发生和发展，感官体验成为个体获得经验的必要条件，当一个人无法通过眼、耳、鼻、舌、身去探索世界，也就无法形成多样的个体经验。可以说，成长的过程就是个体在生活中不断经历和体验的过程，而这个体验的媒介就是身体。

感官体验的丰富性是个体身心健康发展的标志。教育者认为，如果儿童在感官方面没有足够的刺激，其大脑的发育会受到影响，同时也会限制心灵的丰富性。大学生的身心发展相对成熟，不再单纯依赖感官的刺激，但仍处于发展心智、完善人格的重要时期，其身体感官带来的心灵体验对健康和成长起到了重要影响。人作为一种生物，身体感官是与生俱来的。当身体受到外界刺激时，心里会产生情绪感受，如兴奋、愉悦、恐惧、愤怒等，且有繁衍生存的意义。但过度的感官刺激容易导致心灵耗竭并损害身体机能。生活中，人们对身体感官体验的理解和接纳情况不一，一部分人会给其贴上负面标签并加以抵制，这种现象在教育工作中也同样存在。

传统的心理健康教育课程教学更关注大学生的认知水平，注重理性思辨，学生对教师讲授的知识进行记录、思考、讨论，从而逐渐将理论内化于心，并用考试和训练加以强化。在教学活动中，学生的身体感官体验在知识学习过程中的作用往往被忽视。事实上，大学生心理健康教育课程是理论和实践为一体的具身化课程。在以提升受教育者心理健康素质为教学目标的同时，课程还需要将身体作为教学的重要维度来考量，身体的感官感受更是激活情绪情感体验、激发心理变化的重要因素。按照具身认知理论观点，身体也可以作为学习心理健康知识、提高心理健康水平的重要资源加以利用。正如宋代诗人陆游在《冬夜读书示子聿》一诗中所说，"纸上得来终觉浅，绝知此事要躬行"，没有身体的参与，学习难以真正地发生。具身化的教学不只是让学生安静地坐在教室中听课，还是使其全身心地投入和参与课程的全过程，这样的学习才能够真正将知识从"纸上"通过身体活动和感官体验来逐步内化。此外，从神经生物学的角度来说，大脑的思维和学习功能的发挥离不开与身体感官之间的神经传导。可以说，学习不只是大脑单方面的工作，还是整合身体在内的全身心活动。其中，身体经验是认知活动的基础。身体学习不只限于成长发展的初期，大学生同样可以用身体感官来学习。在课堂中亲身体验，发挥眼、耳、鼻、舌、身几个不同感觉器官的作用，而不只是强调视觉和听觉的信息接收作用。充分打开五感，让身体回归课堂，让学生回归身体。学生能够在课堂中体会来自身体最真实的感受，进一步体验身体感官世界对心灵的激发，重获身体与心理的链接。在了解身体感受的同时，学生也能更深地理解和悦纳自我。

②环境沉浸式的教学法

个体发展不是在有机体内部实现的，而是在一个交互作用的场域中，与外部环境共同创造的结果。所谓"橘生淮南则为橘，生于淮北则为枳"，人也同样在环境中被塑造，不同的环境会给人带来不同的影响，这个环境包括物理环境、自然环境、社会文化环境等。

从个体成长角度来说，受教育者所处的教育环境尤为重要。大学是一个开放自由的环境，学生在完成学业的同时，也尽可能地借由环境认识、探索和发展自己。大学阶段的课程学习虽然部分侧重于理论学习，但在课程教学方式方法上更为多样灵活。大学会设置不同的教学场所，除了一般教室外，实验室、报告厅、活动中心、图书馆，以及户外的供学生休憩、散步、读书的长廊等，营造了不同的学习氛围。学生在与环境的交互过程中，获得了新的信息和体验。一些专业化的教育还会模拟实际情境，让学生在动手体验，经过"在场"的练习逐渐理解知识，掌握实践技能，这些都离不开身体的参与。在身体回归的课堂中，感官体验作为学生学习的本源动力，必然要在一定的场域中被激活。因此，教学环境的建构是教学体系中非常重要的一环。具身认知理论强调整体观，应用在教育活动中则体现在将割裂的心身与环境进行整合，找到彼此之间互动联结的方式，并加以运用。格式塔心理学的代表人物库尔特·勒温（Kurt Lewin）认为，为了理解一个过程的动力，我们必须了解有关情境的整体性，以及其所有要素和特征[123]。在教学活动中，学生的学习过程也需要以整体性的视角来看待，充分利用环境要素，以从更大的范围来思考和推进教学工作。

在大学生心理健康教育的课程中，促进学生自我觉察能力的提升是主要教学目标之一，而觉察的原始材料来自身体的感知觉，这也包括对周围环境的感知，因为大部分感知觉的形成和变化都来自外在环境的刺激。那么，提升觉察能力的有效方法就在于，将个体置身于能够引发其身心感受的情境之中。在幼儿教育活动中，我们常常看到教师会以游戏的方式来教授常识，幼儿也会在接近自然和生活的环境中体验和发现。在其他更高发展阶段的教育活动中，往往很难看到类似的教学场景。到了大学阶段，人们往往会觉得这种还原或模拟自然、生活情境的方式不够学术，或显得不太"高级"，课堂只是高尚知识的传授之地。但人的成长过程始终处于复杂变化的环境之中，借由身体与外界环境的互动产生情绪情感，并获得丰富的经历与体验。因而，在大学生心理健康教育课程中，要重视环境的影响，且充分利用环境资源来激发教师和学生双方的身心活动，提升教学效果。

环境教学的基础是场的形成，这与课堂教学的环境设置有关。通常来讲，一个教学场所会配备教师教学、学生学习的必要设备与物品，如讲台、桌椅、黑板或电子屏、投影及音响设备等，保障教学活动能够顺利开展，同时也形成了区别于其他校园场所的教学场。这一特殊的场景本身就具有引导和强化的作用，让教师和学生进入其各自的角色，并用行动完成教学或学习任务。在大学校园中，这类教学场所仍然占大多数。固定的桌椅设置让教师和学生之间泾渭分明，学生难以在课堂上舒展身体或改变姿态，身体处于固定的、封闭性的姿态。依据具身认知理论和教学观察，这样的教学场所往往会限制身体运动，进而抑制思维的灵活性。受教学环境的影响，学生学习的主动性、积极性及课程参与度有所减弱，心理感受也缺乏丰富性。因此，教学需要以身体为中心进行调整和创新，让学生在具有灵活性和可创造性的空间内与教学环境中的要素互动。例如，打破固定的桌椅设置，让学生能够在开放的空间进行身体动作的体验，充分感受、展现身体和探索自我。同时，学生可以在教学环境中与他人互动，积累经验、学习知识。

除了营造灵活的教学场所，课程中情景模拟的教学法也能够让学生获得直接的身心感受，更深入地理解自身心理状态，学习心理健康知识。心理健康问题往往是在成长过程中一点点累积起来的，它来自真实的生活。在课堂上，仅以抽象的认知学习方式来提高解决生活实践中具体问题的能力是较为困难的，学生们即便理解了知识概念，也不一定能对自身的实际困扰作出觉察、反思和改变。因此，将知识转变为长久的经验是教学的主要目标之一。这种转化除了需要个体的身体感觉作为重要媒介，还需要能够促发身心体验的情境作为中介。情境对个体的心理影响和行为引导有着非常重要的作用。好的课程在内容、形式、方法上都是生动立体的，课程中教师需要积极调动教学资源，尽可能地创设情境，建立安全支持的场域，为学生营造接近真实的人际场和生活情境，使学生能够在情境的激发下获得身临其境的体验。这种体验是新鲜真实的，可以呈现出学生的内在心理状态和情绪行为反应模式，并在与人互动的过程中增强自我觉察，转换角度进行自我反思。沉浸式的情境教学法能够极大地提升教学效果，让心理健康教育课程真正发挥促进学生心理健康的作用。

③融入自然环境的教学法

生存和发展是人类的两大基本主题，且都与环境息息相关，离开了环境，生存或是发展都无从谈起。人类天生是属于大自然的，在长久的共存状况下，人们与自然界之间既依赖又对立，人们对自然有着复杂矛盾的情感，既热爱又恐惧，逐渐转化为一种敬畏之心。人类的生命离不开自然界，犹如植物离不开土壤一样。然而，现代化的城市建设让更多的人远离自然，导致人们难以保持内心平静，终日忙碌而焦虑地学习、工作和生活。切断了与自然的联结，人类的健康必然遭遇挑战。因此，回归自然，适当地与自然融合是一个解决现代生活心灵困境的好办法。那么，如何回归自然、融于自然？我们看到一些人在城市生活了一段时间后便会去旅行，到大自然中去放松身心，增长见识，与天地对话来补给精神养分；也有人通过登山、徒步等运动的方式与自然亲近，只有身临其境，才能获得"一览众山小""海阔天空"的感受，进而获得身心合一的美好体验，并与真实的自我相遇。同时，大自然给人的融合感也会疗愈心灵创伤，令人感动、开怀和超脱。还可以从事耕作、园艺等与自然接触的活动，通过对土地、植物、气象的观察来感悟生命，使身心和谐平衡，更加热爱生活。在对自然的探索中，人们拓展认知思维，启迪心智，提升精神境界。同时，在与自然互动的过程中，学习和积累生存智慧，磨炼意志品质，发掘自我潜能。此外，自然之美比艺术更永恒，人会在自然之中会潜移默化地受到美的熏陶，提升审美情趣。可以说，真正的教育蕴藏在自然之中。

传统的课堂教学注重显性知识的传授，忽略隐性知识的重要作用，教学中对自然环境资源的利用十分有限。具身认知理论认为，心灵嵌于身体中，身体又嵌于环境中。心灵的发展离不开身体和环境，教与学的过程同样也无法去除身体和环境要素。因而，在大学生心理健康教育的课程教学中，除了以身体为中心的教学法和沉浸式的情境教学法，在具身认知理论的指导下，大学生心理健康教育要回归到更广阔的环境之中，而不要被有限、狭小的空间局限住，这个环境主要包含自然环境。随着现代教育的发展，教学方法也愈加多元，在传统的教育方式基础上不断推陈出新。但具身认知理论指导下的自然的教学法并不是创新，而是回归。它让学生从现代社会的压力与焦虑中寻找到内在的平静和谐，让身体回归自然，心灵回归和谐，教育回归本真。

在大学生心理健康教育课程中应用自然环境教学法，主要从以下几个角度切入。第一，融入自然。教师可创造性地调整和改变教学环境设置，将整个校园空间都作为教学的环境资源加以利用。可以结合心理健康的相关内容，引导学生走进自然，如草地上、树林间、湖水边……让教学的场域延伸到教室之外，延伸到没有围墙的大自然中。例如，在情绪管理介绍正念减压训练的相关方法时，可以将教学场所置换到户外，在校园的自然环境中进行正念行走和正念呼吸的练习，利用丰富多元的校园自然环境，让学生感受身心与环境之间的奇妙联结。第二，观察自然。人类对大自然有着天然的好奇之心，但随着年龄的增长，好奇心逐渐减少，转而关注现实成就。然而，真正的教育，不是死读书和读死书，而是鼓励学生到大自然中去观察、感悟和体验。这样的自然观察不仅具有科学探索的意义，更能让个体开放身体感官，全身心地活在当下。在观察自然时，能够获得沉浸体验，感受内外和谐一致，找到人与环境之间的微妙联结。第三，创造自然。人与自然之间总是既对立又统一，人在贪婪地改造自然，但自然也在潜移默化、润物无声地影响和改变着人们。大自然赋予人们无限的创造力，提供了丰富的想象空间，引领着人们去探索和发现。人类在观察探索自然的过程中，与之形成紧密的联结，不断互动并创造新事物。可以说，在人类的进化和发展历程中，对自然的改造从未停止，总是锲而不舍地在所生活的土地上探寻和自然环境的相处之道。与此同时，自然环境也塑造着人类的生活方式和独特个性。在与自然的融合中，自我得到扩展和延伸，人的内在潜能也得到最大程度的发展，进而寻找到自我价值和生命意义。

综上所述，具身化的教学将教育者与受教育者看作一个系统，同时将二者的心、身和所处的教学场同时纳入整个系统之中，以调动具身化资源为心理健康教育课程教学服务。

4.6.3 具身化的教育实践

在大学生心理健康教育工作体系中，除了心理咨询和课程教学，主题教育实践活动更是工作的重中之重，对维护和促进大学生的心理健康起到了积极的作用。传统的心理健康主题教育实践活动以知识科普为主，并以讲座、报告为主要的活动形式，目的在于强化大学生心理健康意识，使大学生丰富健康知识储备，掌握必要的心理自助技能。随着高校学生心理健康教育工作的发展，教育实践活动的形式、内容和方法也不断创新和拓展。其中，具身化的教育实践活动提供了新思路，它能全方位地唤醒大学生的身心，使其在丰富多样的活动中主动体验、积极探索，激发内在动机，促进自我发展和自我超越，实现身心的和谐平衡。这使大学生由被动参与转变为主动投入，真正发挥教育实践活动的功能和作用。

（1）教育活动要与时俱进

人类社会发展日新月异，经济、科技的变革引发了生活方式的巨变，也改写了人类社会的行为方式。如今，人类社会已经进入全新的社交网络时代，人们逐渐退居到屏幕之后，在信息网络提供的全天候、无间歇的时空中体验前所未有的便利。人们工作、生活、沟通、娱乐，都需要网络的辅助，庞大的信息满足了人们的好奇心，拓展了想象和探索空间。在人机互动中，人们获得了安全感和满足感。比如，只要对计算机、手机等装置设备发出指令，就能获得反馈。因此，一部分人更愿意与手机结伴，远离现实生活中复杂多变的社交。日久天长，一些人被无形的网捆绑住，陷入焦虑、惊慌和虚无的状态中。在网络世界中，人们的心理需求被过度响应，专注力遭到破坏，心无法安定，总在游移。这些现代人的新困扰，是百年前弗洛伊德所处的时代未曾出现的。因此，现代人的心理健康问题需要放在当下的时代和社会文化背景中思考，也必然要发展出与时俱进的视角和思路以求解治愈之道。

大学生的心理状况也体现了时代特点，当代大学生成长于信息网络时代，在多元文化的冲击下，思想更加开放灵活，更具创新思维。与此同时，他们也承受着现代社会的竞争压力及精神压力。很多人的心理健康状况受到严重冲击，失眠、躁郁、焦虑等问题凸显。这是社会发展中的现实问题，也是大学生成长过程中的必然挑战。在心理健康教育工作中，教育者须意识到这一社会现象背后的意义，从而更冷静、客观地看待大学生的心理健康问题，既不忽视，也不夸大。大学生心理健康问题须在这样的时代背景下，与时俱进地探索解决方案。

因此，心理健康教育活动应体现时代特点，同时考虑社会文化特征。这要求教育工作者能客观看待信息科技对大学生心理健康教育工作的影响，利用其中的积极资源创新教育活动的形式和方法。与具身认知理论相结合，信息科技可以辅助教育者营造出身临其境的虚拟环境，激活学生的身心体验。目前，VR技术在大学生心理健康教育活动中的应用已经有创新性的尝试。例如，北京航空航天大学积极心理体验中心引入虚拟技术，创设"虚拟现实心理实验室"，由专业老师进行辅助，使大学生借由VR体验设备感受不同情境所引发的情绪变化，开展心理行为训练活动。由于3D模拟效果逼真，体感体验真实，大学生的身心感受被充分激活，这为心理辅导与训练提供了良好的契机。当然，创新科技产品仅为活动载体，心理训练则是核心的部分。在大学生形成具身体验的前提下，专业教师介入辅导心理行为训练，可以帮助其矫正情感体验，形成积极认知并提高应对能力。

此外，随着网络信息技术的普及，许多教育活动也由线下扩展到线上，即利用网络平台开展心理健康教育实践活动，包括前期宣传和活动实施过程。这已逐渐成为未来工作的新趋势，特别是当大流行席卷全球之后，人类社会的生活方式发生快速转变，心理健康教育工作也如其他行业一样，积极地利用信息网络资源，将更多的工作内容转移到线上。而且，这个转变速度之快让很多人感到措手不及。在当前的环境背景下，大学生心理健康教育工作也必然面临快速转型的问题，教育者要及时调整工作思路，迎接新机遇和新挑战。虽然具身化的大学生心理健康教育活动强调"在场"的重要性，以现实情境和身体动作为核心开展活动，但网络化活动形式与具身认知理论强调的"在场"之间并无矛盾。线上活动的确影响了嗅、触、味等身体感觉的同在性，但提高了视觉和听觉的感官强度，这同样能调动起身体的感官体验，进而产生情绪感受。如果活动设计科学合理，线上的心理健康教育活动同样能够实现具身化效果。近年来，很多高校开展了线上的团体心理活动，以在线交互的方式带领学生进行身心调适和训练，缓解了由居家带来的压力和焦虑情绪。八段锦、身体舞动练习等以身体运动的方式表达情绪，调整身心状态，重新恢复平衡和谐的内在秩序。学生们虽然不在同一个物理空间，但在同时间的线上相聚也能够实现身体互动和心灵交流，产生同频同调的心理体验。线上的心理健康教育实践活动突破了时空限制，提高了工作便利性，拓展了受众范围。

当代大学生成长于瞬息万变的信息网络时代，其时代的特点是"求新""求快"，青年人在多元的文化之下，更追求轻松自由的生活方式，更喜欢新鲜有趣、活泼生动的活动。因此，与时俱进还需体现在心理健康教育实践活动与当前大学生心理需求相匹配，教育者要理解大学生所处人生阶段的身心发展的内在需求，才能"对症下药"，在心理健康教育实践活动上引入适合当代大学生的教育方式和内容，使心理健康教育活动真正发挥作用。

（2）教育活动要关注身体

心理健康教育实践活动的目标在于通过知识科普，增强大学生的心理健康意识和维护大学生的身心健康。它包含认知层面的工作，但它更是一项以身心为媒介、以全人发展为目标的系统工程，要进行科学的规划和系统的设计。教育者要结合具身认知理论，建立起全人发展的心理健康实践活动方案。

实践活动工作思路的基本切入点就是身体与心理之间的具身关系。当前，人们承受着身体和心理的双重压力，身心平衡被打破，逐渐与身体失去联结。感官体验也在过度被唤醒和消耗后变得麻木，身体知觉的敏感性也随之降低。然而，对人类而言，任何活动都离不开身体的参与，七情六欲也都源于身体与环境的互动。如果忽视身体的感觉，或对身体缺乏了解，也就失去了重要的生命智慧。因此，改善现代社会人类心灵困扰的关键在于觉察身体的存在，让身体如其所是地感受和表达。如同一棵树只有向下扎根，才能向上生长，我们也借由身体将自己种植于宇宙之中。正如作家爱德华·加利亚诺（Edward Galiano）曾说道："教会宣称身体是一种罪孽；科学认为身体是一台机器；广告宣扬身体是一桩生意；而身体自己则说：'我是一场庆典'。"这代表了一种身体哲学，即身体不仅是我们的物理存在，还是我们的身份和认同的一部分。它提醒人们不要忘记身体的价值和重要性，并鼓励人们对自己的身体保持积极的态度和关注。身体使生命充满可能性，焕发着夺目的光彩。

科学家们发现，人的大脑在任何年龄都可以改变，原因在于身体活动促进神经元再生，脑神经回路发生改变。也就是说，大脑具有可塑性。大学生正处于身体能力的巅峰阶段，拥有充满青春活力的身体，这也是心理完善和发展的关键期，需要学习和拓展身心潜能，获得维护健康和保持身心平衡的有益方法。心理健康教育实践活动需要以身体为中心，利用感官去看、去闻、去听、去品尝和触碰，并感受身体里正在发生着什么。学生们应了解到，人们不仅用头脑记忆和学习，还要关注身体呈现出来的重要信息，这样才能更好地认识和发展自己。在心理健康教育实践活动中，可以更大程度地关注身体，以身体为主体来探索和发展内在心灵世界。心理健康教育实践活动不应该越过身体而单纯强调心灵的部分，这样只会给学生头脑中留下抽象的、模糊的概念。身体作为具象有形的载体，联结了个体的外在与内在世界，这是发展大学生心理健康的切入点和重要抓手。

在心理健康教育实践活动中，教育者以心理健康为目标这点毋庸置疑，但绝对不能失去对身体健康的关注，要让学生从身体开始认识自己，意识到身体的存在和重要性。首先，教育者在心理健康教育实践活动的设计时，要将身体要素涵盖在内，邀请学生全身心地投入其中，引导学生看见身体、认识身体、理解身体并运用身体，使身体变得更加灵活自在、收放自如。其次，活动要积极倡导学生养成健康的生活方式，让身体保持在具有适应性的、有能量的平衡状态，为心理发展提供坚实的基础，从而使心理空间更具稳定性和灵活性。再次，以往的教育活动多偏重于理性认知的部分，为了更全面系统地提高大学生心理健康教育实践活动的育人功能，需在实践活动中增加身体体验的部分，让学生将关注点从理性的头脑转移到具有丰富情感体验的身体上，充分感受个体的感官知觉所引起的情绪和心理状态变化，平衡理性和感性两个部分，趋近心灵的平和。教育者应从身体维度上，加入感知觉的要素在活动中，最终让学生理解且能够利用身心之间的具身关系进行自我教育。具身认知理论认为，身体的结构、动作影响和决定着内在的心理状态，以此为工作指导思想，可以促进身心整合。例如，对于大学生群体比较常见的拖延行为，可以使用身体行为训练，让学生体验一步一步实现目标的身心过程。正如荀子所言，"不积跬步，无以至千里"，在身体动作的引领下，学生分阶段实现小目标，从而完成原本以为无法达成的大目标。再如，应对大学生的焦虑情绪，心理健康教育实践活动可以运用舞动、冥想训练的方式，使处在焦虑中慌乱不安的身体逐渐被安抚，转向稳定缓慢的节奏状态。这可以帮助学生沉浸于当下，在身体的呼吸和动作之间找到让内外和谐平衡的规律。这种借由身体呼吸、动作节奏韵律改变心理状态的方法，是基于具身认知理论的新探索，也是维护个体身心健康的有益尝试。在日新月异的现代社会中，大学生可以尝试从身体开始慢下来，进而影响心理状态，使其更加稳定松弛，以对抗和缓解急切焦虑的身心状态。

因此，身体在大学生心理健康教育实践活动中的运用是十分重要的，具象的身体动作可以启动身体能量，获得心灵的感悟，重建心理秩序。

（3）教育活动要融于环境

心理健康教育实践活动的目标之一，就是让学生重获与自我、他人和环境的深刻联结，感受到自己是宇宙中的独特存在，体验与天地合一的融合感。其中，最大且最具身心疗愈力的环境就是自然。个体融入自然便可以获得丰富的感官体验和心灵境界的提升。在自然中，人们的身心得以净化，创造力被激发和活化，认知世界也更加开阔。在具身认知理论的指导下，心理健康教育实践活动也需考虑环境的维度，在自然环境中，学生去玩耍、探索和发现，全身心都投入其间，使知识学习过程变得十分有趣，书本上抽象的知识鲜活起来，变成感性经验被学生体悟。学生们可以向植物学习，向大树学习，向高山学习，向河流海洋学习……在与自然互动的过程中，观察自然的规律，领悟生命的意义。因此，学习不只靠头脑思维和记忆，更需要在自然中生成切身的体验，这样的学习过程才更加生动深刻。因此，将心理健康教育活动从室内移至室外的大自然中，可以润物无声地改变学生的自我认识，升华情感。学生通过与大自然联结，也开始对身边的人产生更多的理解和更深的情感，改善人际关系。

那么，如何开展具身化的教育活动？其中一个途径是在自然环境中游戏。游戏就是玩耍，玩耍是人类的天性，也是学习成长不可或缺的内容。在传统的教育中，教育者、家长更关注学业，将玩耍视为对学习有负面影响的活动，避之唯恐不及。但近些年来，学界也逐渐认识到玩耍对身心发展的重要性。大量的临床观察表明，在儿时有过充分玩耍体验的人，长大后身心会更健康和谐，精神能量不会被堵塞，头脑更灵活，更具探索精神和创造力。相反，如果孩子被限制玩耍，其感官没有机会接收到更多的刺激，身体容易机械僵硬，情感也会麻木淡漠，给心理健康埋下了隐患。玩耍可以让人全身心投入，专注于当下，获得"心流"（flow）体验，即一种全然忘我的沉浸感受。在自然界中玩耍更容易令人产生心流，身体能量被充分调动，感官变得更加敏锐，细腻的情感自在流淌。自然间的游戏让人回归本真，帮助人们重拾对他人、对世界的好奇之心，重燃对生活和生命的热爱。

与之相对的是，虽然玩耍的能力是人类与生俱来的，但随着年龄的增长，孩童时期的玩耍热情逐渐被磨灭，取而代之的是成年人式的思维方式——压抑、封闭、现实和功利，游戏和玩耍的乐趣也因此被忽视。成年人内心有过多的杂念，与大自然逐渐失去联结。与儿童相比，成年人要有更多的理由才能允许自己享受游戏的乐趣。意大利儿童教育家玛丽亚·蒙台梭利（Maria Montessori）认为，处于成长阶段早期的幼儿具有"吸收性心智"（absorbent mind），他们能够全然沉浸在自己的宇宙里……如果拿大人的学习能力与小孩作比较，你将发现，小孩3年学到的东西，大人要花60年的苦功夫才能学得来[124]。美国诗人沃尔特·惠特曼（Walt Whitman）赞叹儿童的强大学习能力，在其《草叶集》中描述说，孩子日日向前走去，他一见到事物就变成那样事物，而那事物也成为他的一部分[125]……玩耍和游戏不只是孩子的专利，对于成年人或大学生来说同样具有重要的意义。

在大自然中，玩耍的天性容易被唤醒。

因此，心理健康教育实践活动需要更多地走出教室，走向大自然中，聆听鸟儿鸣叫，闻青草的芳香，尝桃李的酸甜。学生的身体感官被大自然充分激活，感受和大地之间的紧密联结，激发生命能量，知觉力和记忆力也同时被提高，学习能力和创造力也潜移默化被提高。学生们在大自然中玩耍，在玩耍中学习，身心全然地投入其间。此外，学生还能够更积极地发展与他人之间的关系。游戏中，学生可以用更健康的方式，如良性竞争来表达攻击性，形成适应性的防御机制。同时，在游戏的互动中，学生们潜移默化地觉察到完成任务过程中目标、规则、合作等要素的重要性，建立起对彼此的信任、公平与协作的精神，培养灵活性、意志力及共情能力。游戏还创造了更为轻松、积极的人际氛围。在自然环境中，学生们也更容易放下防御，以真诚、接纳的态度交往。自然游戏可动可静，帮助大学生感受自身之外其他生命体的存在，理解每一种生命形式的独特性，求同存异、和谐共生。由此，大学生心理健康实践活动可以将大自然作为探索的空间，将游戏作为发展和疗愈的主要方式，整合二者对大学生身心健康的积极功能，实现心理健康教育的具身化。

4.7　本章小结

随着社会的发展和进步，心理健康教育也在不断创新，具身化的心理健康教育创新模式就是其中之一。本章提出了具身化心理健康教育的概念，即通过融入身体动作、环境、文化等相关要素，促进大学生形成深刻真实的身体体验，以引导学生感受自身情感、认知和行为的变化，从而提高大学生心理健康素质，促进身心协调发展。

具身化心理健康教育将理论知识与身体经验、环境体验有机结合，让学生在身体上进行情感体验和认知转化，更容易理解和记忆相关知识，从而增强学生对心理健康教育的信心和兴趣，提高其主动学习的积极性。本章分析了大学生心理健康的具身化要素，如自我认知、情绪调节、人际沟通、创新能力、审美情趣及挫折应对能力等，并重点探讨了这六种能力与身体、环境要素之间复杂的互动关系。因此，大学生心理健康教育工作也需要注重并维护大学生的身体健康，为其创造积极的育人环境，以促进大学生自我发展与成长成才。在此基础上，本章进一步提出了具身化工作模式的指导思想、工作原则和目标，大学生心理健康教育需要以人为本，充分理解和尊重受教育对象的主体地位，整合认知与身体活动，以全局性和系统性的观点来指导高校开展并深化学生心理健康教育工作，使其形成新的工作格局，发展出具身化的心理健康教育方法体系，以更好地实现育人目标，将大学生培养为身心和谐、整合发展的人。本章提出以"身心整合、环境塑造、资源取向"为工作原则，推进具身化的心理咨询服务、课程教学和实践活动的发展。与传统的大学生心理健康教育相比，具身化大学生心理健康教育具有明显优势。它提高了学生的参与度和积极性，通过生动鲜活的实践活动和互动体验，学生们能够更好地理解和吸收心理健康知识，提升心理健康水平。具身化的心理健康教育具有很高的创新性和实用性，为高校教育工作者提供了更科学的工作思路和更有效的实践方法。

第 5 章

大学生心理健康教育具身化创新的实践路径

5.1 加强心理健康教育具身特性的顶层设计

5.2 构建具身化大学生心理健康教育体系

5.3 打造心理健康教育教学的具身化载体

5.4 搭建学生广泛参与的具身化实践平台

5.5 建设增强感受的具身化情境体验场所

5.6 本章小结

基于具身认知的核心理念和具身化大学生心理健康教育的工作模式，本书提出以下五个方面提出对策，以更好地推进心理健康教育具身化研究与实践落地。

5.1　加强心理健康教育具身特性的顶层设计

大学生心理健康教育是一项系统工程，需要自上而下的推进和落实。为使其真正发挥实效，切实提升大学生群体的心理健康水平，培养健全人格，首先就要强化组织领导，从教育管理的顶层设计入手，调动全员力量，形成统一意识，重视大学生心理健康教育工作的具身特性，使工作有"力度"，具体对策如下。

5.1.1　加强具身化心理健康教育工作宏观管理

为确保心理健康教育工作顺利开展，需要从全局角度加强顶层设计。在教育实践创新方面，更要以达成教育理念共识为重要前提。大学生心理健康教育具身化实践是一项前所未有的探索和尝试，呈现发展新机遇的同时也充满困难和挑战，需要教育管理者统筹规划。我国高校心理健康教育工作由党委领导，其机构隶属具有多样化特点。其中，大多数高校由学生工作部门管理具体工作。然而，大学生心理健康教育是一项具有全员性、系统性的工程。在具体工作开展过程中，有关职能部门和院系也需要参与其中，共同为学生身心健康、成长成才助力。因此，为了进一步推进大学生心理健康教育工作，开展具身化实践探索，高校需加强对学生心理健康教育工作的宏观管理，设立心理健康教育工作领导小组，强化心理健康教育工作领导小组的统筹引领作用。在全面理解和深入贯彻教育部对推进大学生心理健康教育工作的新政策的基础上，结合本校实际情况制定大学生心理健康教育具身化实践的总体目标和工作方针。与此同时，教育管理者需深刻反思现有工作模式的问题和局限，认识到教育理念和方法创新的必要性。从人才培养目标的角度反向推演工作途径，认识到大学生身心协调发展的重要性，以及"心—身—环境"的具身观对大学生心理健康发展的积极影响，进而加强具身化心理健康教育的创新实践力度。总之，具身化心理健康教育工作是一项长期而复杂的工作，需要高校教育管理者的高度重视，并应当把心理健康教育作为一项重要的任务来推进，有效协调调动资源，形成合力。在保障具身化实践顺利开展的同时，积极推动工作改革创新，为学生的身心健康和全面成长创造更加良好的环境和条件。

5.1.2 深化具身化心理健康教育三全育人格局

2017年，中共中央、国务院印发的《关于加强和改进新形势下高校思想政治工作的意见》（中发〔2017〕31号）中明确提出"三全育人"的基本原则，即坚持全员、全程、全方位育人。高校心理健康教育工作以维护大学生心理健康、健全人格为工作目标，是思想政治教育的重要组成部分。首先，强化"全员育人"的工作理念。目前，我国高校基本均设立心理健康教育机构和部门，负责牵头开展此项工作。然而，大学生心理健康教育工作不仅局限于专门机构，而是需要全员参与，以真正实现育人目标。具身化心理健康教育工作更是具有全局性的特点，是一项全员性、系统性的工程，需要高校各部门的协同配合，同时也需要相关人员的共同参与，如辅导员、班主任、导师、课程教师、后勤服务人员、宿管员等。高校管理者应当积极推进各部门之间的沟通与协作，形成共同推进心理健康教育的合力，为大学生成长成才服务，共同建立"全员育人"的具身化心理健康教育工作格局。其次，探索"全方位育人"的有效机制。整合多元的教育要素，也是具身化心理健康教育的创新体现。传统的教育观点强调知识教育，重视学生认知能力的发展，并体现在学业成绩方面。而具身化的教育则强调体验，这种体验源于身体与环境的互动，不仅局限于课堂上，还体现在学生的社交、生活和实践活动中。可以说，具身化的心理健康教育范畴更广，也更具挑战性。因此，要实现全方位育人，需要建立一个有效的机制来整合心、身、环境这些具身要素，充分调动学校、家庭和社会的力量，并积极利用新兴的教育技术和多样化的教育资源，提升教育教学、咨询服务和实践活动的情境性，以帮助学生更好地将体验内化为经验，在身体与环境的互动中学习和成长。最后，打造"全过程育人"的教育模式。在高等教育人才培养的过程中，不仅要注重知识的传授，更应注重学生在学习、生活、社交等方面的全面发展。在"全过程育人"模式下，学校和教育工作者应该关注学生的个性化需求，为学生提供全面的支持，从而实现学生综合素质的提升。具身化心理健康教育以学生为中心，充分尊重学生个体的身心特点和发展需求，在育人全过程中融入具身要素，提升了育人实效性。总之，具身化心理健康教育工作需围绕高素质人才培养的核心点，构建"全员、全过程、全方位"的教育工作格局。

5.1.3 形成具身化心理健康教育工作推进方案

为了推进大学生心理健康教育具身化实践，高校需要在领导高度重视、形成统一意识的基础上，组织相关人员制订科学合理的具身化心理健康教育工作方案。方案需制定明确的工作目标、指导方针和工作原则，为实践工作指明发展方向。同时，也需在充分了解具身认知理论和大学生心理健康教育工作现状的基础上，提出具身化心理健康教育的核心内容、主要方法以及实施途径，以切实促进该项工作的创新开展。因此，教育工作者需要对高校心理健康教育工作进行系统的梳理，了解历史沿革及工作现状，客观看待其优势和局限，以确保方案的科学性和可行性。更重要的是，方案要结合当前大学生身心发展特点，分析当前学生群体的心理健康状况及心理服务需求，以与时俱进地推动大学生心理健康教育工作发展。在传统心理健康教育理论和实践经验的基础上，教育工作者还需要深入理解具身思想中身心一体观和嵌入理论对大学生心理健康的积极作用，及其对心理健康教育工作的多元影响。方案的重点是将具身化理论的核心思想与心理健康教育实践相结合，拓展心理健康教育的内涵和外延。此外，应该突破传统心理健康教育工作中偏重认知的局限，将身心一体的健康观融入具体工作中，并重视环境要素对个体身心发展的影响。具身化心理健康教育工作具有全局性和系统性，因此在制订方案的过程中，需要统筹规划和全面协调高校教育资源，将具身化理论假设转化为可操作的心理健康教育实践途径。方案还需要明确具身化实践的具体任务，并作出明确分工，以确保方案能够有效推进和落实。总之，工作方案的制订为具身化心理健康教育提供了科学指导和工作参考，可有效促进具身认知理论在大学生心理健康教育中的实践应用。

5.2 构建具身化大学生心理健康教育体系

大学生心理健康教育工作发展至今，国内高校基本已形成符合国情和校情的多样化心理健康教育模式。但因传统教育理念的影响，大学生心理健康教育的发展仍存在局限。因此，大学生心理健康教育的具身化是一种创新尝试，需要在强化顶层设计的基础上创新教育模式，构建起具身化心理健康教育工作体系，使工作有"深度"，具体对策如下。

5.2.1 注重具身化心理健康教育工作理论研究

在实践工作体系构建之初,需对具身化心理健康教育进行深入的理论探索。这可以让体系更加牢固,获得科学化、系统化的理论支持。高校应当成立包括心理学工作者和教育管理者在内的专门研究团队,以进一步推进具身化心理健康教育理论研究工作,并形成工作的基本假设。这样的理论研究有助于将抽象的学术理论观点转化为具体工作实践,使心理健康教育工作的科学化水平得到提升。在理论研究方面,需要分为三个部分。首先,对大学生心理健康教育工作模式和方法进行总结和归纳,查找经验和问题,并结合本校实际情况分析当前大学生心理健康教育工作的重点和难点,以此明确发展的局限。在这一过程中,高校应当组织相关人员采取文献研究、实地调研、交流研讨等形式,获得更多资料信息,并进行比较研究。其次,需要学习研究具身化理论,包括理论渊源、发展历程、优势和局限以及基本观点等。这部分工作可以通过组织或选派参加召开相关主题会议、学术研讨、论文征集等方式来完成,并在全校范围内进行宣教和科普,提升师生对具身化理论知识的认知。再次,需要研究具身化理论的核心思想与高校学生心理健康教育工作的适切性以及结合点,这是理论研究的重点问题,也是难点问题。工作体系的构建应当基于对二者如何有机结合的深入理解和充分探索,以此拓展大学生心理健康教育的内涵和方法论。最后,在全员育人的理念下,设立专项课题,鼓励教育工作者探索具身化心理健康教育理论与实践,提升参与热情和积极性,不断积累理论成果。

5.2.2 积累具身化心理健康教育工作实践成果

大学生心理健康教育的具身化工作体系不能仅停留在理论研究层面,更应该与教育实践紧密结合,这样才能彰显理论价值。我国高校心理健康教育工作已经有四十余年的历史，其间心理健康教育工作者在不断探索中逐渐成长，并积累了丰富的理论和实践成果，这为我国高校心理健康教育工作的创新发展奠定了坚实的基础。特别是在实践探索方面，逐渐找到了适合我国国情和符合大学生身心发展规律的发展方向和有效方法。大学生心理健康教育具身化实践成果的积累方面可以从以下两方面进行重点开展：一方面，在原有工作实践中总结具有身体特征的教育活动经验，如身体运动项目、实习实践类项目和社交文化类项目等，评估活动中具身因素对大学生心理健康的影响。我国教育一直坚持"德智体美劳"五育并举的教育理念，以提升学生的综合素质。其中，体育、美育和劳育与具身教育思想不谋而合，都强调身体和环境在育人工作中的积极作用。因此，教育工作者要重视具身教育方面的现有经验成果，并积极总结凝练，守正创新，为深入开展具身化心理健康教育创新实践奠定基础。另一方面，鼓励教育工作者开展具身化心理健康教育工作的实践创新。教育工作者可以基于身体和环境要素，不断尝试并探索心理健康教育的新途径和新方法。高校需为具身化心理健康教育创新营造支持性的环境，鼓励师生共同参与，开阔工作思路，从更广泛的范畴理解和开展心理健康教育实践，以进一步完善心理健康教育工作体系。

5.2.3 建立具身化心理健康教育工作评价机制

建立具身化心理健康教育工作体系需要在理论和实践两个层面展开，最终目标是评估具身化的工作模式是否有效、工作方法是否可行以及工作体系是否科学健全。为了实现这个目标，必须建立相应的反馈和评估机制，并形成闭环的工作路径。明确的评估机制可以为领导决策提供真实、客观的参考，确保心理健康教育工作朝着正确的方向推进。同时，阶段性的效果评估可以让教育工作者清晰地了解大学生心理健康教育工作的问题和局限，从而找到修正和提升的方法。要建立科学有效的评估机制，首先需要设定评估方式和工具。教育工作者可以根据实际开展的工作项目建立指标体系，设定指标分级、指标分值、评分方式以及考核标准等内容，并让全校各单位了解评估要求，以便在实际工作中以评价指标体系为参照，更有针对性地开展教育活动。其次，评估的内容应该聚焦在学生的具身体验，以心理咨询、课程教学、知识科普和教育活动为主要评估方向，重点关注学生的认知、情感和行为，并通过书面反馈、互动访谈、量表问卷等方式获取学生反馈。最后，在评估后应该采取激励措施。评估不仅是为了了解工作的进展情况，同时也是激励教育工作者提升工作效能的重要方式。它能深入推进具身化心理健康教育工作。例如，设立实践培育项目，鼓励教师申请并适当给予经费支持；选拔优秀教育工作者赴国内外考察访问，学习他校在具身化心理健康教育方面的先进经验，同时增强自身教育意识，提升教育水平。总之，高校应加强对学生心理健康教育工作的监测和评估，建立健全的工作机制和评价体系，以确保具身化心理健康教育工作的有效开展和质量提升。

5.3　打造心理健康教育教学的具身化载体

课程教学是教育的主要途径，课堂也成为教育的主阵地。在大学生心理健康教育工作中，相关课程的教学一直是重点任务。在具身化心理健康教育的探索中，课程也成为教育主渠道，发挥着知识科普的重要作用。然而，要想达到育人的效果，教育工作者需要对具身化心理健康教育课程的教学工作进行深入思考和创新实践，从而探索出更加有实践价值的教育方法和策略，使工作有"效度"，具体对策如下。

5.3.1 融入具身化心理健康教育课程教学理念

目前，我国高校的学生心理健康教育课程尚未建立起完善的教学体系，仍处于探索和规划阶段。为了充分发挥课程教学在心理健康教育工作中的主渠道作用，2011年教育部办公厅发布了《普通高等学校学生心理健康教育课程教学基本要求》（教思政厅〔2011〕5号）。该文件明确提出了关于课程性质、教学内容、教学方法等方面的要求，对心理健康教育课程的建设起到了一定的指导和促进作用。特别是"大学生心理健康教育"这一专项课程，得到了更为明确的政策支持，多数高校将其设定为必修课，并大体满足32～36学时的总体要求。此外，教学内容结合了当前大学生的实际身心发展特点。然而，传统教学的理念和方式限制了该课程的发展，呈现出"重知识、轻体验"的特点。传统教学注重对大学生知识的灌输，在课程教学中讲求概念与逻辑，强调对知识点的理解，教学被固化为信息传递的过程。相比之下，具身化的心理健康教育课程突破了认知教学的局限，融入具身化要素。大学生心理健康和综合素质的发展不仅需要知识，更需要情感的体验和实践经验。尽管知识可以提升大学生的认知水平，但情感的体验才能使其人格得到充分和深度的发展。学生在实践经验的积累过程中增长见识，在心身体验中发展心智水平。心理健康教育课程需要关注大学生的知识、体验和经验的渗透融合，不可偏废。对此，具身化的教学方法在体验和经验方面具有相对优势。它以心理、身体和环境之间的互动为核心，以身体隐喻为媒介，激活大学生的身心情感体验，而非只是大脑皮层的单一认知活动。因此，在大学生心理健康教育课程建设方面，具身化的理念对教学起到了积极的促进作用，有助于实现提升大学生心理健康水平的教学目标。

5.3.2 创新心理健康教育课程具身化教学方法

教学方法是教学工作中重要的一环。长期以来，教学一直被认为是认知层面的活动，即知识教学。然而，具身化心理健康教育课程的教学活动则从身体出发，正如安东尼奥·达马西奥（Antonio Damasio）认为的，没有身体就没有心理[126]。所有的心理现象和活动都源于身体的结构和功能，因此，具身教学强调身体的主体作用，重视受教育者在教学活动中的身体活动及与环境互动中的体验和经验。在大学生心理健康教育课程中，教师要秉持具身教育观，将情感体验、身体行为和环境要素纳入教学工作的过程中来考量，潜心深耕教学方法。杜威认为，思维和知识都来源于经验[127]。这种经验并不仅仅停留于意识层面，而是深入到身体层面。因此，要在原有的认知教学的基础上增加身体和情境的要素，创新教学方法。例如，身体行为教学法、社会情境教学法（情景模拟和真实环境）以及人际交互教学法等。此外，在教学中还需要创造移情体验。心理咨询和治疗强调移情，认为移情是来访者将对过去某些重要客体的情感投射到当前的客体身上，是过去在现在的重现，相当于时间上的错误[128]。同时，移情又是无处不在的，人与人之间关系的建立基于移情的存在。在教学中，学生对教师也会产生移情，包括正面和负面的情感体验，也会将对教师的情感转移到所学课程上。这是日常生活中较为常见的现象，如有些学生因为喜欢老师而喜欢上一门课，反之亦然。因此，正性情感教学法就是教师在教学中要创造积极的情感体验，利用学生对教师的正面移情促进教学工作。这一方法的前提是教师要关爱学生，在教学中注重与学生的情感交流。此外，也可以利用视觉化、情境化的科技手段来提升教学的具身性。例如，VR可以将抽象的教学内容转换为可视化、具象化的虚拟情境体验，通过视觉、温度觉、触觉等感觉通道，提升临在感，充分激发学生的感受力和想象力，通过"心—身—环境"的具身化学习体验增强对知识的理解和运用能力。

5.3.3 培养具有具身教学实践能力的师资队伍

教学过程是基于身体的，教学关系也是基于身体的。在教与学的关系中，教师的作用不容忽视。传统的教学观将教师作为教学内容的传授者，或课程教学的执行者，固定的教学内容和重复的教学程序使得教师成为"教学工匠"，而非具有独特性、创造力的课程参与者。在一定程度上，教师的教学自主权被削弱。教学过程是基于身体的，教学关系也是基于身体的。在具身化的心理健康教育课程中，教师的作用不容忽视。传统的教学观将教师视为教学内容的传授者或课程教学的执行者，教师的创造力难以发挥，教学自主权被削弱。然而，具身化的教学需要教师全身心的参与，身体力行，积极与环境及其环境中的学生互动，提高学生的课程参与度。这能够彰显教师的教学主体地位，增强其能动性和创造性。在具身化的课程教学中，教师的人格特点、身体动作、情感互动模式逐一呈现出来，可以作为教学中重要的资源来运用。由此，需要重视教学中的教师力量，并培养真正具有具身实践能力的教学师资队伍。为了实现这一目标，高校需要注重教师的培训与培养，这可以从两个角度出发。一方面，从教学任务的角度。高校需积极开展教学研讨活动，以具身认知理论为框架深入研究教学法，交流教学中的实践经验，探索如何利用身体、环境要素提高大学生的课堂参与度，以体验性教学的方式促进大学生的情绪感受和情感表达，将理性知识和感性经验相融合，获得身心深刻的觉察。同时，可以举办教学竞赛、观摩活动等，激励教师不断探索、创新和自我超越，实现教学水平和能力的快速提升。另一方面，从教师个人的角度。心理健康教育是以人影响人的工作，需要言传身教，更需要示范引领大学生。教师需要自觉维护自身的心理健康，其终身学习和个人成长对教学和育人工作的深入开展十分重要。因此，高校可以举办具身化的专题活动，帮助教师放松身心，减轻压力，从自身具身化的体验中获得领悟和经验，提高自身的身心和谐程度，从而更好地开展教学和育人工作。

5.4 搭建学生广泛参与的具身化实践平台

为了增强大学生的心理健康意识和提升大学生的自我调节能力，心理健康教育工作应该面向全体大学生，注重心理知识的科普和心理能力的培养。开展多样化的校园心理健康教育活动可实现心理育人目标，但传统的教育实践在形式、内容和方法上都存在一定的局限性，需要超越和创新。具身认知理论提供了新思路，高校需要为学生创设和搭建具身化体验的实践平台，拓展教育活动的内容、载体和形式，以形成学生广泛参与的积极氛围，深化心理健康教育的育人成效，提升工作"广度"，具体对策如下。

5.4.1 开展具身化学生心理健康主题实践活动

当前，大学生面临着越来越多的心理压力和挑战，因此心理健康教育变得越来越重要。为了有效提高大学生的心理健康水平，我们需要创新心理健康教育模式，开展具身化的大学生心理健康主题实践活动。与传统的心理健康教育活动不同，具身化的实践活动旨在将抽象的心理学理论与实际情境相结合，通过具体的身体行为活动来提高大学生的心理健康水平。开展具身化的心理健康主题实践活动，可以更好地引导大学生在活动体验中对自身的情感、认知、行为等方面进行反思。首先，具身化心理健康教育活动注重学生的身心体验。传统教育活动主要通过讲座、报告等方式进行科普宣传，让心理健康知识"入脑"，但无法触及深层体验，学生难以形成深刻领悟和改变。具身化的心理健康教育实践活动则重视身体认知的作用，充分发挥身体的具身影响。例如，通过开展以身体运动为主的团体心理活动、素质拓展活动、身体减压活动等实践活动，学生可以更好地体验到身体对心理的影响，逐步实现从"入身"到"入心"的转变，并从中掌握心理健康的知识和技能。其次，具身化心理健康教育活动注重情境的引导作用。情境有具身性，它体现在现实环境和身体体验的互动中。具身化的心理健康教育活动侧重于创造情境体验，帮助学生"入境"，以激活身体和情感体验，形成与身心一致的新认知。教育工作者可以从现实和虚拟两个方面创造情境，尤其是借助青年学生感兴趣的 VR 和 AR 技术，设定具有情境性、游戏性和心理训练功能的程序，以提升教育实践活动的趣味性和参与性，进而促进心理能力的提升。最后，具身化心理健康教育活动利用环境的育人功能。传统的心理健康教育活动的环境设置较为单一，也并未把环境纳入重要的教育要素范畴。具身化的心理健康教育实践活动要充分认识到环境对学生身心健康的影响，以"环境育人"为工作原则，运用环境要素提升学生的身心感受力，舒缓身心压力，提高健康水平。同时，发挥校园环境的优势，运用自然元素的天然疗愈力，开展形式丰富的育人活动，例如，园艺心理团体活动、户外拓展活动等，让学生感受到大自然的美好。总之，具身化的大学生心理健康主题实践活动能够丰富教育活动形式，深化教育活动效果，增强身心情感体验，让心理健康知识入境、入身、入脑、入心，进而提高大学生的心理健康水平和心理应对能力。这不仅有益于学生的个人成长，也有益于推动心理健康教育的创新发展。

5.4.2　强化身心统合的身体行为拓展训练活动

身体健康和心理健康是一体两面，大学生心理健康教育工作应该突破狭义概念的局限，在具体实践工作中融入具身化要素。从身体健康入手，改善身心平衡，提高心理健康水平。要重新认识身体运动的重要性。运动不仅对身体健康有好处，更对心理健康有益。在生物因素方面，运动可以提高血清素水平，刺激去甲肾上腺素的分泌，从而改善情绪健康。同时，身体活动还可以释放内啡肽，降低压力荷尔蒙皮质醇的水平。在心理方面，研究表明，运动可以降低压力、焦虑、抑郁和自杀行为的发生率。团体活动尤其能减少青少年的物质滥用和冲动行为，增强同理心、自信心、归属感和幸福感，激发行动力和创造力。户外运动，特别是在大自然中，更能够改善睡眠，维护心理健康。高校应多开展以身体为中心的校园活动，如篮球、足球、羽毛球、跳绳、太极等，并通过力度的加大、形式的多样化，吸引大学生参与，使其感受到身体运动的快乐。此外，为了鼓励学生的积极性，激发参与热情，高校还应积极举办挑战赛和趣味拓展等比赛活动，为学生提供展示自我、增强自信、培养积极心理品质的机会。团体运动竞技活动还能促进人际互动，增强团队凝聚力。身体运动不仅可以使大学生的身体更健康，还可以增强情感联接，进而维护心理健康。因此，具身化的心理健康教育实践活动以健全人格和身心健康为目标，通过身体行为方面的运动与训练，帮助大学生对身心有更多的觉察和掌控，在探索身体的过程中增进自我认知。

5.4.3 构建艺术文化气息浓厚的校园活动氛围

校园文化氛围是精神风貌的体现，它由全体师生、管理者、后勤人员等不同群体共同营造。校园文化不仅仅体现在校园环境方面，更深植于教育活动之中，是人与人之间具身互动中形成的。因此，高校要重视校园文化的育人功能，开展丰富多样、具有艺术文化气息的校园活动，在大学生心理健康教育工作中发挥校园文化的影响力和感染力，实现心理育人效果。近年来，大学生的心理健康问题越来越突出，心理危机频发。需要高校对大学生进行正向引导，积极开展校园心理健康教育活动，以预防心理危机。在活动的内容和形式上，文化艺术提供了多样的途径和丰富的资源。艺和文化在个体心理发展过程中扮演着重要角色,增强加强感受力、创造力,加深对情感的体验,发展同理心,促进自我表达与认知能力的提升,完善个体人格。校园艺术文化氛围与校园中的人之间是双向作用的关系。一方面,学生的精神面貌聚合影响着校园文化;另一方面,校园文化如一面镜子呈现出学生的内在精神世界,反映出学校的育人理念和风格。与此同时,学生内在心理和精神层次也受到外在校园文化的影响和塑造,潜移默化地发生着改变。因此,通过丰富多样的艺术和文化活动,大学生可以获得具身化的体验和经验,将其转化成肥沃的精神土壤。不同类型的艺术和文化活动,如书画、音乐、电影、舞蹈、诗歌、文学、哲学、历史等,可以满足大学生多样化的需求,提升其艺术审美品位,促进其心理健康。加之,艺术和文化活动形式内容多样,喜闻乐见,更容易被大学生接受,这缓解了心理健康的污名化现象,提高了心理健康教育的接纳度,形成了积极健康、有温度、有底蕴的校园活动氛围。开展丰富多彩、具有艺术文化气息的校园活动可以培养学生的社交能力,引导学生更好地认识和理解心理健康问题,并能提供给学生支持和关爱,为大学生的心理健康提供有力的保障,营造健康、积极、有温度的校园文化氛围。总之,校园文化是大学生心理健康教育工作中不可或缺的因素之一,艺术文化氛围的营造有利于具身化心理健康教育工作的推进。

5.5 建设增强感受的具身化情境体验场所

环境具有育人功能,但这一功能往往被教育者忽略。他们通常把环境当成不重要的背景或理所当然的存在,没有将其作为可利用的资源。具身认知理论不仅强调环境对人的影响,还强调环境对人有积极的塑造和构建作用。因此，改善校园环境，将心理、身体、环境作为相互影响的系统来考量，可以强化育人效果，增加育人"温度"，具体对策如下。

5.5.1　提升校园环境设施规划科学性与具身性

人在环境中，环境影响人，人与环境之间是相互作用而非二元对立关系。人与自然之间的和谐关系是个体身心健康发展的基础，"人定胜天"或"听天由命"的极端态度会影响人与自然的关系，也会影响个体的心理健康。因此，大学生心理健康教育不应局限于心理专业工作本身，而应该扩展为全方位育人，在教育体系中纳入环境要素，发挥环境的育人功能。校园环境的规划和建设应具有科学性和系统性，基于对大学生群体身体活动情况的了解，全盘布局、规范设计，利用环境的具身特点提升育人效果。同时，可以利用现代科学手段，对学生的身体行为、运动模式进行调研分析，基于客观数据，从以下三个方面提出规划方案。一是规划健身步道。人在环境中形成身体运动的习惯和规律。反之，环境也改变和塑造个体的身体运动模式。校园中，需为大学生进行身体运动提供专门的场所。除了体育馆和操场，可增添环绕性、便利性的运动场地，如步道包括散步、慢跑步道和自行车骑行道等，为大学生提供多样化的运动选择，引导其形成有规律的运动习惯。同时，结合校园自然景观，因地制宜地设置健身步道，创造人与自然相呼应的有氧运动环境，维护身心健康。二是加强健身设施的建设。例如，增设运动场地、网球场、篮球场等场馆和设施。此外，还应在教学和生活区域设置户外简易运动设施，在确保运动的安全性的同时，为学生提供多样化的运动选择。三是在校园内增设户外休息区。如今，快节奏的学习生活和激烈的社会竞争让大学生倍感压力，身心紧张焦虑，常常匆忙赶路，忽略了路旁的风景。因此，校园需要在适当的地点增设凉亭、休闲椅，供学生停步休息。通过改变身体动作和感官体验，引导大学生及时调整生活节奏，觉察当下，重整身心。从身体到心理实现具身化的转换，感受自我与环境之间的互动，缓解身心压力。

5.5.2 注重教学生活室内空间植物元素的运用

人类的繁衍生息与自然环境密不可分，自然孕育了文化和文明，也让心灵得到休憩与滋养。然而，在现代城市生活中，噪声、污染和激烈的社会竞争影响着人们的心理健康，大学校园也不例外。同时，大学生受到现代科技的影响，学习、生活和社交方式发生了巨大的改变。他们远离自然，长时间在室内活动，或久坐于电脑前，导致自主神经的平衡和调节能力下降。心理压力也会引起身体上的疾病，如头痛、眩晕、乏力及胃肠道不适等，大学生的身心健康将受到威胁。为了解决这个问题，高校需要利用环境要素，具身化地引导大学生发展健康的生活方式，帮助大学生认识到自然环境对个体成长发展的重要影响，从而亲近自然、热爱自然，在与自然的互动中提升身心健康水平。大学生的学习任务繁重，活动空间以教学楼、图书馆及寝室楼等室内场所为主。因此，高校需将自然要素引入室内空间，一种方法是在校园的教学和生活区域增加绿色植物。植物盆栽是一种简单易行，能够将自然元素融入日常生活中的方法，也可以作为一种预防性的心理疗法，以减轻大学生学习和生活的压力。植物可以刺激人体的自主神经系统，使副交感神经活动增强，交感神经系统活动减弱，令人感到放松和平静。植物中的芳香物质被人体吸入后，可以降低大脑前额叶的活动，起到缓解压力和身心放松的效果。因此，在学生学习生活的室内区域，如教学楼、学生宿舍和走廊等空间增加盆栽等绿色植物，形成具自然气息的环境氛围，可以有效改善其免疫系统功能，减少内在冲突和心理压力，使人际互动与合作更加融洽松弛，身心更加健康。同时，可以在学生中招募成立植物养护队，定期对植物进行浇灌、剪枝、除虫和施肥等。学生照顾植物的同时，也得到了心灵的抚慰，培养了责任感。此外，室内植物也有净化室内空气的作用，植物散发的化合物形成的芳香混合物也有益于身体健康。除了添置绿色植物，还可以摆放花卉、盆景等，这些元素可以适当地用于教学和生活环境中，不仅具有观赏性，还能够提高学生的审美情趣，具身化地改善学生的心理健康状况。

5.5.3 创设提升身心健康功能的校园自然场所

人类的生存依赖于大自然，身心健康也与自然环境息息相关。斯坦福大学的研究者发现，与自然环境接触会对个体的认知和情感产生正面影响。研究中被试被分成两组，分别在交通繁忙的路段和公园中步行50分钟，并用心理量表进行前测和后测。结果显示，公园组的被试表现出更低的焦虑水平、更少的抑郁情绪和更好的记忆能力。在大自然中散步不仅锻炼身体，还能降低"压力激素"皮质醇的水平，改善心理健康[129]。例如，日本的"森林浴"倡导人们多在自然中活动，尤其是树木环绕的森林中散步[130]。在挪威，森林徒步已经发展为全国性的户外休闲活动。置身于自然环境中，人们常会感到平静和治愈。另有研究表明，仅是观看自然风景图或触碰一些天然材料，就能够使血压降低。对于抑郁症、焦虑症患者来说，绿色的自然环境对降低压力、改善身体健康有益。生活中，人们如果待在室内空间，或频繁地查看手机，很快就会感到心情烦闷、脑力下降。但如果能到大自然中，比如待在美丽的花园里，就会感到心情愉悦、精神爽快，脑力也会显著提升。大学校园中的绿地、花园、池塘以及树林等，都能成为学生缓解精神压力、排解焦虑情绪之所。在这样的环境中，学生可以放松身心，提高专注力和记忆力。在自然天地中，学生学习与自己对话，与自然和谐共生，心胸也会更加开阔。因此，大学校园不应只追求建更多的大楼，而应为学生们的健康发展保留一些自然景观，创建"绿色校园""花园式校园"。总体来讲，大学校园的绿化程度普遍较高，但为了更好地服务学生并提高他们的身心健康水平，高校需要在校园内创建具有促进身心健康的自然场所。例如，尽可能地多铺设草地，使大学生可以在草地上进行放松、交友、运动、冥想等活动；种植或移栽树木，形成林荫，使大学生可以在树林中散步和静思；还可以建造溪流、池塘或小型人工湖等水系景观，形成多样的校园自然环境，使大学生可以以水养心。此外，高校可以建立具有主题性的植物减压场所，如厦门大学的"阳光心田-园艺美心基地"、华中农业大学的"星空花园"、山东大学的"愈园"等。这些花园利用植物、花草和园艺环境的自然资源，能够帮助大学生缓解身心压力、维护心理健康并树立健康的生命观。因此，高校需要重视校园的自然环境建设，为学生提供身心健康的必要支持。

5.6 本章小结

大学生心理健康教育是当前高校教育的重要组成部分，也是大学生全面发展、成长成才的重要保障。具身化心理健康教育强调身心共同发展，关注学生的身体和情感体验，注重行动和实践，积极营造健康的育人环境。因此，用具身认知理论指导大学生心理健康教育工作，实现内容、方法和模式上的创新，是高校心理健康教育工作改革的新方向。

本章从具身化心理健康教育的创新模式出发，从教育管理机制和实施途径角度深入剖析，在力度、深度、效度、广度和温度的五个"度"上增强和拓展，提出五方面的实践路径：一是加强心理健康教育具身特性的顶层设计，为具身化心理健康教育工作提供政策支持和全局指导，增强育人"力度"；二是构建具身化大学生心理健康教育体系，提升心理健康教育的系统性和科学性，提高育人"深度"；三是打造心理健康教育教学的具身化载体，将具身认知理念融入心理健康课程教学的各个环节，增强育人"效度"；四是搭建学生广泛参与的具身化实践平台，从身体、环境、文化的角度提高活动的具身化水平，使大学生在参与活动的过程中整合身心，与环境紧密联结，充分体验和感悟，提高心身健康水平，拓展育人"广度"；五是建设增强感受的具身化情境体验场所，从校园环境角度，以符合具身认知理论的规划设计来引导学生行为，创设疗愈场所，以园艺绿植改善大学生的心理健康水平，提高育人"温度"。

本章所提出的具身化实践路径，为大学生心理健康教育工作的深入发展提供了建议和参考。高校应全方位关注大学生的心理健康问题，从制度、理念和方法等各个层面进行科学合理的规划和管理，确保实践的有效性和可持续性，进而为大学生提供更专业的心理健康教育服务，实现身心全面发展的教育目标。

第 6 章

结论与展望

6.1 主要结论

6.2 未来展望

6.1 主要结论

大学生心理健康教育以培养高素质的合格人才为目标，是高等教育的重要组成部分。本书针对"大学生心理健康教育为什么要创新""用什么科学理论指导大学生心理健康教育创新"以及"大学生心理健康教育如何创新"三个逻辑紧密的实践问题展开讨论。通过引入新理论、新方法，进一步完善大学生心理健康教育模式，使其更适应当前形势，满足当代大学生心理健康服务需求和成长成才的必然要求，最终得出如下主要结论。

（1）具身认知理论可以有效指导大学生心理健康教育创新

本书以具身认知理论为研究视角，扩宽了大学生心理健康教育的研究视域，同时发现，具身认知理论可以用于指导大学生心理健康教育创新。具体体现在以下几个方面：第一，具身认知理论将身体和环境因素纳入对心理健康的探讨，矫正了传统教育对心理健康的偏颇认知，避免了心理健康教育工作中"就心理谈心理"的单一化、局限性思维，提高了心理健康教育工作的系统性和科学性；第二，具身认知理论重视身体的主体作用，认为身体对个体心理发展具有主动性和构成性，改变了心理健康教育以认知为核心的传统模式，解决了现代教育中的"身体缺失"问题，使心理健康教育回归身体，并重新焕发生机；第三，具身认知理论为大学生心理健康教育创新提供了多元化途径，通过身体、环境来探索更多提高大学生心理健康水平的方法。在大学生心理健康教育过程中，有身体参与的经验才能被学生真正接纳、整合与内化，具身认知理论提供了从"入身"到"入心"的育人路径，丰富了心理健康教育的方法体系。

（2）具身化心理动力系统模型可以更好地解释大学生的心理发展过程

本书通过对具身认知理论进行系统分析和阐释，解构其核心要素及其动力关系，提出了具身化心理动力系统模型，用以解释大学生的心理发展过程，更有效地指导大学生心理健康教育创新实践。模型关注认知、情绪和行为的具身化特征，将心理、身体和环境作为一个层层嵌套的系统，与认知、情绪和行为之间形成立体交互的动力网状结构。这可以更好地解释大学生的心理行为现象，以及影响其心理健康发展的重要因素。同时，模型丰富了人们对心理过程的理解，不再以单一的认知视角看待大学生的心理问题，而是以整合"心—身—环境"的动力系统角度，探索提升大学生心理健康水平的有效策略，也为大学生心理健康教育工作创新提供了清晰的理论框架和研究思路。

（3）大学生心理健康教育具身化模式及其实践可以开拓大学生心理健康教育创新进程

本书基于对具身认知理论的细致剖析，并从大学生心理健康教育的工作现状出发，将具身认知理论与大学生心理健康教育相结合，构建了大学生心理健康教育具身化模式，旨在把大学生培养成身心和谐、知行合一、全面发展的高素质人才，这是对传统心理健康教育模式的补偏救弊和大胆创新。大学生心理健康发展离不开身体的影响和环境的塑造，本书深入剖析了身体和环境要素在大学生的自我认知、情绪调节、人际沟通、创新能力、审美情趣和挫折应对六个方面的重要影响，为大学生心理健康教育具身化模式的提出奠定基础。本书还从指导思想、目标、原则、内容和方式几个方面提出了创新构想，为大学生心理健康教育具身化实践提供工作框架和思路。为了将创新模式更好地应用于大学生心理健康教育工作中，使其真正发挥实效，本书提出了相应的实践对策，从顶层设计、教育体系、教学载体、实践平台和体验场所五个方面对大学生心理健康教育具身化模式的应用提出了科学建议，充分探讨了心理健康教育与高校教育管理相融合的有效机制。

6.2 未来展望

本书的主要观点首先来自大学生心理健康教育实践中的经验反思，同时也依赖于前沿的具身认知理论与心理健康教育原理的结合，从而捕捉到大学生心理健康教育创新的学术视角和实践路径。然而，由于视野和能力的局限，本书无法涵盖大学生心理健康教育理论与实践中的所有议题，仍有一些问题未被深入探讨。例如，具身认知理论虽缘起于西方现象学，但其根本观点与东方哲学中身心合一的思想不谋而合，具有本土化应用的文化基础。由于篇幅的限制，书中对这一点的探讨较为有限，没能深刻剖析我国传统文化中的身心观对大学生心理健康教育的指导价值，对心理健康教育本土化的议题也未多触及。虽然提出了大学生心理健康教育具身化模式及相应实践对策，但该模式下的心理育人效果尚待进一步研究。在教育模式如何有效实施的问题上，还应当对当前我国大学生心理健康教育具身化转向的实际困难加以深入讨论。这些问题虽然并未在本书中得到充分的解决，但所进行的初步探讨，可以为今后的研究提供一定的思想基础。

毫无疑问，大学生心理健康教育具身化模式为高等学校的教育教学改革提供了新方向，引导着高等教育工作者重新认识教育的目标与本质，自然也对传统教育方式提出了挑战。这绝不是对其全然的否定，而是一种客观反思基础上的创新和发展，也可以说是对传统教育模式的补充和完善，是一种全人教育观的实践体现，将会在高等教育领域成为一种发展的新浪潮。

参考文献

[1] 孟洁,孙晶华.具身认知理论在教育中的应用研究综述[J].白城师范学院学报,2023,37(1):102-107.

[2] 叶浩生.具身认知的原理与应用[M].北京:商务印书馆,2017.

[3] Wilson M.Six Views of Embodied Cognition[J].Psychonomic Bulletin & Review,2002,9(4):625-636.

[4] 李心天.医学心理[M].北京:中国科学技术出版社,1988:287.

[5] 商银行.运动心理学[M].成都:电子科技大学出版社,2017:120.

[6] Scott W.A.Rearch On Definitions of Mental Health And Mental Illness[J].Psychological Bulletin,1958,55(1):29-45.

[7] Maslow A. Ralph Metzner.Principles of Abnormal Psychology[M].New York:Holt,Rinehart and Winston,1961.

[8] 黄希庭,陈省身,吴玉章,等.论精神健康[J].心理学动态,1953,1(1).

[9] McVicker Hunt J,Clark L. Hull,Robert R. Sears,et al.Human Development and Education:A Social-Psychological Perspective[M].Hoboken:John Wiley & Sons Inc,1953:176.

[10] 王文静,陈方舟,蒋凯.解码高校学生发展的"黑箱"——齐克林大学生发展七向量理论评析[J].现代大学教育,2022,38(5):27-34.

[11] 丹尼尔·戈尔曼.情商[M].北京:中信出版社,2018:22-35.

[12] 罗伯特·费尔曼德.发展心理学[M].4版.北京：世界图书出版社，2007：512.

[13] 劳伦斯·夏皮罗.具身认知[M].北京：华夏出版社，2014：57.

[14] 奥尼尔.身体形态：现代社会的五种身体[M].沈阳：春风文艺出版社，1999：56.

[15] Gibson E.Culture, Personality, and Society [M].California: University of California Press, 1985.

[16] Damasio A.Self Comes to Mind: Constructing the Conscious Brain [M].New York: Pantheon Books, 2010.

[17] 辛自强，张梅，何琳.大学生心理健康变迁的横断历史研究[J].心理学报，2012，44（5）：664-679.

[18] 张运生.1496名大学生心理健康状况调查[J].中国公共卫生，2004，20（12）：1523-1524.

[19] 王婷，马寅生.近5年来大学生心理问题研究综述[J].中国健康心理学杂志，2007，15（3）：267-269.

[20] 林斐，连榕，蓝瑞铭，等.新冠疫情常态化防控期大学生适应障碍和抑郁对心理健康的影响[J].教育评论，2022（8）：92-96.

[21] 闫春梅，毛婷，李日成，等.新冠肺炎疫情封闭管理期间大学生心理健康状况及影响因素分析[J].中国学校卫生，2022，43（7）：1061-1069.

[22] 陈雨濛，张亚利，俞国良.2010～2020中国内地大学生心理健康问题检出率的元分析[J].心理科学进展，2022，30（5）：991-1004.

[23] 周留柱.大学生心理健康的现状成因分析及对策[J].中国高教研究，2006，7（28）：67-68.

[24] 郑日昌, 邓丽芳, 张忠华, 等.《中国大学生心理健康量表》的编制 [J]. 心理与行为研究, 2005, 3 (2): 102-108.

[25] 钱铭怡, 钟杰, 徐凯文, 等. 大学生社交焦虑量表的编制 [J]. 中国心理卫生杂志, 2005, 19 (1): 53-56.

[26] 方晓义, 袁晓娇, 胡伟, 等. 中国大学生心理健康筛查量表的编制 [J]. 心理与行为研究, 2018, 16 (1): 111-118.

[27] 张宝君. 90后大学生心理特点解析与对策 [J]. 思想理论教育导刊, 2010, 136 (4): 111-114.

[28] 卢晓红. 女大学生心理健康状况及相关因素研究 [J]. 黑龙江高教研究, 2002, 110 (6): 86-88.

[29] 钱琴珍. 女大学生心理健康的测试与培养 [J]. 心理科学, 2004, 27 (4): 990-992.

[30] 袁克俭, 袁玉明, 袁玉强. 不同年级大学生心理健康状况的调查 [J]. 中国校医, 1998.12 (6): 465-466.

[31] 黄泉源, 孟晓岩, 李林, 等. 不同学科大学生心理健康状况调查 [J]. 中国社会医学杂志, 2011, 28 (4): 274-275.

[32] 张建卫. 特困大学生的压力源及应对方式研究 [J]. 中国心理卫生杂志, 2000, 14 (4): 261.

[33] 丁武, 郭执玺. 我国农村大学生心理健康变迁 (2000—2015): 一项横断历史研究 [J]. 思想政治教育研究, 2017, 33 (2): 156-160.

[34] 李燕辉, 李辉. 我国少数民族大学生心理健康问题研究综述 [J]. 云南电大学报, 2008, 10 (1): 20-22.

[35] 张晓琴, 陈松. 高校贫困大学生心理问题探析 [J]. 黑龙江高教研究, 2004, 122 (6): 150-152.

[36] 李艳红. 贫困大学生心理健康状况与应对方式研究 [J]. 中国健

康教育，2002：566-567.

［37］李兆良，高燕，冯晓黎，等.网络成瘾大学生心理健康状况调查［J］.中国公共卫生，2006：664.

［38］易晓明.网络成瘾大学生的心理问题［J］.心理科学，2005，28（6）：1476-1478.

［39］李华平.论普通高校残疾大学生心理特点及教育对策［J］.教育科学，2006，22（2）：94-96.

［40］王桂萍，王延培，贾德梅，等.开放教育形式下残疾大学生的心理健康与社会支持［J］.中国健康心理学杂志，2017，34（3）：441-446.

［41］刘蓉洁，石磊.高校心理咨询发展现状调查研究［J］.北京社会科学，2010，25（3）：88-91.

［42］王晓一.我国高校心理中心专业化建设探索［J］.长春工程学院学报（社会科学版），2015，16（1）：125-127.

［43］王恩界，罗雪.中国大陆高校心理健康教育的发展历程与未来走向［J］.大学教育，2017（8）：1-6.

［44］侯菊英.大学生心理健康教育中存在的问题及对策［J］.教育与职业，2006，7（20）：87-88.

［45］魏彤儒，石世平.我国大学生心理健康教育的发展趋势［J］.中国电力教育，2008，104（1）：134-136.

［46］宋志英，严云堂，吴云助，等.大学生心理健康教育课程教学满意度调查［J］.安庆师范学院学报（社会科学版），2013，32（2）：128-130.

［47］董蕊，彭凯平，喻丰，等.积极情绪之敬畏［J］.心理科学进展，2013，21（11）：1996-2005.

［48］孟万金，官群.积极心理健康教育的心理健康观［J］.中小学心

理健康教育，2006，305（18）：43-45.

[49] 郑祥专.大学生积极心理健康教育方法探新［J］.黑龙江高教研究，2009，188（12）：124-126.

[50] 王贺，陈健芷.对当代大学生实施积极心理教育简论［J］.教育探索，2011，237（3）：131-133.

[51] 杨国枢，黄光国.华人本土心理学（上册）［M］.重庆：重庆大学出版社，2008：42-43.

[52] 宋志英.高校心理咨询本土化的探索［J］.江苏高教，2011，8（3）：140-141.

[53] 杨国枢，黄光国.华人本土心理学（下册）［M］.重庆：重庆大学出版社，2008：480.

[54] 马建新，王竝，赵永兵.儒家式应对思想在大学生心理健康促进中的运用［J］.江苏高教，2022（3）：97-101.

[55] 张方华.茶文化在加强大学生心理健康教育中的应用研究［J］.福建茶叶，2022，44（10）147-149.

[56] 瓦雷拉，汤普森，罗施.具身心智：认知科学与人类经验［M］.杭州：浙江大学出版社，2010：6.

[57] Thelen E，Schöner G，Scheier C，et al. The dynamics of embodiment：A field theory of infant perseverative reaching［J］. Behavioral and Brain Sciences，2001，24（1）：1-34.

[58] 冯晓虎.论莱柯夫术语"Embodiment"译名［J］.同济大学学报（社会科学版），2010，21（1）：87-97.

[59] 葛鲁嘉，陈雷.具身领导力：身体如何影响领导［J］.东北师范大学学报（哲学社会科学版），2019，299（3）：97-104.

[60] 孟伟.如何理解涉身认知［J］.自然辩证法，2007，12（23）：75-80.

[61] 叶浩生.具身认知：认知心理学的新取向[J].心理科学进展，2010，18（5）：705-710.

[62] 叶浩生.西方心理学中的具身认知研究思潮[J].华中师范大学学报（人文社会科学版），2011，50（4）：153-160.

[63] 崔中良，王慧莉.后期维特根斯坦具身认知思想研究[J].科学技术哲学研究，2016，33（6）：34-38.

[64] 叶浩生，黎晓丹.礼与身体：中国礼文化的具身认知观及其启示[J].华中师范大学学报（人文社会科学版），2016，55（3）：171-176.

[65] 张学智.中国哲学中身心关系的几种形态[J].北京大学学报（哲学社会科学版），2005，42（3）：5-14.

[66] 杨儒宾.儒门内的庄子[M].台北：联经出版事业股份有限公司，2016：50.

[67] 黎晓丹，叶浩生.中国古代儒道思想中的具身认知观[J].心理学报，2015，47（5）：702-710.

[68] Wilson A D, Sabrina G.Embodied cognition Is Not What You Think It Is[J].Forntiers in Psychology.2013（4）：1-13.

[69] 许先文.具身认知：语言认知研究的跨学科取向[J].广西师范大学学报，2010，46（6）：96-101.

[70] 许先文.语言具身认知原理及英语理解的心理模型[J].杭州师范大学学报，2009，31（6）：114-116.

[71] 马晓羽，葛鲁嘉.基于具身认知理论的课堂教学变革[J].黑龙江高教研究，2018，285（1）：5-9.

[72] 罗川兰，李建生.认知具身观：教育技术学研究的新视角[J].现代教育技术，2016，26（8）：28-34.

[73] 王美倩，郑旭东.具身认知与学习环境：教育技术学视野的理

论考察［J］.开放教育研究，2015，21（1）：53-61.

［74］胡晓娜.具身认知视角下的大学生情绪管理研究［J］.课程教育研究，2017（18）：6.

［75］周利.以身为径的大学心理健康教育探索［J］.学园，2018，11（26）：182-183.

［76］兰美云.具身认知视角下大学生心理资本培育探究［J］.西部学刊，2019，12（105）：72-74.

［77］李喜梅.具身认知理论视角下大学生心理健康教育评价体系的构建［J］.职教通讯，2019，（12）：54-58.

［78］李瑾，董静，苻玲美.具身认知理论在大学生心理咨询中的应用［J］.心理月刊，2022，3（17）：224-226.

［79］徐文明，林桐.具身认知理论视角下心理健康课的设计［J］.育观察，2023，12（2）：27-36.

［80］王小凤，袁红梅.具身认知视角下大学生心理健康教育实践课程体系的构建［J］.教书育人，2023（9）：80-83.

［81］梁巧房.具身认知视域下的VR心理健康教育游戏应用［J］.科研教育，2020，11（435）：38-41.

［82］Boyd D，Bee H.Lifespan Development Psychology［M］.New Jersey：Upper Saddle River，2003：2.

［83］Pinker S.How the Mind Works［M］.New York：W.W. Norton & Company，1997：326.

［84］中国心理学会.中国心理学会临床与咨询心理学工作伦理守则［J］.2版.心理学报，2018，50（11）：1314-1322.

［85］李恒威，盛晓明.认知的具身化［J］.科学学研究,2006,24（2）：184-190.

［86］理查德·斯特罗兹·赫克勒.剖析改变［M］.上海人民出版社，

2010：224.

［87］Shapiro L.Embodied Cognition［J］.Routledge International Handbook of Embodied Cognition，2011：35-44.

［88］乔治·莱考夫，马克·约翰逊.我们赖以生存的隐喻［M］.杭州：浙江大学出版社，2015：3-4.

［89］朱迪丝·S.贝克.认知疗法基础与应用［M］.2版.北京：中国轻工业出版社，2013：4.

［90］底波拉·L.卡巴尼斯，萨布里娜·彻丽，卡罗兰·J.道格拉斯，等.心理动力学疗法［M］.北京：中国轻工业出版社，2016：4.

［91］同［12］9.

［92］保罗·艾克曼.情绪的本质［M］.上海：上海译文出版社，2003：39-73.

［93］舒尔茨.现代心理学史［M］.杨立能，沈德灿，译.北京：人民教育出版，1983：233.

［94］理查德·舒斯特曼.生活即审美——审美经验和生活艺术［M］.伊萨卡：康奈尔大学出版社，2000：141.

［95］埃米·卡迪.高能量姿势［M］.北京：中信出版集团，2019：1.

［96］李宗芹.就是要跳舞——创造性舞蹈的心体验［M］.北京：社会科学文献出版社，2014：1.

［97］杜安·舒尔茨，西德尼·艾伦·舒尔茨.人格心理学［M］.10版.北京：机械工业出版社，2016：125-129.

［98］亚伯拉罕·马斯洛.动机与人格［M］.北京：台海出版社，2021：33-50.

［99］杜安·P.舒尔茨，悉妮·埃伦·舒尔茨.现代心理学史［M］.10版.北京：中国轻工业出版社，2014：364-379.

［100］王鑫强，张大均.心理健康双因素模型述评及其研究展望［J］.

中国特殊教育，2011（10）：68-73.

[101] 戴维·迈尔斯.社会心理学[M].8版.北京：人民邮电出版社，2006：29.

[102] 尼采.查拉图斯特拉如是说[M].上海：上海人民出版社，2016：25.

[103] 卡尔·罗杰斯.人的内在体验[M].上海：上海科学技术出版社，2017：87.

[104] 拉康.拉康选集[M].北京：三联出版社，2001：109.

[105] 王宇赤.身体的痛，是心理的伤[M].北京：文化发展出版社，2020：5.

[106] 朱利安·德·阿朱利亚格拉.身体与精神医学[M].长沙：湖南科学技术出版社，2017：31.

[107] 庄子.庄子[M].北京：商务印书馆，2016：5-7.

[108] 爱比克泰德.手册[M].北京：商务印书馆，2010：39.

[109] Cyrulnik B, Hagen D. How Your Inner Strength Can Set You Free from the Past[M]. London: Penguin Books, 2009: 172.

[110] 埃利希·诺伊曼.大母神——原型分析[M].北京：东方出版社，1998：9.

[111] 约翰·洛克.人类理解论[M].北京：商务印书馆，1999：102.

[112] 张焕庭.西方资产阶级教育论著作[M].北京：人民出版社，1996：312.

[113] 赵联.罗杰斯的意义学习理论及对课程改革的启示[J].江西教育教研，2004（10）：75-77.

[114] 让-雅克·卢梭.论人类不平等的起源和基础[M].北京：中国社会科学出版社，1998：44.

[115] 拉尔夫·沃尔多·爱默生. 论自然 [M]. 北京: 商务印书馆, 1981: 95.

[116] 卡尔·荣格. 心理类型学 [M]. 上海: 上海译文出版社, 2009: 135-150.

[117] 亚历山大·罗文. 身体的灵性 [M]. 南京: 江苏科学技术出版社, 2007: 11.

[118] 罗纳德·巴尼特. 高等教育理念 [M]. 北京: 北京大学出版社, 2012: 29-30.

[119] 雅斯贝尔斯. 什么是教育 [M]. 北京: 三联出版社, 1991: 11-25.

[120] Hannaford C.Smart Moves: Why Learning Is Not All In Your Head [M].Salt Lake City: Great River Books, 1995: 15-69.

[121] Kohn A.The Schools Our Children Deserve [M].Boston: Houghton Mifflin, 1999.

[122] 约瑟夫·坎贝尔. 神话的力量 [M]. 杭州: 浙江人民出版社, 2013: 19-50.

[123] 戴维·曼恩. 完形治疗100个关键点与技巧 [M]. 北京: 化学工业出版社, 2017: 57.

[124] 约瑟夫·克奈尔. 深度自然游戏 [M]. 长沙: 湖南教育出版社, 2019: 40-75.

[125] 沃尔特·惠特曼. 草叶集 [M]. 上海: 上海译文出版社, 2022: 61.

[126] 安东尼奥·达玛西奥. 笛卡尔的错误——情绪、推理和人脑 [M]. 北京: 教育科学出版社, 2007: 176.

[127] 约翰·杜威. 民主主义与教育 [M]. 北京: 人民教育出版社, 2001: 159.

[128] 亚历山德拉·拉玛.精神分析心理治疗[M].2版.上海：华东师范大学出版社，2020：199.

[129] 廖曼利,翁晴韵.园艺治疗基本功[M].台北：麦浩斯出版社，2019：104.

[130] 宫崎良文.森林浴：放松身心的自然疗法[M].北京：机械工业出版社，2020：20-55.

内 容 提 要

心理健康教育是提高大学生心理素质的主要途径，是高校人才培养体系的重要组成部分，也是高等教育管理的核心内容。我国高校心理健康教育工作经过四十余年的发展，已经积累了丰富的理论成果和实践经验，但面对当前的新形势和新问题，传统的心理健康教育模式已无法完全满足大学生成长与发展的需求，亟待创新。因此，本书立足于当前我国大学生心理健康教育的工作现状，围绕心理健康教育工作创新的主旨问题，以具身认知理论为研究视角，将身体、环境要素与大学生心理健康教育进行有机融合，构建了特色鲜明、系统科学的大学生心理健康教育具身化模式，重点阐述了大学生心理健康教育创新要解决的教育理念、内容、方式及对策等基本问题。

图书在版编目（CIP）数据

具身认知视域下大学生心理健康教育创新研究 / 阎婧祎，杨连生著． -- 北京：中国纺织出版社有限公司，2025.7． -- ISBN 978-7-5229-2759-6

I.G444

中国国家版本馆CIP数据核字第2025KY6545号

责任编辑：郭紫曈　　　　　责任校对：高 涵
责任印制：王艳丽

中国纺织出版社有限公司出版发行
地址：北京市朝阳区百子湾东里A407号楼　邮政编码：100124
销售电话：010—67004422　传真：010—87155801
http://www.c-textilep.com
中国纺织出版社天猫旗舰店
官方微博 http://weibo.com/2119887771
北京虎彩文化传播有限公司印刷　各地新华书店经销
2025年7月第1版第1次印刷
开本：710×1000　1/16　印张：18.5
字数：240千字　定价：102.00元

凡购本书，如有缺页、倒页、脱页，由本社图书营销中心调换